520.
Ohb.2.

ŒUVRES
DE MOLIÈRE.

TOME II.

IMPRIMERIE D'HÆNER.

ŒUVRES
DE
J.-B. POQUELIN
DE MOLIÈRE.

Nouvelle Édition.

TOME SECOND.

PARIS,
LEBIGRE FRÈRES, LIBRAIRES,
RUE DE LA HARPE, Nº 26.

1832.

L'ÉCOLE DES MARIS,

COMÉDIE EN TROIS ACTES,

Représentée sur le théâtre du Palais-Royal, le 4 juin 1661.

A MONSEIGNEUR

LE DUC D'ORLÉANS,

FRÈRE UNIQUE DU ROI.

Monseigneur,

Je fais voir ici à la France des choses bien peu proportionnées : il n'est rien de si grand et de si superbe que le nom que je mets à la tête de ce livre, et rien de plus bas que ce qu'il contient. Tout le monde trouvera cet assemblage étrange ; et quelques-uns pourront bien dire, pour en exprimer l'inégalité, que c'est poser une couronne de perles et de diamans sur une statue de terre, et la faire entrer par des portiques magnifiques et des arcs triomphaux superbes dans une méchante cabane. Mais, Monseigneur, ce qui doit me servir d'excuse, c'est qu'en cette aventure je n'ai eu aucun choix à faire, et que l'honneur que j'ai d'être à votre altesse royale m'a imposé une nécessité absolue de lui dédier le premier ouvrage que je mets de moi-même au jour. Ce n'est pas un présent que je lui fais, c'est un devoir dont je m'acquitte, et les hommages ne sont jamais regardés par les choses qu'ils portent. J'ai donc osé, Monseigneur, dédier une bagatelle à votre altesse royale, parce que je n'ai pu

ÉPITRE DÉDICATOIRE.

m'en dispenser ; et si je me dispense ici de m'étendre sur les belles et glorieuses vérités qu'on pourrait dire d'elle, c'est par la juste appréhension que ces grandes idées ne fissent éclater encore davantage la bassesse de mon offrande. Je me suis imposé silence pour trouver un endroit plus propre à placer de si belles choses ; et tout ce que j'ai prétendu dans cet épître, c'est de justifier mon action à toute la France, et d'avoir cette gloire de vous dire à vous-même, Monseigneur, avec toute la soumission possible, que je suis

De votre altesse royale

Le très-humble, très-obéissant
et très-fidèle serviteur,

Molière.

PERSONNAGES.

SGANARELLE, frère d'Ariste.
ARISTE, frère de Sganarelle.
ISABELLE, sœur de Léonor.
LÉONOR, sœur d'Isabelle.
VALÈRE, amant d'Isabelle.
LISETTE, suivante de Léonor.
ERGASTE, valet de Valère.
UN COMMISSAIRE.
UN NOTAIRE.
DEUX LAQUAIS.

La scène est à Paris, dans une place publique.

L'ÉCOLE DES MARIS.

ACTE PREMIER.

SCÈNE I.
SGANARELLE, ARISTE.

SGANARELLE.

Mon frère, s'il vous plaît, ne discourons point tant;
Et que chacun de nous vive comme il l'entend.
Bien que sur moi des ans vous ayez l'avantage,
Et soyez assez vieux pour devoir être sage,
Je vous dirai pourtant que mes intentions
Sont de ne prendre point de vos corrections,
Que j'ai pour tout conseil ma fantaisie à suivre,
Et me trouve fort bien de ma façon de vivre.

ARISTE.

Mais chacun la condamne.

SGANARELLE.

     Oui, des fous comme vous,
Mon frère.

ARISTE.

  Grand merci; le compliment est doux!

SGANARELLE.

Je voudrais bien savoir, puisqu'il faut tout entendre,
Ce que ces beaux censeurs en moi peuvent reprendre.

ARISTE.

Cette farouche humeur dont la sévérité
Fuit toutes les douceurs de la société,

A tous vos procédés inspire un air bizarre,
Et, jusques à l'habit, rend tout chez vous barbare.

SGANARELLE.

Il est vrai qu'à la mode il faut m'assujettir,
Et ce n'est pas pour moi que je me dois vêtir.
Ne voudriez-vous point par vos belles sornettes,
Monsieur mon frère aîné, car, Dieu merci, vous l'êtes.
D'une vingtaine d'ans, à ne vous rien celer,
Et cela ne vaut pas la peine d'en parler ;
Ne voudriez-vous point, dis-je, sur ces matières,
De vos jeunes muguets m'inspirer les manières ;
M'obliger à porter de ces petits chapeaux
Qui laissent éventer leurs débiles cerveaux
Et de ces blonds cheveux de qui la vaste enflure
Des visages humains offusque la figure ;
De ces petits pourpoints sous les bras se perdants,
Et de ces grands collets jusqu'au nombril pendants ;
De ces manches qu'à table on voit tâter les sauces,
Et de ces cotillons appelés hauts-de-chausses ;
De ces souliers mignons de rubans revêtus,
Qui vous font ressembler à des pigeons pattus ;
Et de ces grands canons où, comme en des entraves,
On met tous les matins ses deux jambes esclaves,
Et par qui nous voyons ces messieurs les galants
Marcher écarquillés ainsi que des volants ?
Je vous plairais sans doute équipé de la sorte,
Et je vous vois porter les sottises qu'on porte.

ARISTE.

Toujours au plus grand nombre on doit s'accommoder,
Et jamais il ne faut se faire regarder.
L'un et l'autre excès choque ; et tout homme bien sage
Doit faire des habits ainsi que du langage,
N'y trop rien affecter, et, sans empressement,
Suivre ce que l'usage y fait de changement.
Mon sentiment n'est pas qu'on prenne la méthode
De ceux qu'on voit toujours enchérir sur la mode,
Et qui, dans ces excès dont ils sont amoureux,

ACTE I, SCÈNE II.

Seraient fâchés qu'un autre eût été plus loin qu'eux ;
Mais je tiens qu'il est mal, sur quoi que l'on se fonde,
De fuir obstinément ce que suit tout le monde,
Et qu'il vaut mieux souffrir d'être au nombre des fous
Que du sage parti se voir seul contre tous.

SGANARELLE.

Cela sent son vieillard qui, pour en faire accroire,
Cache ses cheveux blancs d'une perruque noire.

ARISTE.

C'est un étrange fait du soin que vous prenez
A me venir toujours jeter mon âge au nez,
Et qu'il faille qu'en moi sans cesse je vous voie
Blâmer l'ajustement aussi bien que la joie :
Comme si, condamnée à ne plus rien chérir,
La vieillesse devait ne songer qu'à mourir,
Et d'assez de laideur n'est pas accompagnée,
Sans se tenir encore malpropre et rechignée.

SGANARELLE.

Quoi qu'il en soit, je suis attaché fortement
A ne démordre point de mon habillement.
Je veux une coiffure, en dépit de la mode,
Sous qui toute ma tête ait un abri commode ;
Un bon pourpoint bien long, et fermé comme il faut,
Qui, pour bien digérer, tienne l'estomac chaud ;
Un haut-de-chausse fait justement pour ma cuisse ;
Des souliers où mes pieds ne soient point au supplice,
Ainsi qu'en ont usé sagement nos aïeux :
Et qui me trouve mal n'a qu'à fermer les yeux.

SCÈNE II.

LÉONOR, ISABELLE, LISETTE, ARISTE ET
SGANARELLE *parlant bas ensemble sur le
devant du théâtre, sans être aperçus.*

LÉONOR, *à Isabelle.*

JE me charge de tout, en cas que l'on vous gronde.

LISETTE, *à Isabelle.*

Toujours dans une chambre à ne point voir le monde !

ISABELLE.

Il est ainsi bâti.

LÉONOR.

Je vous en plains, ma sœur.

LISETTE, à Léonor.

Bien vous prend que son frère ait tout une autre humeur,
Madame ; et le destin vous fut bien favorable
En vous faisant tomber aux mains du raisonnable.

ISABELLE.

C'est un miracle encor qu'il ne m'ait aujourd'hui
Enfermée à la clef, ou menée avec lui.

LISETTE.

Ma foi, je l'enverrais au diable avec sa fraise,
Et...

SGANARELLE, heurté par Lisette.

Où allez-vous donc, qu'il ne vous en déplaise ?

LÉONOR.

Nous ne savons encore, et je pressais ma sœur
De venir du beau temps respirer la douceur :
Mais...

SGANARELLE, à Léonor.

Pour vous, vous pouvez aller où bon vous semble ;
(montrant Lisette.)
Vous n'avez qu'à courir, vous voilà deux ensemble.
(à Isabelle.)
Mais vous, je vous défends, s'il vous plaît, de sortir.

ARISTE.

Ah ! laissez-les, mon frère, aller se divertir.

SGANARELLE.

Je suis votre valet, mon frère.

ARISTE.

La jeunesse

Veut...

SGANARELLE.

La jeunesse est sotte, et parfois la vieillesse.

ARISTE.

Croyez-vous qu'elle est mal d'être avec Léonor ?

ACTE I, SCÈNE II.

SGANARELLE.

Non pas, mais avec moi je la crois mieux encor.

ARISTE.

Mais...

SGANARELLE.

Mais ses actions de moi doivent dépendre,
Et je sais l'intérêt enfin que j'y dois prendre.

ARISTE.

A celles de sa sœur ai-je un moindre intérêt ?

SGANARELLE.

Mon dieu ! chacun raisonne et fait comme il lui plaît.
Elles sont sans parens, et notre ami leur père
Nous commit leur conduite à son heure dernière ;
Et, nous chargeant tous deux, ou de les épouser,
Ou, sur notre refus un jour d'en disposer,
Sur elles, par contrat, nous sut dès leur enfance
Et de père et d'époux donner pleine puissance.
D'élever celle-là vous prîtes le souci,
Et moi je me chargeai du soin de celle-ci :
Selon vos volontés vous gouvernez la vôtre ;
Laissez-moi, je vous prie, à mon gré régir l'autre.

ARISTE.

Il me semble...

SGANARELLE.

Il me semble, et je le dis tout haut,
Que sur un tel sujet c'est parler comme il faut.
Vous souffrez que la vôtre aille leste et pimpante,
Je le veux bien ; qu'elle ait et laquais et suivante,
J'y consens ; qu'elle coure, aime l'oisiveté,
Et soit des damoiseaux flairée en liberté,
J'en suis fort satisfait : mais j'entends que la mienne
Vive à ma fantaisie, et non pas à la sienne ;
Que d'une serge honnête elle ait son vêtement,
Et ne porte le noir qu'aux bons jours seulement ;
Qu'enfermée au logis, en personne bien sage,
Elle s'applique toute aux choses du ménage,
A recoudre mon linge aux heures de loisir,
Ou bien à tricoter quelques bas par plaisir ;

Qu'aux discours des muguets elle ferme l'oreille,
Et ne sorte jamais sans avoir qui la veille.
Enfin la chair est foible, et j'entends tous les bruits.
Je ne veux point porter des cornes, si je puis :
Et, comme à m'épouser sa fortune l'appelle,
Je prétends, corps pour corps, pouvoir répondre d'elle.

ISABELLE.

Vous n'avez pas sujet, que je crois...

SGANARELLE.

Taisez-vous.
Je vous apprendrai bien s'il faut sortir sans nous.

LEONOR.

Quoi donc! monsieur...

SGANARELLE.

Mon dieu! madame, sans langage ;
Je ne vous parle pas, car vous êtes trop sage.

LÉONOR.

Voyez-vous Isabelle avec nous à regret ?

SGANARELLE.

Oui ; vous me la gâtez, puisqu'il faut parler net.
Vos visites ici ne font que me déplaire :
Et vous m'obligerez de ne nous en plus faire.

LÉONOR.

Voulez-vous que mon cœur vous parle net aussi?
J'ignore de quel œil elle voit tout ceci ;
Mais je sais ce qu'en moi ferait la défiance :
Et, quoiqu'un même sang nous ait donné naissance,
Nous sommes bien peu sœurs, s'il faut que chaque jour
Vos manières d'agir lui donnent de l'amour.

LISETTE.

En effet, tout ces soins sont des choses infâmes :
Sommes-nous chez les Turcs, pour renfermer les femmes?
Car on dit qu'on les tient esclaves en ce lieu,
Et que c'est pour cela qu'ils sont maudits de Dieu
Notre honneur est, monsieur, bien sujet à foiblesse ;
S'il faut qu'il ait besoin qu'on le garde sans cesse.
Pensez-vous, après tout, que ces précautions

ACTE I, SCÈNE II.

Servent de quelque obstacle à nos intentions ?
Et, quand nous nous mettons quelque chose à la tête,
Que l'homme le plus fin ne soit pas une bête ?
Toutes ces gardes-là sont visions de fous ;
Le plus sûr est, ma foi, de se fier en nous :
Qui nous gêne se met en un péril extrême,
Et toujours notre honneur veut se garder lui-même.
C'est nous inspirer presque un désir de pécher,
Que montrer tant de soins de nous en empêcher :
Et, si par un mari je me voyais contrainte,
J'aurais fort grande pente à confirmer sa crainte.

SGANARELLE, *à Ariste*

Voilà, beau précepteur, votre éducation.
Et vous souffrez cela sans nulle émotion !

ARISTE.

Mon frère, son discours ne doit que faire rire :
Elle a quelque raison en ce qu'elle veut dire.
Leur sexe aime à jouir d'un peu de liberté :
On le retient fort mal par tant d'austérité ;
Et les soins défians, les verrous et les grilles,
Ne font pas la vertu des femmes ni des filles :
C'est l'honneur qui les doit tenir dans le devoir,
Non la sévérité que nous leur faisons voir.
C'est une étrange chose, à vous parler sans feinte,
Qu'une femme qui n'est sage que par contrainte.
En vain sur tous ses pas nous prétendons régner,
Je trouve que le cœur est ce qu'il faut gagner ;
Et je ne tiendrais, moi, quelque soin qu'on se donne,
Mon honneur guère sûr aux mains d'une personne
A qui, dans les désirs qui pourraient l'assaillir,
Il ne manquerait rien qu'un moyen de faillir.

SGANARELLE.

Chansons que tout cela.

ARISTE.

Soit ; mais je tiens sans cesse
Qu'il nous faut en riant instruire la jeunesse,
Reprendre ses défauts avec grande douceur,
Et du nom de vertu ne point lui faire peur.

Mes soins pour Léonor ont suivi ces maximes ;
Des moindres libertés je n'ai point fait des crimes ;
A ses jeunes désirs j'ai toujours consenti,
Et je ne m'en suis point, grace au ciel, repenti.
J'ai souffert qu'elle ait vu les belles compagnies,
Les divertissemens, les bals, les comédies :
Ce sont choses, pour moi, que je tiens de tout temps
Fort propres à former l'esprit des jeunes gens ;
Et l'école du monde en l'air dont il faut vivre
Instruit mieux à mon gré que ne fait aucun livre.
Elle aime à dépenser en habits, linge et nœuds :
Que voulez-vous ? je tâche de contenter ses vœux ;
Et ce sont des plaisirs qu'on peut dans nos familles,
Lorsque l'on a du bien, permettre aux jeunes filles.
Un ordre paternel l'oblige à m'épouser.
Mais mon dessein n'est pas de la tyranniser.
Je sais bien que nos ans ne se rapportent guère,
Et je laisse à son choix liberté toute entière.
Si quatre mille écus de rente bien venants,
Une grande tendresse et des soins complaisants,
Peuvent, à son avis, pour un tel mariage,
Réparer entre nous l'inégalité d'âge,
Elle peut m'épouser ; sinon, choisir ailleurs.
Je consens que sans moi ses destins soient meilleurs.
Et j'aime mieux la voir sous un autre hyménée,
Que si contre son gré sa main m'était donnée.

SGANARELLE.

Hé ! qu'il est doucereux ! c'est tout sucre et tout miel !

ARISTE.

Enfin, c'est mon humeur, et j'en rends grâce au ciel.
Je ne suivrai jamais ces maximes sévères,
Qui font que les enfans comptent les jours des pères.

SGANARELLE.

Mais ce qu'en la jeunesse on prend de liberté
Ne se retranche pas avec facilité ;
Et tous ces sentimens suivront mal votre envie,
Quand il faudra changer sa manière de vie.

ACTE I, SCÈNE II.

ARISTE.

Et pourquoi la changer ?

SGANARELLE.

Pourquoi ?

ARISTE.

Oui.

SGANARELLE.

Je ne sai.

ARISTE

Y voit-on quelque chose où l'honneur soit blessé ?

SGANARELLE.

Quoi ! si vous l'épousez, elle pourra prétendre
Les mêmes libertés que fille on lui voit prendre ?

ARISTE.

Pourquoi non ?

SGANARELLE.

Vos désirs lui seront complaisans
Jusques à lui laisser et mouches et rubans.

ARISTE.

Sans doute.

SGANARELLE.

A lui souffrir, en cervelle troublée,
De courir tous les bals et les lieux d'assemblée ?

ARISTE.

Oui vraiment.

SGANARELLE.

Et chez vous iront les damoiseaux ?

ARISTE.

Et quoi donc ?

SGANARELLE.

Qui joueront, donneront des cadeaux ?

ARISTE.

D'accord.

SGANARELLE.

Et votre femme entendra les fleurettes ?

ARISTE,

Fort bien.

SGANARELLE.

Et vous verrez ces visites muguettes
D'un œil à témoigner de n'en être point soûl ?

ARISTE.
Cela s'entend.

SGANARELLE.
Allez, vous êtes un vieux fou.
(à Isabelle.)
Rentrez pour n'ouïr point cette pratique infâme.

SCÈNE III.
ARISTE, SGANARELLE, LÉONOR, LISETTE.

ARISTE.
Je veux m'abandonner à la foi de ma femme,
Et prétends toujours vivre ainsi que j'ai vécu.

SGANARELLE.
Que j'aurai de plaisir quand il sera cocu !

ARISTE.
J'ignore pour quel sort mon astre m'a fait naître :
Mais je sais que pour vous, si vous manquez de l'être
On ne vous en doit point imputer le défaut ;
Car vos soins pour cela font bien tout ce qu'il faut.

SGANARELLE.
Riez donc, beau rieur. Oh ! que cela doit plaire
De voir un goguenard presque sexagénaire !

LÉONOR.
Du sort dont vous parlez je le garantis, moi,
S'il faut que par l'hymen il reçoive ma foi ;
Il s'en peut assurer : mais sachez que mon ame
Ne répondrait de rien si j'étais votre femme.

LISETTE.
C'est conscience à ceux qui s'assurent en nous ;
Mais c'est pain bénit certe, à des gens comme vous.

SGANARELLE.
Allez, langue maudite et des plus mal apprises.

ARISTE.
Vous vous êtes, mon frère, attiré ces sottises.
Adieu. Changez d'humeur, et soyez averti.
Que renfermer sa femme est un mauvais parti.
Je suis votre valet.

SGANARELLE.
Je ne suis pas le vôtre.

ACTE I, SCÈNE IV.
SCÈNE IV.
SGANARELLE.

Oh ! que les voilà bien tous formés l'un pour l'autre !
Quelle belle famille ! un vieillard insensé
Qui fait le dameret dans un corps tout cassé !
Une fille maîtresse et coquette suprême !
Des valets impudents ! Non, la sagesse même
N'en viendrait pas à bout, perdrait sens et raison
A vouloir corriger une telle maison.
Isabelle pourrait perdre dans ses hantises
Les semences d'honneur qu'avec nous elle a prises ;
Et, pour l'en empêcher, dans peu nous prétendons
Lui faire aller revoir nos choux et nos dindons.

SCÈNE V.
VALÈRE, SGANARELLE, ERGASTE.

VALÈRE, *dans le fond du théâtre.*

Ergaste, le voilà cet Argus que j'abhorre,
Le sévère tuteur de celle que j'adore.

SGANARELLE, *se croyant seul.*

N'est-ce pas quelque chose enfin de surprenant
Que la corruption des mœurs de maintenant ?

VALÈRE.

Je voudrais l'accoster, s'il est en ma puissance,
Et tâcher de lier avec lui connaissance.

SGANARELLE, *se croyant seul.*

Au lieu de voir régner cette sévérité
Qui composait si bien l'ancienne honnêteté,
La jeunesse en ces lieux, libertine, absolue,
Ne prend...

(*Valère salue Sganarelle de loin.*)

Il ne voit pas que c'est lui qu'on salue.

ERGASTE.

Son mauvais œil peut-être est de ce côté-ci.
Passons du côté droit.

SGANARELLE, *se croyant seul.*

Il faut sortir d'ici.

Le séjour de la ville en moi ne peut produire
Que des...

VALÈRE, *en s'approchant peu à peu.*

Il faut chez lui tâcher de m'introduire.

SGANARELLE, *entendant quelque bruit.*

Hé !... j'ai cru qu'on parlait.

(*se croyant seul.*)

Aux champs, grâces aux cieux,
Les sottises du temps ne blessent point mes yeux.

ERGASTE, *à Valère.*

Abordez-le.

SGANARELE, *entendant encore du bruit.*

Plaît-il?

(*n'entendant plus rien.*)

Les oreilles me cornent.

(*se croyant seul.*)

Là, tous les passe-temps de nos filles se bornent...

(*Il aperçoit Valère qui le salue.*)

Est-ce à nous?

ERGASTE, *à Valère.*

Approchez.

SGANARELLE, *sans prendre garde à Valère.*

Là, nul godelureau.

(*Valère le salue encore.*)

Ne vient... Que diable...?

(*Il se retourne, et voit Ergaste qui le salue de l'autre côté.*)

Encor! que de coups de chapeau!

VALÈRE.

Monsieur, un tel abord vous interrompt peut-être?

SGANARELLE.

Cela se peut.

VALÈRE.

Mais quoi! l'honneur de vous connaître
M'est un si grand bonheur, m'est un si doux plaisir,
Que de vous saluer j'avais un grand désir.

SGANARELLE.

Soit.

ACTE I, SCÈNE V.

VALÈRE.

Et de vous venir, mais sans nul artifice,
Assurer que je suis tout à votre service.

SGANARELLE.

Je le crois.

VALÈRE.

J'ai le bien d'être de vos voisins,
Et j'en dois rendre grace à mes heureux destins.

SGANARELLE.

C'est bien fait.

VALÈRE.

Mais, monsieur, savez-vous les nouvelles
Que l'on dit à la cour, et qu'on tient pour fidèles?

SGANARELLE.

Que m'importe?

VALÈRE.

Il est vrai; mais pour les nouveautés
On peut avoir parfois des curiosités.
Vous irez voir, monsieur, cette magnificence
Qui de notre dauphin prépare la naissance?

SGANARELLE.

Si je veux.

VALÈRE.

Avouons que Paris nous fait part
De cent plaisirs charmans qu'on n'a point autre part.
Les provinces, auprès, sont des lieux solitaires.
A quoi donc passez-vous le temps?

SGANARELLE.

A mes affaires.

VALÈRE.

L'esprit veut du relâche, et succombe parfois
Par trop d'attachement aux sérieux emplois.
Que faites-vous les soirs avant qu'on se retire?

SGANARELLE.

Ce qui me plaît.

VALÈRE.

Sans doute; on ne peut pas mieux dire;
Cette réponse est juste, et le bon sens paraît
A ne vouloir jamais faire que ce qui plaît.

2*

Si je ne vous croyais l'âme trop occupée,
J'irais parfois chez vous passer l'après-soupée.

SGANARELLE.

Serviteur.

SCÈNE VI.

VALÈRE, ERGASTE.

VALÈRE.

Que dis-tu de ce bizarre fou?

ERGASTE.

Il a le repart brusque, et l'accueil loup-garou.

VALÈRE.

Ah! j'enrage!

ERGASTE.

Et de quoi?

VALÈRE.

De quoi? C'est que j'enrage
De voir celle que j'aime au pouvoir d'un sauvage,
D'un dragon surveillant, dont la sévérité
Ne lui laisse jouir d'aucune liberté.

ERGASTE.

C'est ce qui fait pour vous; et sur ces conséquences
Votre amour doit fonder de grandes espérances.
Apprenez, pour avoir votre esprit affermi,
Qu'une femme qu'on garde est gagnée à demi,
Et que les noirs chagrins des maris ou des pères
Ont toujours du galant avancé les affaires.
Je coquette fort peu, c'est mon moindre talent,
Et de profession je ne suis point galant;
Mais j'en ai servi vingt de ces chercheurs de proie,
Qui disaient fort souvent que leur plus grande joie
Était de rencontrer de ces maris fâcheux
Qui jamais sans gronder ne reviennent chez eux,
De ces brutaux fieffés qui, sans raison ni suite,
De leurs femmes en tout contrôlent la conduite,
Et, du nom de maris fièrement se parant,
Leur rompent en visière aux yeux des soupirans.

ACTE I, SCÈNE VI.

On en sait, disent-ils, prendre ses avantages ;
Et l'aigreur de la dame, à ces sortes d'outrages
Dont la plaint doucement le complaisant témoin,
Est un champ à pousser les choses assez loin.
En un mot, ce vous est une attente assez belle
Que la sévérité du tuteur d'Isabelle.

VALÈRE.
Mais depuis quatre mois que je l'aime ardemment,
Je n'ai pour lui parler pu trouver un moment.

ERGASTE.
L'amour rend inventif ; mais vous ne l'êtes guère :
Et si j'avais été...

VALÈRE.
     Mais qu'aurais-tu pu faire,
Puisque sans ce brutal on ne la voit jamais,
Et qu'il n'est là-dedans servantes ni valets
Dont, par l'appat flatteur de quelque récompense,
Je puisse pour mes feux ménager l'assistance ?

ERGASTE.
Elle ne sait donc pas encor que vous l'aimez ?

VALÈRE.
C'est un point dont mes vœux ne sont pas informés.
Partout où ce farouche a conduit cette belle,
Elle m'a toujours vu comme une ombre après elle ;
Et mes regards aux siens ont tâché chaque jour
De pouvoir expliquer l'excès de mon amour.
Mes yeux ont fort parlé : mais qui me peut apprendre
Si leur langage enfin a pu se faire entendre ?

ERGASTE.
Ce langage, il est vrai, peut être obscur parfois,
S'il n'a pour truchement l'écriture ou la voix.

VALÈRE.
Que faire pour sortir de cette peine extrême,
Et savoir si la belle a connu que je l'aime ?
Dis-m'en quelque moyen.

ERGASTE.
     C'est ce qu'il faut trouver
Entrons un peu chez vous, afin d'y mieux rêver.

FIN DU PREMIER ACTE.

ACTE SECOND.

SCÈNE I.
ISABELLE, SGANARELLE.
SGANARELLE.

Va, je sais la maison, et connais la personne
Aux marques seulement que ta bouche me donne.
ISABELLE, *à part.*
O ciel, sois-moi propice, et seconde en ce jour
Le stratagème adroit d'un innocent amour !
SGANARELLE.
Dis-tu pas qu'on t'a dit qu'il s'appelle Valère ?
ISABELLE.
Oui.
SGANARELLE.
Va, sois en repos, rentre, et me laisse faire ;
Je vais parler sur l'heure à ce jeune étourdi.
ISABELLE, *en s'en allant.*
Je fais, pour une fille, un projet bien hardi :
Mais l'injuste rigueur dont envers moi l'on use
Dans tout esprit bien fait me servira d'excuse.

SCÈNE II.
SGANARELLE.
(Il frappe à sa porte, croyant que c'est celle de Valère.)

Ne perdons point de temps : c'est ici. Qui va là ?
Bon ! je rêve. Holà, dis-je, holà quelqu'un, holà.
Je ne m'étonne pas, après cette lumière,
S'il y venait tantôt de si douce manière.
Mais je veux me hâter, et de son fol espoir...

SCÈNE III.
VALÈRE, SGANARELLE, ERGASTE.
SGANARELLE, *à Ergaste qui est sorti brusquement.*
Peste ! soit du gros bœuf, qui, pour me faire choir,
Se vient devant mes pas planter comme une perche !

VALÈRE.

Monsieur, j'ai du regret...

SGANARELLE.

Ah ! c'est vous que je cherche.

VALÈRE.

Moi, monsieur ?

SGANARELLE.

Vous, Valère est-il pas votre nom ?

VALÈRE.

Oui.

SGANARELLE.

Je viens vous parler, si vous le trouvez bon.

VALÈRE.

Puis-je être assez heureux pour vous rendre service ?

SGANARELLE.

Non. Mais je prétends, moi, vous rendre un bon office;
Et c'est ce qui chez vous prend droit de m'amener.

VALÈRE.

Chez moi, monsieur ?

SGANARELLE.

Chez vous. Faut-il tant s'étonner ?

VALÈRE.

J'en ai bien du sujet ; et mon ame ravie
De l'honneur...

SGANARELLE.

Laissons là cet honneur, je vous prie.

VALÈRE.

Voulez-vous pas entrer ?

SGANARELLE.

Il n'en est pas besoin.

VALÈRE.

Monsieur, de grâce !

SGANARELLE.

Non, je n'irai pas plus loin.

VALÈRE.

Tant que vous serez là, je ne puis vous entendre.

SGANARELLE.

Moi, je n'en veux bouger.

L'ÉCOLE DES MARIS.

VALÈRE.

Hé bien ! il faut se rendre
Vite, puisque monsieur à cela se résout,
Donnez un siège ici.

SGANARELLE.

Je veux parler debout.

VALÈRE.

Vous souffrir de la sorte ?

SGANARELLE.

Ah ! contrainte effroyable !

VALÈRE.

Cette incivilité serait trop condamnable.

SGANARELLE.

C'en est une que rien ne saurait égaler,
De n'ouïr pas les gens qui veulent nous parler.

VALÈRE.

Je vous obéis donc.

SGANARELLE.

Vous ne sauriez mieux faire.
(Ils font de grandes cérémonies pour se couvrir.)
Tant de cérémonie est fort peu nécessaire.
Voulez-vous m'écouter ?

VALÈRE.

Sans doute, et de grand cœur.

SGANARELLE.

Savez-vous, dites-moi, que je suis le tuteur
D'une fille assez jeune et passablement belle,
Qui loge en ce quartier, et qu'on nomme Isabelle ?

VALÈRE.

Oui.

SGANARELLE.

Si vous le savez, je ne vous l'apprends pas.
Mais savez-vous aussi, lui trouvant des appas,
Qu'autrement qu'en tuteur sa personne me touche,
Et qu'elle est destinée à l'honneur de ma couche ?

VALÈRE.

Non.

SGANARELLE

Je vous l'apprends donc, et qu'il est à propos
Que vos feux, s'il vous plaît, la laissent en repos.

ACTE II, SCÈNE I.

VALÈRE.

Qui ? moi, monsieur ?

SGANARELLE.

Oui, vous. Mettons bas toute feinte.

VALÈRE.

Qui vous a dit que j'ai pour elle l'ame atteinte ?

SGANARELLE.

Des gens à qui l'on peut donner quelque crédit.

VALÈRE.

Mais encore ?

SGANARELLE.

Elle-même.

VALÈRE.

Elle ?

SGANARELLE.

Elle. Est-ce assez dit ?
Comme une fille honnête, et qui m'aime d'enfance,
Elle vient de m'en faire entière confidence,
Et, de plus, m'a chargé de vous donner avis
Que, depuis que par vous tous ses pas sont suivis,
Son cœur, qu'avec excès votre poursuite outrage,
N'a que trop de vos yeux entendu le langage ;
Que vos secrets désirs lui sont assez connus,
Et que c'est vous donner des soucis superflus
De vouloir davantage expliquer une flamme
Qui choque l'amitié que me garde son ame.

VALÈRE.

C'est elle, dites-vous, qui de sa part vous fait...

SGANARELLE.

Oui, vous venir donner cet avis franc et net ;
Et qu'ayant vu l'ardeur dont votre ame est blessée,
Elle vous eût plus tôt fait savoir sa pensée,
Si son cœur avait eu, dans son émotion,
A qui pouvoir donner cette commission ;
Mais qu'enfin la douleur d'une contrainte extrême
L'a réduite à vouloir se servir de moi-même,
Pour vous rendre averti, comme je vous ai dit,
Qu'à tout autre que moi son cœur est interdit,

Que vous avez assez joué de la prunelle,
Et que, si vous avez tant soit peu de cervelle,
Vous prendrez d'autres soins. Adieu, jusqu'au revoir.
Voilà ce que j'avais à vous faire savoir.

VALÈRE, bas.

Ergaste, que dis-tu d'une telle aventure?

SGANARELLE, bas, à part.

Le voilà bien surpris?

ERGASTE, bas, à Valère.

Selon ma conjecture,
Je tiens qu'elle n'a rien de déplaisant pour vous,
Qu'un mystère assez fin est caché là-dessous,
Et qu'enfin cet avis n'est pas d'une personne
Qui veuille voir cesser l'amour qu'elle vous donne.

SGANARELLE, à part.

Il en tient comme il faut.

VALÈRE, bas, à Ergaste.

Tu crois mystérieux.

ERGASTE, bas.

Oui... Mais il nous observe, ôtons-nous de ses yeux.

SCÈNE IV.
SGANARELLE.

Que sa confusion paraît sur son visage!
Il ne s'attendait pas, sans doute, à ce message.
Appelons Isabelle : elle montre le fruit
Que l'éducation dans une âme produit;
La vertu fait ses soins, et son cœur s'y consomme
Jusques à s'offenser des seuls regards d'un homme.

SCÈNE V.
ISABELLE, SGANARELLE.

ISABELLE, bas, en entrant.

J'ai peur que mon amant, plein de sa passion,
N'ait pas de mon avis compris l'intention;
Et j'en veux, dans les fers où je suis prisonnière,
Hasarder un qui parle avec plus de lumière.

ACTE II, SCÈNE V.

SGANARELLE.

Me voilà de retour.

ISABELLE.

Hé bien ?

SGANARELLE.

    Un plein effet
A suivi tes discours, et ton homme a son fait.
Il me voulait nier que son cœur fût malade :
Mais lorsque de ta part j'ai marqué l'ambassade,
Il est resté d'abord et muet et confus ;
Et je ne pense pas qu'il y revienne plus.

ISABELLE.

Ah ! que me dites-vous ? J'ai bien peur du contraire,
Et qu'il ne nous prépare encore plus d'une affaire.

SGANARELLE.

Et sur quoi fondes-tu cette peur que tu dis ?

ISABELLE.

Vous n'avez pas été plus tôt hors du logis,
Qu'ayant pour prendre l'air, la tête à ma fenêtre,
J'ai vu dans ce détour un jeune homme paraître,
Qui d'abord, de la part de cet impertinent,
Est venu me donner un bonjour surprenant.
Et m'a, droit dans ma chambre, une boîte jetée
Qui renferme une lettre en poulet cachetée.
J'ai voulu sans tarder lui rejeter le tout ;
Mais ses pas de la rue avaient gagné le bout,
Et je m'en sens le cœur tout gros de fâcherie.

SGANARELLE.

Voyez un peu la ruse et la friponnerie !

ISABELLE.

Il est de mon devoir de faire promptement
Reporter boîte et lettre à ce maudit amant ;
Et j'aurais pour cela besoin d'une personne...
Car d'oser à vous-même....

SGANARELLE.

    Au contraire, mignonne,
C'est me mieux faire voir ton amour et ta foi :

Et mon cœur avec joie accepte cet emploi :
Tu m'obliges par-là plus que je ne puis dire.
ISABELLE.
Tenez donc.
SGANARELLE.
Bon. Voyons ce qu'il a pu t'écrire.
ISABELLE.
Ah ciel ! gardez-vous bien de l'ouvrir....
SGANARELLE.
Et pourquoi
ISABELLE.
Lui voulez-vous donner à croire que c'est moi ?
Une fille d'honneur doit toujours se défendre
De lire les billets qu'un homme lui fait rendre.
La curiosité qu'on fait lors éclater
Marque un secret plaisir de s'en ouïr conter ;
Et je trouve à propos que, toute cachetée,
Cette lettre lui soit promptement reportée,
Afin que d'autant mieux il connaisse aujourd'hui
Le mépris éclatant que mon cœur fait de lui,
Que ses feux désormais perdent toute espérance,
Et n'entreprennent plus pareille extravagance.
SGANARELLE.
Certes, elle a raison lorsqu'elle parle ainsi.
Va, ta vertu me charme, et ta prudence aussi ;
Je vois que mes leçons ont germé dans ton ame :
Et tu te montres digne enfin d'être ma femme.
ISABELLE.
Je ne veux pas pourtant gêner votre désir.
La lettre est dans vos mains, et vous pouvez l'ouvrir.
SGANARELLE.
Non, je n'ai garde ; hélas ! tes raisons sont trop bonnes ;
Et je vais m'acquitter du soin que tu me donnes,
A quatre pas de là dire ensuite deux mots,
Et revenir ici te remettre en repos.

SCÈNE VI.
SGANARELLE.
Dans quel ravissement est-ce que mon cœur nage,

ACTE II, SCÈNE VII.

Lorsque je vois en elle une fille si sage !
C'est un trésor d'honneur que j'ai dans ma maison.
Prendre un regard d'amour pour une trahison !
Recevoir un poulet comme une injure extrême,
Et le faire au galant reporter par moi-même !
Je voudrais bien savoir, en voyant tout ceci,
Si celle de mon frère en userait ainsi.
Ma foi, les filles sont ce que l'on les fait être.
Holà.

(*Il frappe à la porte de Valère.*)

SCÈNE VII.
SGANARELLE, ERGASTE.

ERGASTE.

Qu'est-ce ?

SGANARELLE.

Tenez, dites à votre maître
Qu'il ne s'ingère pas d'oser écrire encor
Des lettres qu'il envoie avec des boîtes d'or,
Et qu'Isabelle en est puissamment irritée.
Voyez, on ne l'a pas au moins décachetée ;
Il connaîtra l'état que l'on fait de ses feux,
Et quel heureux succès il doit espérer d'eux.

SCÈNE VIII.
VALÈRE, ERGASTE.

VALÈRE.

Qui vient de te donner cette farouche bête ?

ERGASTE.

Cette lettre, monsieur, qu'avecque cette boîte
On prétend qu'ait reçu Isabelle de vous,
Et dont elle est, dit-il, en un fort grand courroux.
C'est sans vouloir l'ouvrir qu'elle vous l'a fait rendre.
Lisez vite, et voyons si je me puis méprendre.

VALÈRE *lit.*

« Cette lettre vous surprendra sans doute ; et l'on
» peut trouver bien hardi pour moi, et le dessein de

» vous l'écrire, et la manière de vous la faire tenir :
» mais je me vois dans un état à ne plus garder de
» mesure. La juste horreur d'un mariage dont je suis
» menacée dans six jours me fait hasarder toutes cho-
» ses ; et dans la résolution de m'en affranchir par
» quelque voie que ce soit, j'ai cru que je devais plu-
» tôt vous choisir que le désespoir. Ne croyez pas
» pourtant que vous soyez redevable de tout à ma
» mauvaise destinée : ce n'est pas la contrainte où
» je me trouve qui a fait naître les sentimens que
» j'ai pour vous ; mais c'est elle qui en précipite le
» témoignage, et qui me fait passer sur des formali-
» tés ou la bienséance du sexe oblige. Il ne tiendra
» qu'à vous que je sois à vous bientôt ; et j'attends
» seulement que vous m'ayez marqué les intentions
» de votre amour pour vous faire savoir la résolu-
» tion que j'ai prise : mais surtout songez que le
» temps presse, et que deux cœurs qui s'aiment doi-
» vent s'entendre à demi-mot. »

ERGASTE.

Hé bien ! monsieur, le tour est-il original ?
Pour une jeune fille elle n'en sait pas mal.
De ces ruses d'amour la croirait-on capable ?

VALÈRE.

Ah ! je la trouve là tout-à-fait adorable.
Ce trait de son esprit et de son amitié
Accroît pour elle encor mon amour de moitié,
Et joint aux sentimens que sa beauté m'inspire...

ERGASTE.

La dupe vient : songez à ce qu'il vous faut dire.

SCÈNE IX.

SGANARELLE, VALÈRE, ERGASTE.

SGANARELLE, *se croyant seul.*

O trois et quatre fois béni soit cet édit
Par qui des vêtemens le luxe est interdit !
Les peines des maris ne seront plus si grandes,

ACTE II, SCÈNE IX.

Et les femmes auront un frein à leurs demandes.
Oh! que je sais au roi bon gré de ces décris!
Et que, pour le repos de ces mêmes maris,
Je voudrais bien qu'on fît de la coquetterie
Comme de la guipure et de la broderie!
J'ai voulu l'acheter l'édit expressément
Afin que d'Isabelle il soit lu hautement;
Et ce sera tantôt, n'étant plus occupée,
Le divertissement de notre après-soupée.

(apercevant Valère.)

Envoierez-vous encor, monsieur, aux blonds cheveux,
Avec des boîtes d'or des billets amoureux?
Vous pensiez bien trouver quelque jeune coquette,
Friande de l'intrigue et tendre à la fleurette:
Vous voyez de quel air on reçoit vos joyaux.
Croyez-moi, c'est tirer votre poudre aux moineaux:
Elle est sage, elle m'aime, et votre amour l'outrage.
Prenez visée ailleurs, et troussez-moi bagage.

VALÈRE.

Oui, oui, votre mérite, à qui chacun se rend,
Est à mes vœux, monsieur, un obstacle trop grand;
Et c'est folie à moi, dans mon ardeur fidèle,
De prétendre avec vous à l'amour d'Isabelle.

SGANARELLE.

Il est vrai, c'est folie.

VALÈRE.

Aussi n'aurais-je pas
Abandonné mon cœur à suivre ses appas,
Si j'avais pu prévoir que ce cœur misérable
Dût trouver un rival comme vous redoutable.

SGANARELLE.

Je le crois.

VALÈRE.

Je n'ai garde à présent d'espérer:
Je vous cède, monsieur, et c'est sans murmurer.

SGANARELLE.

Vous faites bien.

VALÈRE.

Le droit de la sorte l'ordonne ;
Et de tant de vertus brille en votre personne,
Que j'aurais tort de voir d'un regard de courroux
Les tendres sentimens qu'Isabelle a pour vous.

SGANARELLE.

Cela s'entend.

VALÈRE.

Oui, oui, je vous quitte la place :
Mais je vous prie au moins, et c'est la seule grace,
Monsieur, que vous demande un misérable amant
Dont vous seul aujourd'hui causez tout le tourment ;
Je vous conjure donc d'assurer Isabelle
Que, si depuis trois mois mon cœur brûle pour elle,
Cet amour est sans tache, et n'a jamais pensé
A rien dont son honneur ait lieu d'être offensé.

SGANARELLE.

Oui.

VALÈRE.

Que, ne dépendant que du choix de mon ame,
Tous mes desseins étaient de l'obtenir pour femme,
Si les destins, en vous qui captivez son cœur,
N'opposaient un obstacle à cette juste ardeur.

SGANARELLE.

Fort bien.

VALÈRE.

Que, quoi qu'on fasse, il ne lui faut pas croire
Que jamais ses appas sortent de ma mémoire :
Que, quelque arrêt des cieux qu'il me faille subir,
Mon sort est de l'aimer jusqu'au dernier soupir ;
Et que, si quelque chose étouffe mes poursuites,
C'est le juste respect que j'ai pour vos mérites.

SGANARELLE.

C'est parler sagement ; et je vais de ce pas
Lui faire ce discours qui ne la choque pas :
Mais si vous me croyez, tâchez de faire en sorte
Que de votre cerveau cette passion sorte.
Adieu.

ERGASTE, *à Valère.*

La dupe est bonne.

SCÈNE X.
SGANARELLE.

Il me fait grand'pitié,
Ce pauvre malheureux tout rempli d'amitié ;
Mais c'est un mal pour lui de s'être mis en tête
De vouloir prendre un fort qui se voit ma conquête.
(Sganarelle heurte à sa porte.)

SCÈNE XI.
SGANARELLE, ISABELLE.
SGANARELLE.

Jamais amant n'a fait tant de trouble éclater,
Au poulet renvoyé sans le décacheter :
Il perd toute espérance enfin, et se retire.
Mais il m'a tendrement conjuré de te dire :
« Que du moins en t'aimant il n'a jamais pensé
» A rien dont ton honneur ait lieu d'être offensé ;
» Et que, ne dépendant que du choix de son ame,
» Tous ses désirs étaient de t'obtenir pour femme,
» Si les destins, en moi qui captive ton cœur,
» N'opposaient un obstacle à cette juste ardeur ;
» Que, quoi qu'on puisse faire, il ne te faut pas croire
» Que jamais tes appas sortent de sa mémoire ;
» Que, quelque arrêt des cieux qu'il lui faille subir,
» Son sort est de t'aimer jusqu'au dernier soupir ;
» Et que, si quelque chose étouffe sa poursuite,
» C'est le juste respect qu'il a pour mon mérite. »
Ce sont ses propres mots ; et, loin de le blâmer,
Je le trouve honnête homme, et le plains de t'aimer.

ISABELLE, *bas*.
Ses feux ne trompent point ma secrète croyance,
Et toujours ses regards m'en ont dit l'innocence.

SGANARELLE.
Que dis-tu ?

ISABELLE.
Qu'il m'est dur que vous plaigniez si fort
Un homme que je hais à l'égal de la mort ;

Et que, si vous m'aimiez autant que vous le dites,
Vous sentiriez l'affront que me font ses poursuites.
SGANARELLE.
Mais il ne savait pas tes inclinations ;
Et, par l'honnêteté de ses intentions,
Son amour ne mérite....
ISABELLE.
Est-ce les avoir bonnes,
Dites-moi, de vouloir enlever les personnes ?
Est-ce être homme d'honneur de former des desseins
Pour m'épouser de force en m'ôtant de vos mains ?
Comme si j'étais fille à supporter la vie
Après qu'on m'aurait fait une telle infamie !
SGANARELLE.
Comment ?
ISABELLE.
Oui, oui ; j'ai su que ce traître d'amant
Parle de m'obtenir par un enlèvement ;
Et j'ignore, pour moi, les pratiques secrètes
Qui l'ont instruit sitôt du dessein que vous faites
De me donner la main dans huit jours au plus tard,
Puisque ce n'est que d'hier que vous m'en fîtes part :
Mais il veut prévenir dit-on cette journée
Qui doit à votre sort unir ma destinée.
SGANARELLE.
Voilà qui ne vaut rien.
ISABELLE
Oh que pardonnez-moi !
C'est un fort honnête homme, et qui ne sent pour moi...
SGANARELLE.
Il a tort ; et ceci passe la raillerie.
ISABELLE.
Allez, votre douceur entretient sa folie ;
S'il vous eût vu tantôt lui parler vertement,
Il craindrait vos transports et mon ressentiment :
Car c'est encor depuis sa lettre méprisée
Qu'il a dit ce dessein qui m'a scandalisée ;

ACTE II, SCÈNE XI.

Et son amour conserve, ainsi que je l'ai su,
La croyance qu'il est dans mon cœur bien reçu,
Que je fuis votre hymen, quoi que le monde en croie,
Et me verrais tirer de vos mains avec joie.

SGANARELLE.
Il est fou.

ISABELLE.
Devant vous il sait se déguiser ;
Et son intention est de vous amuser.
Croyez, par ces beaux mots, que le traître vous joue.
Je suis bien malheureuse, il faut que je l'avoue,
Qu'avecque tous mes soins pour vivre dans l'honneur
Et rebuter les vœux d'un lâche suborneur,
Il faille être exposée aux fâcheuses surprises
De voir faire sur moi d'infâmes entreprises !

SGANARELLE.
Va, ne redoute rien.

ISABELLE.
Pour moi je vous le di,
Si vous n'éclatez fort contre un trait si hardi,
Et ne trouvez bientôt moyen de me défaire
Des persécutions d'un pareil téméraire,
J'abandonnerai tout, et renonce à l'ennui
De souffrir les affronts que je reçois de lui.

SGANARELLE.
Ne t'afflige point tant ; va, ma petite femme,
Je m'en vais le trouver, et lui chanter sa gamme.

ISABELLE.
Dites-lui bien au moins qu'il le nierait en vain,
Que c'est de bonne part qu'on m'a dit son dessein ;
Et qu'après cet avis, quoi qu'il puisse entreprendre,
J'ose le défier de me pouvoir surprendre ;
Enfin que, sans plus perdre et soupirs et moments,
Il doit savoir pour vous quels sont mes sentiments,
Et que, si d'un malheur il ne veut être cause,
Il ne se fasse pas deux fois dire une chose.

SGANARELLE.
Je dirai ce qu'il faut.

ISABELLE.

Mais tout cela d'un ton
Qui marque que mon cœur lui parle tout de bon.

SGANARELLE.

Va, je n'oublierai rien, je t'en donne assurance.

ISABELLE.

J'attends votre retour avec impatience ;
Hâtez-le, s'il vous plaît, de tout votre pouvoir :
Je languis quand je suis un moment sans vous voir.

SGANARELLE.

Va, pouponne, mon cœur, je reviens tout à l'heure.

SCÈNE XII.

SGANARELLE.

Est-il une personne et plus sage et meilleure ?
Ah ! que je suis heureux ! et que j'ai de plaisir
De trouver une femme au gré de mon désir !
Oui, voilà comme il faut que les femmes soient faites;
Et non, comme j'en sais, de ces franches coquettes
Qui s'en laissent conter, et font dans tout Paris
Montrer au bout du doigt leurs honnêtes maris.

(Il frappe à la porte de Valère.)

Holà, notre galant aux belles entreprises.

SCÈNE XIII.

VALÈRE, SGANARELLE, ERGASTE.

VALÈRE.

Monsieur, qui vous ramène en ce lieu ?

SGANARELLE.

Vos sottises.

VALÈRE.

Comment ?

SGANARELLE.

Vous savez bien de quoi je veux parler.
Je vous croyais plus sage, à ne vous rien celer.
Vous venez m'amuser de vos belles paroles,
Et conservez sous main des espérances folles.

ACTE II, SCÈNE XIV.

Voyez-vous, j'ai voulu doucement vous traiter ;
Mais vous m'obligerez à la fin d'éclater.
N'avez-vous point de honte, étant ce que vous êtes,
De faire en votre esprit les projets que vous faites,
De prétendre enlever une fille d'honneur,
Et troubler un hymen qui fait tout son bonheur ?

VALÈRE.

Qui vous a dit, monsieur, cette étrange nouvelle ?

SGANARELLE.

Ne dissimulons point, je le tiens d'Isabelle,
Qui vous mande par moi, pour la dernière fois,
Qu'elle vous a fait voir assez quel est son choix ;
Que son cœur, tout à moi, d'un tel projet s'offense ;
Qu'elle mourrait plutôt qu'en souffrir l'insolence ;
Et que vous causerez de terribles éclats,
Si vous ne mettez fin à tout cet embarras.

VALÈRE.

S'il est vrai qu'elle ait dit ce que je viens d'entendre,
J'avouerai que mes feux n'ont plus rien à prétendre ;
Par ces mots assez clairs je vois tout terminé,
Et je dois révérer l'arrêt qu'elle a donné

SGANARELLE.

Si... Vous en doutez donc, et prenez pour des feintes
Tout ce que de sa part je vous ai fait de plaintes ?
Voulez-vous qu'elle-même elle explique son cœur ?
J'y consens volontiers pour vous tirer d'erreur.
Suivez-moi, vous verrez s'il est rien que j'avance.
Et si son jeune cœur entre nous deux balance.

(Il va frapper à sa porte.)

SCÈNE XIV.

ISABELLE, SGANARELLE, VALÈRE, ERGASTE.

ISABELLE.

Quoi ! vous me l'amenez ! quel est votre dessein ?
Prenez-vous contre moi ses intérêts en main ?
Et voulez-vous, charmé de ces rares mérites,
M'obliger à l'aimer, et souffrir ses visites ?

SGANARELLE.

Non, ma mie, et ton cœur pour cela m'est trop cher :
Mais il prend mes avis pour des contes en l'air,
Crois que c'est moi qui parle et te fais, par adresse,
Pleine pour lui de haine, et pour moi de tendresse ;
Et par toi-même enfin j'ai voulu sans retour
Le tirer d'une erreur qui nourrit son amour.

ISABELLE, *à Valère.*

Quoi ! mon ame à vos yeux ne se montre pas toute,
Et de mes vœux encor vous pouvez être en doute ?

VALÈRE.

Oui, tout ce que monsieur de votre part m'a dit,
Madame, a bien pouvoir de surprendre un esprit :
J'ai douté, je l'avoue ; et cet arrêt suprême
Qui décide du sort de mon amour extrême
Doit m'être assez touchant pour ne pas s'offenser
Que mon cœur par deux fois le fasse prononcer.

ISABELLE.

Non, non, un tel arrêt ne doit pas vous surprendre :
Ce sont mes sentimens qu'il vous a fait entendre ;
Et je les tiens fondés sur assez d'équité
Pour en faire éclater toute la vérité.
Oui, je veux bien qu'on sache, et j'en dois être crue,
Que le sort offre ici deux objets à ma vue,
Qui, m'inspirant pour eux différens sentimens,
De mon cœur agité font tous les mouvemens.
L'un pour un juste choix où l'honneur m'intéresse,
A toute mon estime et toute ma tendresse ;
Et l'autre pour le prix de son affection,
A toute ma colère et mon aversion.
La présence de l'un m'est agréable et chère,
J'en reçois dans mon ame allégresse entière ;
Et l'autre, par sa vue inspire, dans mon cœur
De secrets mouvemens et de haine et d'horreur.
Me voir femme de l'un est toute mon envie ;
Et, plutôt qu'être à l'autre, on m'ôterait la vie.
Mais c'est assez montrer mes justes sentimens,

Et trop long-temps languir dans ces rudes tourmens :
Il faut que ce que j'aime, usant de diligence,
Fasse à ce que je hais perdre toute espérance,
Et qu'un heureux hymen affranchisse mon sort
D'un supplice pour moi plus affreux que la mort.

SGANARELLE.

Oui, mignonne, je songe à remplir ton attente.

ISABELLE.

C'est l'unique moyen de me rendre contente.

SGANARELLE.

Tu le seras dans peu.

ISABELLE.

Je sais qu'il est honteux
Aux filles d'expliquer si librement leurs vœux.

SGANARELLE.

Point, point.

ISABELLE.

Mais, en l'état où sont mes destinées,
De telles libertés doivent m'être données ;
Et je puis, sans rougir, faire un aveu si doux
A celui que déjà je regarde en époux.

SGANARELLE.

Oui, ma pauvre fanfan, pouponne de mon ame.

ISABELLE.

Qu'il songe, donc de grace, à me prouver sa flamme.

SGANARELLE.

Oui, tiens, baise ma main.

ISABELLE.

Que sans plus de soupirs
Il conclue un hymen qui fait tous mes désirs,
Et reçoive en ce lieu la foi que je lui donne
De n'écouter jamais les vœux d'autre personne.
(*Elle fait semblant d'embrasser Sganarelle, et donne
sa main à baiser à Valère.*)

SGANARELLE.

Hai, hai, mon petit nez, pauvre petit bouchon,
Tu ne languiras pas long-temps, je t'en répond.

Va, chut.
(à *Valère*.)

Vous le voyez, je ne lui fais pas dire,
Ce n'est qu'après moi seul que son ame respire.
VALÈRE.

Hé bien! madame, hé bien! c'est s'expliquer assez:
Je vois par ce discours de quoi vous me pressez;
Et je saurai dans peu vous ôter la présence
De celui qui vous fait si grande violence.
ISABELLE.

Vous ne me sauriez faire un plus charmant plaisir;
Car enfin cette vue est fâcheuse à souffrir,
Elle m'est odieuse; et l'horreur est si forte...
SGANARELLE.

Hé! hé!
ISABELLE.

Vous offensé-je en parlant de la sorte?
Fais-je...
SGANARELLE.

Mon dieu! nenni, je ne dis pas cela;
Mais je plains, sans mentir, l'état où le voilà;
Et c'est trop hautement que ta haine se montre.
ISABELLE.

Je n'en puis trop montrer en pareille rencontre.
VALÈRE.

Oui, vous serez contente, et dans trois jours vos yeux
Ne verront plus l'objet qui vous est odieux.
ISABELLE.

A la bonne heure. Adieu.
SGANARELLE, à *Valère*.

Je plains votre infortune:
Mais....
VALÈRE.

Non, vous n'entendrez de mon cœur plainte aucune:
Madame assurément rend justice à tous deux,
Et je vais travailler à contenter ses vœux.
Adieu.

ACTE II, SCÈNE XV.

SGANARELLE.

Pauvre garçon ! sa douleur est extrême.
Venez, embrassez-moi, c'est un autre elle-même.
(Il embrasse Valère.)

SCÈNE XV.

ISABELLE, SGANARELLE.

SGANARELLE.

Je le tiens fort à plaindre.

ISABELLE.

Allez, il ne l'est point.

SGANARELLE.

Au reste, ton amour me touche au dernier point,
Mignonnette, et je veux qu'il ait sa récompense :
C'est trop que de huit jours pour ton impatience ;
Dès demain je t'épouse, et n'y veux appeler...

ISABELLE.

Dès demain?

SGANARELLE.

Par pudeur tu feins d'y reculer :
Mais je sais bien la joie où ce discours te jette,
Et tu voudrais déjà que la chose fût faite.

ISABELLE.

Mais...

SGANARELLE.

Pour ce mariage allons tout préparer.

ISABELLE, *à part.*

O ciel, inspirez-moi ce qui peut le parer !

FIN DU SECOND ACTE.

ACTE TROISIÈME.

SCÈNE I.
ISABELLE.

Oui, le trépas cent fois me semble moins à craindre
Que cet hymen fatal où l'on veut me contraindre ;
Et tout ce que je fais pour en fuir les rigueurs
Doit trouver quelque grace auprès de mes censeurs.
Le temps presse, il fait nuit; allons, sans crainte aucune.
A la foi d'un amant commettre ma fortune.

SCÈNE II.
SGANARELLE, ISABELLE.

SGANARELLE, *parlant à ceux qui sont dans sa maison.*

Je reviens, et l'on va pour demain de ma part...

ISABELLE.

O ciel !

SGANARELLE.

C'est toi, mignonne ! Où vas-tu donc si tard?
Tu disois qu'en ta chambre, étant un peu lassée,
Tu t'allais renfermer, lorsque je t'ai laissée ;
Et tu m'avais prié même que mon retour
T'y souffrît en repos jusques à demain jour.

ISABELLE.

Il est vrai ; mais...

SGANARELLE.

Hé quoi?

ISABELLE,

Vous me voyez confuse,
Et je ne sais comment vous en dire l'excuse.

SGANARELLE.

Quoi donc? que pourrait-ce être.

ISABELLE.

      Un secret surprenant :
C'est ma sœur qui m'oblige à sortir maintenant,
Et qui, pour un dessein dont je l'ai fort blâmée,
M'a demandé ma chambre, où je l'ai renfermée.

SGANARELLE.

Comment?

ISABELLE.

   L'eût-on pu croire? Elle aime cet amant
Que nous avons banni.

SGANARELLE.

    Valère?

ISABELLE.

       Éperdûment.
C'est un transport si grand, qu'il n'en est point de même;
Et vous pouvez juger de sa puissance extrême,
Puisque seule, à cette heure, elle est venue ici
Me découvrir à moi son amoureux souci ;
Me dire absolument qu'elle perdra la vie
Si son ame n'obtient l'effet de son envie ;
Que depuis plus d'un an d'assez vives ardeurs
Dans un secret commerce entretenaient leurs cœurs ;
Et que même ils s'étaient, leur flamme étant nouvelle,
Donné de s'épouser une foi mutuelle...

SGANARELLE.

La vilaine !

ISABELLE.

   Qu'ayant appris le désespoir
Où j'ai précipité celui qu'elle aime à voir,
Elle vient me prier de souffrir que sa flamme
Puisse rompre un départ qui lui percerait l'ame ;
Entretenir ce soir cet amant sous mon nom
Par la petite rue où ma chambre répond ;
Lui peindre d'une voix qui contrefait la mienne,
Quelques doux sentimens dont l'appât le retienne,
Et ménager enfin pour elle adroitement
Ce que pour moi l'on sait qu'il a d'attachement.

L'ÉCOLE DES MARIS.

SGANARELLE.

Et tu trouves cela...

ISABELLE.

Moi ? j'en suis courroucée.
Quoi ! ma sœur, ai-je dit, êtes-vous insensée
Ne rougissez-vous point d'avoir pris tant d'amour
Pour ces sortes de gens qui changent chaque jour,
D'oublier votre sexe, et tromper l'espérance
D'un homme dont le ciel vous donnait l'alliance ?

SGANARELLE.

Il le mérite bien ; et j'en suis fort ravi.

ISABELLE.

Enfin de cent raisons mon dépit s'est servi
Pour lui bien reprocher des bassesses si grandes,
Et pouvoir cette nuit rejeter ses demandes :
Mais elle m'a fait voir de si pressans désirs,
A tant versé de pleurs, tant poussé de soupirs,
Tant dit qu'au désespoir je porterais son ame
Si je lui refusais ce qu'exige sa flamme,
Qu'à céder malgré moi mon cœur s'est vu réduit ;
Et, pour justifier cette intrigue de nuit,
Où me faisait du sang relâcher la tendresse,
J'allais faire avec moi venir coucher Lucrèce,
Dont vous me vantez tant les vertus chaque jour :
Mais vous m'avez surprise avec ce prompt retour.

SGANARELLE.

Non, non, je ne veux point chez moi tout ce mystère.
J'y pourrais consentir à l'égard de mon frère :
Mais on peut être vu de quelqu'un du dehors ;
Et celle que je dois honorer de mon corps
Non seulement doit être et pudique et bien née,
Il ne faut pas que même elle soit soupçonnée.
Allons chasser l'infâme ; et de sa passion...

ISABELLE.

Ah ! vous lui donneriez trop de confusion ;
Et c'est avec raison qu'elle pourrait se plaindre
Du peu de retenue où j'ai su me contraindre :

ACTE III, SCÈNE II.

Puisque de son dessein je dois me départir,
Attendez que du moins je la fasse sortir.
SGANARELLE.
Hé bien ! fais.
ISABELLE.
Mais sur-tout cachez-vous, je vous prie,
Et, sans lui dire rien, daignez voir sa sortie.
SGANARELLE
Oui, pour l'amour de toi je retiens mes transports :
Mais, dès le même instant qu'elle sera dehors,
Je veux, sans différer, aller trouver mon frère :
J'aurai joie à courir lui dire cette affaire.
ISABELLE.
Je vous conjure donc de ne me point nommer.
Bon soir ; car tout d'un temps je vais me renfermer.
SGANARELLE, *seul*.
Jusqu'à demain, ma mie... En quelle impatience
Suis-je de voir mon frère, et lui conter sa chance !
Il en tient, le bon homme, avec tout son phébus,
Et je n'en voudrais pas tenir cent bons écus.
ISABELLE, *dans la maison*.
Oui, de vos déplaisirs l'atteinte m'est sensible :
Mais ce que vous voulez, ma sœur, m'est impossible ;
Mon honneur, qui m'est cher, y court trop de hasard.
Adieu. Retirez-vous avant qu'il soit plus tard.
SGANARELLE.
La voilà qui, je crois, peste de belle sorte :
De peur qu'elle revînt, fermons à clef la porte.
ISABELLE, *en sortant*.
O ciel, dans mes desseins ne m'abandonnez pas !
SGANARELLE, *à part*.
Où pourra-t-elle aller ? Suivons un peu ses pas.
ISABELLE, *à part*.
Dans mon trouble du moins la nuit me favorise.
SGANARELLE, *à part*.
Au logis du galant ? Quelle est son entreprise ?

SCÈNE III.
VALÈRE, ISABELLE, SGANARELLE.

VALÈRE, *sortant brusquement.*

Oui, oui, je veux tenter quelque effort cette nuit
Pour parler... Qui va là ?

ISABELLE, *à Valère.*

Ne faites point de bruit,
Valère ; on vous prévient, et je suis Isabelle.

SGANARELLE.

Vous en avez menti, chienne ; ce n'est pas elle.
De l'honneur que tu fuis elle suit trop les lois ;
Et tu prends faussement et son nom et sa voix.

ISABELLE, *à Valère.*

Mais à moins de vous voir par un saint hyménée...

VALÈRE.

Oui, c'est l'unique but où tend ma destinée ;
Et je vous donne ici ma foi que dès demain,
Je vais où vous voudrez recevoir votre main.

SGANARELLE, *à part.*

Pauvre sot qui s'abuse !

VALÈRE.

Entrez en assurance :
De votre Argus dupé je brave la puissance ;
Et, devant qu'il vous pût ôter à mon ardeur,
Mon bras de mille coups lui percerait le cœur.

SCÈNE IV.
SGANARELLE.

Ah ! je te promets bien que je n'ai pas envie
De te l'ôter, l'infâme à tes feux asservie,
Que du don de ta foi je ne suis point jaloux,
Et que, si j'en suis cru, tu seras son époux.
Oui, faisons-le surprendre avec cette effrontée :
La mémoire du père à bon droit respectée,
Jointe au grand intérêt que je prends à la sœur,
Veut que du moins l'on tâche à lui rendre l'honneur.
Holà.

(*Il frappe à la porte d'un commissaire.*)

SCÈNE V.

SGANARELLE, UN COMMISSAIRE, UN NO-
TAIRE, UN LAQUAIS *avec un flambeau.*

LE COMMISSAIRE.

Qu'est-ce ?

SGANARELLE

Salut, monsieur le commissaire.
Votre présence en robe est ici nécessaire ;
Suivez-moi, s'il vous plaît, avec votre clarté.

LE COMMISSAIRE.

Nous sortions...

SGANARELLE.

Il s'agit d'un fait assez hâté.

LE COMMISSAIRE.

Quoi ?

SGANARELLE.

D'aller là-dedans, et d'y surprendre ensemble
Deux personnes qu'il faut qu'un bon hymen assemble :
C'est une fille à nous, que, sous un don de foi,
Un Valère a séduite et fait entrer chez soi.
Elle sort de famille et noble et vertueuse,
Mais...

LE COMMISSAIRE.

Si c'est pour cela, la rencontre est heureuse,
Puisqu'ici nous avons un notaire.

SGANARELLE.

Monsieur ?

LE NOTAIRE.

Oui, notaire royal.

LE COMMISSAIRE.

De plus, homme d'honneur.

SGANARELLE.

Cela s'en va sans dire. Entrez dans cette porte,
Et sans bruit ayez l'œil que personne n'en sorte ;
Vous serez pleinement contentés de vos soins ;
Mais ne vous laissez pas graisser la patte, au moins.

LE COMMISSAIRE.

Comment ! Vous croyez donc qu'un homme de justice..

SGANARELLE.

Ce que j'en dis n'est pas pour taxer votre office.
Je vais faire venir mon frère promptement :
Faites que le flambeau m'éclaire seulement.

(à part.)

Je vais le réjouir cet homme sans colère.
Holà.

(*Il frappe à la porte d'Ariste.*)

SCÈNE VI.

ARISTE, SGANARELLE.

ARISTE.

Qui frappe ? Ah ! ah ! que voulez-vous, mon frère ?

SGANARELLE.

Venez, beau directeur, suranné damoiseau,
On veut vous faire voir quelque chose de beau.

ARISTE.

Comment ?

SGANARELLE.

Je vous apporte une bonne nouvelle.

ARISTE.

Quoi ?

SGANARELLE.

Votre Léonor, où, je vous prie, est-elle ?

ARISTE.

Pourquoi cette demande ? Elle est, comme je croi,
Au bal chez son amie.

SGANARELLE.

Hé ! oui, oui ; suivez-moi,
Vous verrez à quel bal la donzelle est allée.

ARISTE.

Que voulez-vous conter ?

SGANARELLE.

Vous l'avez bien stylée :
Il n'est pas bon de vivre en sévère censeur,

ACTE III, SCÈNE VI.

On gagne les esprits par beaucoup de douceur ;
Et les soins défiants, les verrous et les grilles,
Ne font pas la vertu des femmes ni des filles ;
Nous les portons au mal par tant d'austérité,
Et leur sexe demande un peu de liberté.
Vraiment elle en a pris tout son soûl, la rusée ;
Et la vertu chez elle est fort humanisée.

ARISTE.

Où veut donc aboutir un pareil entretien ?

SGANARELLE.

Allez, mon frère aîné, cela vous sied fort bien ;
Et je ne voudrais pas pour vingt bonnes pistoles,
Que vous n'eussiez ce fruit de vos maximes folles :
On voit ce qu'en deux sœurs nos leçons ont produit ;
L'une fuit les galants, et l'autre les poursuit.

ARISTE.

Si vous ne me rendez cette énigme plus claire...

SGANARELLE.

L'énigme est que son bal est chez monsieur Valère ;
Que, de nuit, je l'ai vue y conduire ses pas,
Et qu'à l'heure présente elle est entre ses bras.

ARISTE.

Qui ?

SGANARELLE.

Léonor.

ARISTE.

Cessons de railler, je vous prie.

SGANARELLE.

Je raille... Il est fort bon avec sa raillerie !
Pauvre esprit ! Je vous dis et vous redis encor
Que Valère chez lui tient votre Léonor,
Et qu'ils s'étaient promis une foi mutuelle
Avant qu'il eût songé de poursuivre Isabelle.

ARISTE.

Ce discours d'apparence est si fort dépourvu...

SGANARELLE.

Il ne le croira pas encore en l'ayant vu ;

J'enrage. Par ma foi, l'âge ne sert de guère
Quand on n'a pas cela.
(*Il se met le doigt sur son front.*)

ARISTE.

Quoi ! voulez-vous, mon frère....?

SGANARELLE.

Mon dieu ! je ne veux rien. Suivez-moi seulement ;
Votre esprit tout à l'heure aura contentement ;
Vous verrez si j'impose, et si leur foi donnée
N'avait pas joint leurs cœurs depuis plus d'une année.

ARISTE.

L'apparence qu'ainsi, sans m'en faire avertir,
A cet engagement elle eût pu consentir ?
Moi, qui dans toute chose ai, depuis son enfance,
Montré toujours pour elle entière complaisance,
Et qui cent fois ait fait des protestations
De ne jamais gêner ses inclinations !

SGANARELLE.

Enfin vos propres yeux jugeront de l'affaire.
J'ai fait venir déjà commissaire et notaire :
Nous avons intérêt que l'hymen prétendu
Répare sur-le-champ l'honneur qu'elle a perdu ;
Car je ne pense pas que vous soyez si lâche
De vouloir l'épouser avecque cette tache,
Si vous n'avez encor quelques raisonnemens,
Pour vous mettre au-dessus de tous les bernemens.

ARISTE.

Moi ? Je n'aurai jamais cette faiblesse extrême
De vouloir posséder un cœur malgré lui-même.
Mais je ne saurais croire enfin....

SGANARELLE.

Que de discours !
Allons, ce procès-là continuerait toujours.

SCÈNE VII.

UN COMMISSAIRE, UN NOTAIRE, SGANA-
RELLE, ARISTE.

LE COMMISSAIRE.

Il ne faut mettre ici nulle force en usage,
Messieurs, et si vos vœux ne vont qu'au mariage,
Vos transports en ce lieu se peuvent apaiser.
Tous deux également tendent à s'épouser ;
Et Valère déjà, sur ce qui vous regarde,
A signé que pour femme il tient celle qu'il garde.

ARISTE.

La fille...?

LE COMMISSAIRE.

Est renfermée, et ne veut point sortir
Que vos désirs aux leurs ne veuillent consentir.

SCÈNE VIII.

VALÈRE, UN COMMISSAIRE, UN NOTAIRE,
SGANARELLE, ARISTE.

VALÈRE, *à la fenêtre de sa maison.*

Non, Messieurs ; et personne ici n'aura l'entrée
Que cette volonté ne m'ait été montrée.
Vous savez qui je suis, et j'ai fait mon devoir
En vous signant l'aveu qu'on peut vous faire voir.
Si c'est votre dessein d'approuver l'alliance,
Votre main peut aussi m'en signer l'assurance ;
Sinon, faites état de m'arracher le jour,
Plutôt que de m'ôter l'objet de mon amour.

SGANARELLE.

Non, nous ne songeons pas à vous séparer d'elle.
  (*bas, à part.*)
Il ne s'est point encor détrompé d'Isabelle :
Profitons de l'erreur.

ARISTE, *à Valère.*

Mais est-ce Léonor ?

SGANARELLE, *à Ariste.*

Taisez-vous.

ARISTE.

Mais....

SGANARELLE.

Paix donc.

ARISTE.

Je veux savoir...

SGANARELLE.

Encor ?
Vous tairez-vous ? vous dis-je.

VALÈRE.

Enfin, quoiqu'il avienne,
Isabelle a ma foi ; j'ai de même la sienne,
Et ne suis point un choix, à tout examiner,
Que vous soyez reçus à faire condamner.

ARISTE, *à Sganarelle.*

Ce qu'il dit là n'est pas...

SGANARELLE.

Taisez-vous, et pour cause ;
(*à Valère.*)
Vous saurez le secret. Oui, sans dire autre chose,
Nous consentons tous deux que vous soyez l'époux
De celle qu'à présent on trouvera chez vous.

LE COMMISSAIRE.

C'est dans ces termes-là que la chose est conçue,
Et le nom est en blanc pour ne l'avoir point vue.
Signez. La fille après, vous mettra tous d'accord.

VALÈRE.

J'y consens de la sorte.

SGANARELLE.

Et moi, je le veux fort.
(*à part.*)   (*haut.*)
Nous rirons bien tantôt. Là, signez donc, mon frère.
L'honneur vous appartient.

ARISTE.

Mais quoi ! tout ce mystère...

ACTE III, SCÈNE IX.

SGANARELLE.

Diantre ! que de façons ! Signez, pauvre butor.

ARISTE.

Il parle d'Isabelle, et vous de Léonor.

SGANARELLE.

N'êtes-vous pas d'accord, mon frère, si c'est elle,
De les laisser tous deux à leur foi mutuelle?

ARISTE.

Sans doute.

SGANARELLE.

Signez donc : j'en fais de même aussi.

ARISTE

Soit. Je n'y comprends rien.

SGANARELLE.

Vous serez éclairci.

LE COMMISSAIRE.

Nous allons revenir,

SGANARELLE, *à Ariste.*

Or çà, je vais vous dire
La fin de cette intrigue.
(*Ils se retirent dans le fond du théâtre.*)

SCÈNE IX.

LÉONOR, SGANARELLE, ARISTE, LISETTE.

LÉONOR.

O l'étrange martyre !
Que tous ces jeunes fous me paraissent fâcheux ?
Je me suis dérobée au bal pour l'amour d'eux.

LISETTE.

Chacun d'eux près de vous veut se rendre agréable.

LÉONOR.

Et moi, je n'ai rien vu de plus insupportable ;
Et je préférerais le plus simple entretien
A tous les contes bleus de ces discours de rien.
Ils croient que tout cède à leur perruque blonde,
Et pensent avoir dit le meilleur mot du monde,
Lorsqu'ils viennent, d'un ton de mauvais goguenard.

Vous railler sottement sur l'amour d'un vieillard ;
Et moi, d'un tel vieillard je prise plus le zèle,
Que tous les beaux transports d'une jeune cervelle.
Mais n'aperçois-je pas...?

SGANARELLE, *à Ariste.*

Oui, l'affaire est ainsi.

(*Apercevant Léonor.*)
Ah ! je la vois paraître, et sa suivante aussi.

ARISTE.

Léonor, sans courroux j'ai sujet de me plaindre,
Vous savez si jamais j'ai voulu vous contraindre,
Et si plus de cent fois je n'ai pas protesté
De laisser à vos vœux leur pleine liberté :
Cependant votre cœur, méprisant mon suffrage,
De foi comme d'amour à mon insçu s'engage.
Je ne me repens pas de mon doux traitement :
Mais votre procédé me touche assurément ;
Et c'est une action que n'a pas méritée
Cette tendre amitié que je vous ai portée.

LÉONOR.

Je ne sais pas sur quoi vous tenez ce discours :
Mais croyez que je suis la même que toujours,
Que rien ne peut pour vous altérer mon estime,
Que toute autre amitié me paraîtrait un crime,
Et que, si vous voulez satisfaire mes vœux,
Un saint nœud dès demain nous unira tous deux.

ARISTE.

Dessus quel fondement venez-vous donc, mon frère..?

SGANAERLLE.

Quoi ! vous ne sortez pas du logis de Valère ?
Vous n'avez point conté vos amours aujourd'hui ?
Et vous ne brûlez pas depuis un an pour lui ?

LÉONOR.

Qui vous a fait de moi de si belles peintures,
Et prend soin de former de telles impostures ?

SCÈNE X.

ISABELLE, VALÈRE, LÉONOR, ARISTE, SGANARELLE, UN COMMISSAIRE, UN NOTAIRE, LISETTE, ERGASTE.

ISABELLE.

Ma sœur, je vous demande un généreux pardon,
Si de mes libertés j'ai taché votre nom.
Le pressant embarras d'une surprise extrême
M'a tantôt inspiré ce honteux stratagème :
Votre exemple condamne un tel emportement :
Mais le sort nous traita tous deux diversement.
   (*à Sganarelle.*)
Pour vous, je ne veux point, monsieur, vous faire excuse ;
Je vous sers beaucoup plus que je ne vous abuse.
Le ciel pour être joints ne nous fit pas tous deux :
Je me suis reconnue indigne de vos feux ;
Et j'ai bien mieux aimé me voir aux mains d'un autre,
Que ne pas mériter un cœur comme le vôtre.

VALÈRE, *à Sganarelle.*

Pour moi, je mets ma gloire et mon bien souverain
A la pouvoir, monsieur, tenir de votre main.

ARISTE.

Mon frère, doucement il faut boire la chose :
D'une telle action vos procédés sont cause ;
Et je vois votre sort malheureux à ce point,
Que, vous sachant dupé, l'on ne vous plaindra point.

LISETTE.

Par ma foi, je lui sais bon gré de cette affaire ;
Et ce prix de ses soins est un trait exemplaire.

LEONOR.

Je ne sais si ce trait se doit faire estimer,
Mais je sais bien qu'au moins je ne le puis blâmer.

ERGASTE.

Au sort d'être cocu son ascendant l'expose ;
Et ne l'être qu'en herbe est pour lui douce chose.

SCANARELLE, *sortant de l'accablement dans lequel il était plongé.*
Non, je ne puis sortir de mon étonnement.
Cette ruse d'enfer confond mon jugement ;
Et je ne pense pas que Satan en personne
Puisse être si méchant qu'une telle friponne.
J'aurais pour elle au feu mis la main que voilà.
Malheureux qui se fie à femme après cela !
La meilleure est toujours en malice féconde ;
C'est un sexe engendré pour damner tout le monde.
Je renonce à jamais à ce sexe trompeur,
Et je le donne tout au diable de bon cœur.

ERGASTE.
Bon.

ARISTE.
Allons tous chez moi. Venez, seigneur Valère ;
Nous tâcherons demain d'apaiser sa colère.

LISETTE, *au parterre.*
Vous, si vous connaissez des maris loups-garous,
Envoyez-les au moins à l'école chez nous.

FIN DE L'ÉCOLE DES MARIS.

LES FACHEUX,

COMÉDIE-BALLET EN TROIS ACTES,

Représentée à Vaux le 16 août, à Fontainebleau le 27 ; et à Paris, sur le théâtre du Palais-Royal, le 4 novembre 1661.

AU ROI.

SIRE,

J'ajoute une scène à la comédie ; et c'est une espèce de fâcheux assez insupportable, qu'un homme qui dédie un livre. Votre majesté en sait des nouvelles plus que personne de son royaume, et ce n'est pas d'aujourd'hui qu'elle se voit en butte à la furie des épîtres dédicatoires. Mais, bien que je suive l'exemple des autres, et me mette moi-même au rang de ceux que j'ai joués, j'ose dire toutefois à votre majesté que ce que j'en ai fait n'est pas tant pour lui présenter un livre, que pour avoir lieu de lui rendre graces du succès de cette comédie. Je le dois, SIRE, ce succès qui a passé mon attente, non seulement à cette glorieuse approbation dont votre majesté honora d'abord la pièce, et qui a entraîné si hautement celle de tout le monde, mais encore à l'ordre qu'elle me donna d'y ajouter un caractère de fâcheux dont elle eut la bonté de m'ouvrir les idées elle-même, et qui a été trouvé partout le plus beau morceau de l'ouvrage. Il faut avouer, SIRE, que je n'ai jamais rien fait avec tant de facilité, ni si promptement que cet endroit où votre majesté me commanda de travailler. J'avais une joie à lui obéir qui me valait bien mieux qu'Apollon et toutes les muses ; et je conçois par-là ce que je serais capable d'exécuter pour une comédie entière, si j'étais inspiré par de pareils commandemens. Ceux qui sont nés en un rang élevé peuvent se proposer l'honneur de servir votre majesté dans les grands emplois ; mais pour moi, toute la gloire où je puis arriver, c'est de la réjouir. Je borne là l'ambition de mes souhaits ; et je crois qu'en quelque façon ce n'est pas être inutile à la France que de contribuer en quelque chose au divertissement de son roi. Quand je n'y réussirais pas, ce ne sera jamais par un défaut de zèle ni d'étude mais seulement par un mauvais destin qui suit assez souvent les meilleures intentions, et qui sans doute affligerait sensiblement,

Sire,

De votre majesté

Le très-humble, très-obéissant et très-fidèle serviteur,

Molière.

AVERTISSEMENT.

Jamais entreprise au théâtre ne fut si précipitée que celle-ci ; et c'est une chose, je crois, toute nouvelle, qu'une comédie ait été conçue, faite, apprise et représentée en quinze jours. Je ne dis pas cela pour me piquer de *l'impromptu*, et en prétendre de la gloire, mais seulement pour prévenir certaines gens qui pourraient trouver à redire que je n'aie pas mis ici toutes les espèces de fâcheux qui se trouvent. Je sais que le nombre en est grand et à la cour et dans la ville, et que, sans épisodes, j'eusse bien pu en composer une comédie de cinq actes bien fournis, et avoir encore de la matière de reste. Mais, dans le peu de temps qui me fut donné, il m'était impossible de faire un grand dessein, et de rêver beaucoup sur le choix de mes personnages et sur la disposition de mon sujet. Je me réduisis donc à ne toucher qu'un petit nombre d'importuns ; et je pris ceux qui s'offrirent d'abord à mon petit esprit, et que je crus les plus propres à réjouir les augustes personnes devant qui j'avais à paraître ; et, pour lier promptement toutes ces choses ensemble, je me servis du premier nœud que je pus trouver. Ce n'est pas mon dessein d'examiner maintenant si tout cela pouvait être mieux, et si tous ceux qui s'y sont divertis ont ri selon les règles. Le temps viendra de faire imprimer mes remarques sur les pièces que j'aurai faites, et je ne désespère pas de faire voir un jour, en grand auteur, que je puis citer Aristote et Horace. En attendant cet examen, qui peut-être ne viendra point, je m'en remets assez aux décisions de la multitude, et je tiens aussi difficile de combattre un ouvrage que le public approuve, que d'en défendre un qu'il condamne.

Il n'y a personne qui ne sache pour quelle réjouissance la pièce fut composée; et cette fête a fait un tel éclat, qu'il n'est pas nécessaire d'en parler : mais il ne sera pas hors de propos de dire deux paroles des ornemens qu'on a mêlés avec la comédie.

Le dessein était de donner un ballet aussi, et, comme il n'y avait qu'un très-petit nombre choisi de danseurs excellens, on fut contraint de séparer les entrées de ce ballet, et l'avis fut de les jeter dans les entr'actes de la comédie, afin que ces intervalles donnassent temps aux mêmes baladins de venir sous d'autres habits; de sorte que, pour ne point rompre aussi le fil de la pièce par ces manières d'intermèdes, on s'avisa de les coudre au sujet du mieux que l'on put, et de ne faire qu'une seule chose du ballet et de la comédie : mais comme le temps était fort précipité, et que tout cela ne fut pas réglé entièrement par une même tête, on trouvera peut-être quelques endroits du ballet qui n'entrent pas dans la comédie aussi naturellement que d'autres. Quoiqu'il en soit, c'est un mélange qui est nouveau pour nos théâtres, et dont on pourrait chercher quelques autorités dans l'antiquité; et comme tout le monde l'a trouvé agréable, il peut servir d'idée à d'autres choses qui pourraient être méditées avec plus de loisir.

D'abord que la toile fut levée, un des acteurs, comme vous pourriez dire moi, parut sur le théâtre en habit de ville, et, s'adressant au roi avec le visage d'un homme surpris, fit des excuses en désordre de ce qu'il se trouvait là seul, et manquait de temps et d'acteurs pour donner à sa majesté le divertissement qu'elle semblait attendre. En même temps, au milieu de vingt jets d'eau naturels, s'ouvrit cette coquille, que tout le monde a vue; et l'agréable naïade qui parut dedans s'avança au bord du théâtre, et d'un air héroïque prononça les vers que M. Pellisson avait faits, et qui servent de prologue.

PROLOGUE.

Le théâtre représente un jardin orné de termes et de plusieurs jets d'eau.

UNE NAÏADE.

sortant des eaux dans une coquille.

Pour voir en ces beaux lieux le plus grand roi du monde,
Mortels, je viens à vous de ma grotte profonde.
Faut-il, en sa faveur, que la terre ou que l'eau
Produisent à vos yeux un spectacle nouveau?
Qu'il parle, ou qu'il souhaite, il n'est rien d'impossible.
Lui-même n'est-il pas un miracle visible?
Son règne, si fertile en miracles divers,
N'en demande-t-il pas à tout cet univers?
Jeune, victorieux, sage, vaillant, auguste,
Aussi doux que sévère, aussi puissant que juste;
Régler et ses états et ses propres désirs;
Joindre aux nobles travaux les plus nobles plaisirs;
En ses justes projets jamais ne se méprendre;
Agir incessamment, tout voir et tout entendre;
Qui peut cela peut tout : il n'a qu'à tout oser,
Et le ciel à ses vœux ne peut rien refuser.
Ces termes marcheront, et, si Louis l'ordonne,
Ces arbres parleront mieux que ceux de Dodone.
Hôtesses de leurs troncs, moindres divinités,
C'est Louis qui le veut, sortez, nymphes, sortez;
Je vous montre l'exemple : il s'agit de lui plaire.
Quittez pour quelque temps votre forme ordinaire,
Et paraissons ensemble aux yeux des spectateurs
Pour ce nouveau théâtre autant de vrais acteurs.

Plusieurs dryades, accompagnées de faunes et de satyres, sortent des arbres et des termes.

PROLOGUE.

Vous, soin de ses sujets, sa plus charmante étude,
Héroïque souci, royale inquiétude,
Laissez-le respirer, et souffrez qu'un moment
Son grand cœur s'abandonne au divertissement :
Vous le verrez demain, d'une force nouvelle :
Sous le fardeau pénible où votre voix l'appelle,
Faire obéir les lois, partager les bienfaits,
Par ses propres conseils prévenir vos souhaits,
Maintenir l'univers dans une paix profonde,
Et s'ôter le repos pour le donner au monde.
Qu'aujourd'hui tout lui plaise, et semble consentir
A l'unique dessein de le bien divertir.
Fâcheux, retirez-vous ; ou, s'il faut qu'il vous voie,
Que ce soit seulement pour exciter sa joie.

La naïade emmène avec elle, pour la comédie, une partie des gens qu'elle a fait paraître, pendant que le reste se met à danser au son des hautbois qui se joignent aux violons.

PERSONNAGES DE LA COMÉDIE.

DAMIS, tuteur d'Orphise.
ORPHISE.
ÉRASTE, amoureux d'Orphise.
ALCIDOR,
LISANDRE,
ALCANDRE,
ALCIPPE,
ORANTE,
CLIMÈNE, } fâcheux.
DORANTE,
CARITIDÈS,
ORMIN,
FILINTE,
LA MONTAGNE, valet d'Éraste.
L'ÉPINE, valet de Damis.
LA RIVIÈRE, et deux autres valets d'Éraste.

PERSONNAGES DU BALLET.

Premier acte... { JOUEURS DE MAIL.
CURIEUX.

Second acte... { JOUEURS DE BOULE.
FRONDEURS.
SAVETIERS ET SAVETIÈRES.
UN JARDINIER.

Troisième acte.. { SUISSES.
QUATRE BERGERS.
UNE BERGÈRE.

La scène est à Paris.

LES FACHEUX.

ACTE PREMIER.

SCÈNE I.
ÉRASTE, LA MONTAGNE.
ÉRASTE.

Sous quel astre, bon dieu ! faut-il que je sois né,
Pour être de fâcheux toujours assassiné !
Il semble que partout le sort me les adresse,
Et j'en vois chaque jour quelque nouvelle espèce.
Mais il n'est rien d'égal au fâcheux d'aujourd'hui :
J'ai cru n'être jamais débarrassé de lui ;
Et cent fois j'ai maudit cette innocente envie
Qui m'a pris, à dîner, de voir la comédie,
Où, pensant m'égayer, j'ai misérablement
Trouvé de mes péchés le rude châtiment.
Il faut que je te fasse un récit de l'affaire,
Car je m'en sens encor tout ému de colère.
J'étais sur le théâtre en humeur d'écouter
La pièce, qu'à plusieurs j'avois ouï vanter ;
Les acteurs commençaient, chacun prêtait silence,
Lorsque, d'un air bruyant et plein d'extravagance,
Un homme à grands canons est entré brusquement
En criant, Holà ho ! un siége promptement !
Et, de son grand fracas surprenant l'assemblée,
Dans le plus bel endroit a la pièce troublée.
Hé ! mon dieu ! nos Français, si souvent redressés,
Ne prendront-ils jamais un air de gens sensés,
Ai-je dit, et faut-il, sur nos défauts extrêmes,
Qu'en théâtre public nous nous jouions nous-mêmes,
Et confirmions ainsi, par des éclats de fous,

Ce que chez nos voisins on dit partout de nous !
Tandis que là-dessus je haussais les épaules,
Les acteurs ont voulu continuer leurs rôles :
Mais l'homme pour s'asseoir a fait nouveau fracas ;
Et traversant encor le théâtre à grands pas,
Bien que dans les côtés il pût être à son aise,
Au milieu du devant il a planté sa chaise,
Et, de son large dos morguant les spectateurs,
Aux trois quarts du parterre a caché les acteurs.
Un bruit s'est élevé, dont un autre eût eu honte ;
Mais lui, ferme et constant, n'en a fait aucun compte,
Et se serait tenu comme il s'était posé,
Si, pour mon infortune, il ne m'eût avisé.
Ah ! marquis, m'a-t-il dit, prenant près de moi place,
Comment te portes-tu, souffre que je t'embrasse.
Au visage sur l'heure un rouge m'est monté
Que l'on me vit connu d'un pareil éventé.
Je l'étais peu pourtant ; mais on en voit paroître
De ces gens qui de rien veulent fort vous connoître,
Dont il faut au salut les baisers essuyer,
Et qui sont familiers jusqu'à vous tutoyer.
Il m'a fait à l'abord cent questions frivoles,
Plus haut que les acteurs élevant ses paroles.
Chacun le maudissait ; et moi, pour l'arrêter,
Je serais, ai-je dit, bien aise d'écouter.
Tu n'as point vu ceci, marquis ? Ah ! dieu me damne !
Je le trouve assez drôle, et je n'y suis pas âne ;
Je sais par quelles lois un ouvrage est parfait,
Et Corneille me vient lire tout ce qu'il fait.
Là-dessus, de la pièce il m'a fait un sommaire ;
Scène à scène averti de ce qu'il s'allait faire,
Et jusques à des vers qu'il en savait par cœur,
Il me les récitait tout haut avant l'acteur.
J'avais beau m'en défendre, il a poussé sa chance,
Et s'est devers la fin levé long-temps d'avance ;
Car les gens du bel air, pour agir galamment,
Se gardent bien surtout d'ouïr le dénouement.

ACTE I, SCÈNE I.

Je rendais grace au ciel, et croyais, de justice,
Qu'avec la comédie eût fini mon supplice ;
Mais, comme si c'en eût été trop bon marché,
Sur nouveaux frais mon homme à moi s'est attaché,
M'a conté ses exploits, ses vertus non communes,
Parlé de ses chevaux, de ses bonnes fortunes,
Et de ce qu'à la cour il avait de faveur,
Disant qu'à m'y servir il s'offrait de grand cœur.
Je le remerciais doucement de la tête,
Minutant à tout coup quelque retraite honnête :
Mais lui, pour le quitter me voyant ébranlé,
Sortons, ce m'a-t-il dit, le monde est écoulé.
Et, sortis de ce lieu me la donnant pour sèche,
Marquis, allons au cours faire voir ma calèche :
Elle est bien entendue, et plus d'un duc et pair
En fait à mon faiseur faire une du même air.
Mais de lui rendre grace, et, pour mieux m'en défendre,
De dire que j'avais certain repas à rendre.
Ah ! parbleu j'en veux être, étant de tes amis,
Et manque au maréchal, à qui j'avais promis.
De la chère, ai-je dit, la dose est trop peu forte,
Pour oser y prier des gens de votre sorte.
Non, m'a-t-il répondu, je suis sans compliment,
Et j'y vais pour causer avec toi seulement ;
Je suis des grands repas fatigué, je te jure,
Mais si l'on vous attend, ai-je dit, c'est injure.
Tu te moques, marquis ; nous nous connaissons tous,
Et je trouve avec toi des passe-temps plus doux.
Je pestais contre moi, l'ame triste et confuse
Du funeste succès qu'avait eu mon excuse,
Et ne savais à quoi je devais recourir
Pour sortir d'une peine à me faire mourir,
Lorsqu'un carosse fait de superbe manière,
Et comblé de laquais et devant et derrière,
S'est avec un grand bruit devant nous arrêté,
D'où sautant un jeune homme amplement ajusté,
Mon importun et lui, courant à l'embrassade,

Ont surpris les passans de leur brusque incartade :
Et, tandis que tous deux étaient précipités
Dans les convulsions de leurs civilités,
Je me suis doucement esquivé sans rien dire ;
Non sans avoir long-temps gémi d'un tel martyre,
Et maudit le fâcheux dont le zèle obstiné
M'ôtait au rendez-vous qui m'est ici donné.

LA MONTAGNE.

Ce sont chagrins mêlés aux plaisirs de la vie.
Tout ne va pas, monsieur, au gré de notre envie.
Le ciel veut qu'ici-bas chacun ait ses fâcheux,
Et les hommes seraient sans cela trop heureux.

ÉRASTE

Mais de tous mes fâcheux le plus fâcheux encore,
C'est Damis, le tuteur de celle que j'adore,
Qui rompt ce qu'à mes vœux elle donne d'espoir,
Et malgré ses bontés lui défend de me voir.
Je crains d'avoir déjà passé l'heure promise ;
Et c'est dans cette allée où devait être Orphise.

LA MONTAGNE.

L'heure du rendez-vous d'ordinaire s'étend,
Et n'est pas resserrée aux bornes d'un instant.

ÉRASTE.

Il est vrai : mais je tremble, et mon amour extrême
D'un rien se fait un crime envers celle que j'aime.

LA MONTAGNE.

Si ce parfait amour que vous prouvez si bien
Se fait vers votre objet un grand crime de rien,
Ce que son cœur pour vous sent de feux légitimes
En revanche lui fait un rien de tous vos crimes.

ÉRASTE.

Mais tout de bon, crois-tu que je sois d'elle aimé ?

LA MONTAGNE.

Quoi ! vous doutez encore d'un amour confirmé ?

ÉRASTE.

Ah ! c'est malaisément qu'en pareille matière
Un cœur bien enflammé prend assurance entière :

ACTE I, SCÈNE I.

Il craint de se flatter ; et, dans ses divers soins,
Ce que plus il souhaite est ce qu'il croit le moins.
Mais songeons à trouver une beauté si rare.

LA MONTAGNE.

Monsieur, votre rabat par devant se sépare.

ÉRASTE.

N'importe.

LA MONTAGNE.

Laissez-moi l'ajuster, s'il vous plaît.

ÉRASTE.

Ouf ! tu m'étrangles ; fat, laisse-le comme il est.

LA MONTAGNE.

Souffrez qu'on peigne un peu...

ÉRASTE.

Sottise sans pareille !
Tu m'as d'un coup de dent presque emporté l'oreille.

LA MONTAGNE.

Vos canons...

ÉRASTE.

Laisse-les ; tu prends trop de souci.

LA MONTAGNE.

Ils sont tout chiffonnés.

ÉRASTE.

Je veux qu'ils soient ainsi.

LA MONTAGNE.

Accordez-moi du moins ; par grâce singulière,
De frotter ce chapeau qu'on voit plein de poussière.

ÉRASTE.

Frotte donc, puisqu'il faut que j'en passe par-là.

LA MONTAGNE.

Le voulez-vous porter fait comme le voilà ?

ÉRASTE.

Mon dieu ! dépêche-toi.

LA MONTAGNE.

Ce serait conscience.

ÉRASTE, *après avoir attendu.*

C'est assez.

LA MONTAGNE.

Donnez-vous un peu de patience.

ÉRASTE.

Il me tue.

LA MONTAGNE.

En quel lieu vous êtes-vous fourré ?

ÉRASTE.

T'es-tu de ce chapeau pour toujours emparé ?

LA MONTAGNE.

C'est fait.

ÉRASTE.

Donne-moi donc.

LA MONTAGNE, *laissant tomber le chapeau.*

Hai !

ÉRASTE.

Le voilà par terre !
Je suis fort avancé. Que la fièvre te serre !

LA MONTAGNE.

Permettez qu'en deux coups j'ôte...

ÉRASTE.

Il ne me plaît pas.
Au diantre tout valet qui vous est sur les bras,
Qui fatigue son maître, et ne fait que déplaire
A force de vouloir trancher du nécessaire !

SCÈNE II.

ORPHISE, ALCIDOR, ÉRASTE, LA MONT.

(*Orphise traverse le fond du théâtre, Alcidor lui donne la main.*)

ÉRASTE.

Mais vois-je pas Orphise ? Oui, c'est elle qui vient.
Où va-t-elle si vite ! et quel homme la tient ?

(*Il la salue comme elle passe ; et elle, en passant, détourne la tête.*)

SCÈNE III.

ÉRASTE, LA MONTAGNE.

ÉRASTE.

Quoi ! me voir en ces lieux devant elle paraître,
Et passer en feignant de ne me pas connaître !
Que croire ? Qu'en dis-tu ? Parle donc, si tu veux.

LA MONTAGNE.

Monsieur, je ne dis rien, de peur d'être fâcheux.

ÉRASTE.

Et c'est l'être en effet que de ne me rien dire
Dans les extrémités d'un si cruel martyre.
Fais donc quelque réponse à mon cœur abattu :
Que dois-je présumer ? Parle, qu'en penses-tu ?
Dis-moi ton sentiment.

LA MONTAGNE.

Monsieur, je veux me taire,
Et ne désire point trancher du nécessaire.

ÉRASTE.

Peste l'impertinent ! va-t'en suivre leurs pas ;
Vois ce qu'ils deviendront, et ne les quitte pas.

LA MONTAGNE, *revenant sur ses pas.*

Il faut suivre de loin ?...

ÉRASTE.

Oui.

LA MONTAGNE, *revenant sur ses pas.*

Sans que l'on me voie,
Ou faire aucun semblant qu'après eux on m'envoie ?

ÉRASTE

Non, tu feras bien mieux de leur donner avis
Que par mon ordre exprès ils sont de toi suivis.

LA MONTAGNE, *revenant sur ses pas.*

Vous trouverai-je ici ?

ÉRASTE.

Que le ciel te confonde,
Homme, à mon sentiment, le plus fâcheux du monde !

LES FACHEUX.

SCÈNE IV.

ÉRASTE.

Ah ! que je sens de trouble ! et qu'il m'eût été doux
Qu'on me l'eût fait manquer ce fatal rendez-vous !
Je pensais y trouver toutes choses propices,
Et mes yeux pour mon cœur y trouvent des supplices.

SCÈNE V.

LISANDRE, ÉRASTE.

LISANDRE.

Sous ces arbres de loin mes yeux t'ont reconnu,
Cher marquis, et d'abord je suis à toi venu.
Comme à de mes amis, il faut que je te chante
Certain air que j'ai fait de petite courante,
Qui de toute la cour contente les experts,
Et sur qui plus de vingt ont déjà fait des vers.
J'ai le bien, la naissance, et quelque emploi passable,
Et fais figure en France assez considérable ;
Mais je ne voudrais pas, pour tout ce que je suis,
N'avoir point fait cet air qu'ici je te produis.
  (*Il prélude.*)
La, la... Hem, hem, écoute avec soin, je te prie.
  (*Il chante sa courante.*)
N'est-elle pas belle ?

ÉRASTE.
          Ah !

LISANDRE.
                Cette fin est jolie.
(*Il rechante la fin quatre ou cinq fois de suite.*)
Comment la trouves-tu ?

ÉRASTE.
              Fort belle assurément.

LISANDRE.
Les pas que j'en ai faits n'ont pas moins d'agrément,
Et surtout la figure a merveilleuse grace.
  (*Il chante, parle et danse tout ensemble.*)

ACTE I, SCÈNE VI.

Tiens, l'homme passe ainsi, puis la femme repasse;
Ensemble; puis on quitte, et la femme vient là.
Vois-tu ce petit trait de feinte que voilà?
Ce fleuret? ces coupés, courant après la belle?
Dos à dos, face à face, en se pressant sur elle.
Que t'en semble, marquis?

ERASTE.

Tous ces pas-là sont fins.

LISANDRE.

Je me moque, pour moi, des maîtres baladins.

ERASTE

On le voit.

LISANDRE.

Les pas donc?

ERASTE.

N'ont rien qui ne surprenne.

LISANDRE.

Veux-tu par amitié que je te les apprenne?

ERASTE.

Ma foi, pour le présent, j'ai certain embarras...

LISANDRE.

Hé bien donc, ce sera lorsque tu le voudras.
Si j'avais dessus moi ces paroles nouvelles,
Nous les lirions ensemble, et verrions les plus belles.

ERASTE.

Une autre fois.

LISANDRE.

Adieu. Baptiste le très-cher
N'a point vu ma courante, et je le vais chercher:
Nous avons pour les airs de grandes sympathies,
Et je veux le prier d'y faire des parties.
(Il s'en va chantant toujours.)

SCÈNE VI.

ÉRASTE.

Ciel! faut-il que le rang dont on veut tout couvrir,
De con: sois tous les jours nous oblige à souffrir,

Et nous fasse abaisser jusques aux complaisances
D'applaudir bien souvent à leurs impertinences !

SCÈNE VII.
ÉRASTE, LA MONTAGNE.

LA MONTAGNE.

Monsieur, Orphise est seule, et vient de ce côté.

ERASTE.

Ah ! d'un trouble bien grand je me sens agité !
J'ai de l'amour encor pour la belle inhumaine,
Et ma raison voudrait que j'eusse de la haine.

LA MONTAGNE.

Monsieur, votre raison ne sait ce qu'elle veut,
Ni ce que sur un cœur une maîtresse peut.
Bien que de s'emporter on ait de justes causes,
Une belle d'un mot rajuste bien des choses.

ERASTE.

Hélas ! je te l'avoue, et déjà cet aspect
A toute ma colère imprime le respect.

SCÈNE VIII.
ORPHISE, ÉRASTE, LA MONTAGNE.

ORPHISE.

Votre front à mes yeux montre peu d'allégresse !
Serait-ce ma présence, Éraste, qui vous blesse ?
Qu'est-ce donc ? qu'avez-vous ? et sur quels déplaisirs,
Lorsque vous me voyez, poussez-vous des soupirs ?

ERASTE.

Hélas ! pouvez-vous bien me demander, cruelle,
Ce qui fait de mon cœur la tristesse mortelle ?
Et d'un esprit méchant n'est-ce pas un effet,
Que feindre d'ignorer ce que vous m'avez fait ?
Celui dont l'entretien vous a fait à ma vue
Passer...

ORPHISE, *riant.*

C'est de cela que votre ame est émue ?

ÉRASTE.

Insultez, inhumaine, encore à mon malheur :

ACTE I, SCÈNE VIII.

Allez, il vous sied mal de railler ma douleur,
Et d'abuser, ingrate, à maltraiter ma flamme,
Du faible que pour vous vous savez qu'a mon ame.
ORPHISE.
Certes, il en faut rire, et confesser ici
Que vous êtes bien fou de vous troubler ainsi.
L'homme dont vous parlez, loin qu'il puisse me plaire,
Est un homme fâcheux dont j'ai su me défaire,
Un de ces importuns et sots officieux
Qui ne pourraient souffrir qu'on soit seule en des lieux,
Et viennent aussitôt avec un doux langage,
Vous donner une main contre qui l'on enrage.
J'ai feint de m'en aller pour cacher mon dessein,
Et jusqu'à mon carrosse il m'a prêté la main.
Je m'en suis promptement défaite de la sorte;
Et j'ai, pour vous trouver rentré par l'autre porte.
ERASTE.
A vos discours, Orphise, ajouterai-je foi?
Et votre cœur est-il tout sincère pour moi?
ORPHISE.
Je vous trouve fort bon de tenir ces paroles,
Quand je me justifie à vos plaintes frivoles.
Je suis bien simple encore: et ma sotte bonté...
ERASTE.
Ah! ne vous fâchez pas, trop sévère beauté.
Je veux croire en aveugle, étant sous votre empire,
Tout ce que vous aurez la bonté de me dire.
Trompez, si vous voulez, un malheureux amant;
J'aurai pour vous respect jusques au monument...
Maltraitez mon amour, refusez-moi le vôtre,
Exposez à mes yeux le triomphe d'un autre;
Oui, je souffrirai tout de vos divins appas.
J'en mourrai: mais enfin je ne m'en plaindrai pas.
ORPHISE.
Quand de tels sentimens régneront dans votre ame
Je saurai de ma part...

LES FACHEUX.
SCENE IX.
ALCANDRE, ORPHISE, ÉRASTE, LA MONTAGNE.

ALCANDRE.

(à Orphise.)

Marquis, un mot. Madame,
De grace, pardonnez si je suis indiscret
En osant devant vous lui parler en secret.
(Orphise sort.)

SCÈNE X.
ALCANDRE, ÉRASTE, LA MONTAGNE.

ALCANDRE.

Avec peine, marquis, je te fais la prière:
Mais un homme vient là de me rompre en visière,
Et je souhaite fort, pour ne rien reculer,
Qu'à l'heure de ma part tu l'ailles appeler.
Tu sais qu'en pareil cas ce serait avec joie
Que je te le rendrais en la même monnoie.

ÉRASTE, *après avoir été quelque temps sans parler.*
Je ne veux point ici faire le capitan:
Mais on m'a vu soldat avant que courtisan;
J'ai servi quatorze ans, et je crois être en passe
De pouvoir d'un tel pas me tirer avec grace,
Et de ne craindre point qu'à quelque lâcheté
Le refus de mon bras me puisse être imputé.
Un duel met les gens en mauvaise posture;
Et notre roi n'est pas un monarque en peinture.
Il sait faire obéir les plus grands de l'état,
Et je trouve qu'il fait en digne potentat.
Quand il faut le servir, j'ai du cœur pour le faire;
Mais je ne m'en sens point, quand il faut lui déplaire.
Je me fais de son ordre une suprême loi;
Pour lui désobéir cherche un autre que moi.
Je te parle, vicomte, avec franchise entière,
Et suis ton serviteur en toute autre matière.
Adieu.

ACTE I, SCÈNE XI.
SCÈNE XI.
ÉRASTE, LA MONTAGNE.

ERASTE.

Cinquante fois au diable les fâcheux !
Où donc s'est retiré cet objet de mes vœux ?

LA MONTAGNE.

Je ne sais.

ERASTE.

Pour savoir où la belle est allée,
Va-t'en chercher partout ; j'attends dans cette allée.

FIN DU PREMIER ACTE.

BALLET DU PREMIER ACTE.

PREMIÈRE ENTRÉE.

Des joueurs de mail, en criant gare, obligent Éraste à se retirer.

SECONDE ENTRÉE.

Après que les joueurs de mail ont fini, Éraste revient pour attendre Orphise. Deux curieux tournent autour de lui pour le connaître, et font qu'il se retire encore pour un moment.

ACTE SECOND.
SCÈNE I.
ÉRASTE.

Les fâcheux à la fin se sont-ils écartés ?
Je pense qu'il en pleut ici de tous côtés.
Je les fuis, et les trouve; et, pour second martyre,
Je ne saurais trouver celle que je désire.
Le tonnerre et la pluie ont promptement passé,
Et n'ont point de ces lieux le beau monde chassé :
Plût au ciel, dans les dons que ses soins y prodiguent,
Qu'ils en eussent chassé tous les gens qui fatiguent !
Le soleil baisse fort, et je suis étonné
Que mon valet encor ne soit point retourné.

SCÈNE II.
ALCIPPE, ÉRASTE.

ALCIPPE.

Bonjour.

ERASTE, *à part*.

Hé quoi ! toujours ma flamme divertie !

ALCIPPE.

Console-moi, marquis, d'une étrange partie
Qu'au piquet je perdis hier contre un Saint Bouvain
A qui je donnerais quinze points et la main.
C'est un coup enragé qui depuis hier m'accable,
Et qui ferait donner tous les joueurs au diable,
Un coup assurément à se pendre en public.
Il ne m'en faut que deux, l'autre a besoin d'un pic :
Je donne, il en prend six, et demande à refaire ;
Moi, me voyant de tout, je n'en voulus rien faire.
Je porte l'as de trèfle (admire mon malheur),
L'as, le roi, le valet, le huit et dix de cœur ;
Et quitte, comme au point allait la politique,
Dame et roi de carreau, dix et dame de pique.
Sur mes cinq cœurs portés, la dame arrive encor,

Qui me fait justement une quinte major.
Mais mon homme avec l'as, non sans surprise extrême,
Des bas carreaux sur table étale une sixième :
J'en avais écarté la dame avec le roi.
Mais lui faisant un pic, je sortis hors d'effroi,
Et croyais bien du moins faire deux points uniques.
Avec les sept carreaux il avait quatre piques,
Et, jetant le dernier, m'a mis dans l'embarras
De ne savoir lequel garder de mes deux as.
J'ai jeté l'as de cœur, avec raison, me semble;
Mais il avait quitté quatre trèfles ensemble,
Et par un six de cœur je me suis vu capot,
Sans pouvoir de dépit, proférer un seul mot.
Morbleu ! fais-moi raison de ce coup effroyable :
A moins que l'avoir vu, peut-il être croyable ?

ERASTE.

C'est dans le jeu qu'on voit les plus grands coups du sort.

ALCIPPE.

Parbleu ! tu jugeras toi-même si j'ai tort,
Et si c'est sans raison que ce coup me transporte ;
Car voici nos deux jeux qu'exprès sur moi je porte.
Tiens, c'est ici mon port, comme je te l'ai dit ;
Et voici...

ERASTE.

   J'ai compris le tout par ton récit,
Et vois de la justice au transport qui t'agite :
Mais pour certaine affaire il faut que je te quitte.
Adieu. Console-toi pourtant de ton malheur.

ALCIPPE.

Qui, moi ? j'aurai toujours ce coup-là sur le cœur ;
Et c'est pour ma raison pis qu'un coup de tonnerre,
Je le veux faire, moi, voir à toute la terre.

Il s'en va, et rentre en disant :

Un six de cœur ! deux points !

ERASTE.

    En quel lieu sommes-nous?
De quelque part qu'on tourne, on ne voit que des fous.

LES FACHEUX.
SCÈNE III.
ÉRASTE, LA MONTAGNE.

ERASTE.

Ah ! que tu fais languir ma juste impatience !

LA MONTAGNE.

Monsieur, je n'ai pu faire une autre diligence !

ERASTE.

Mais me rapportes-tu quelque nouvelle enfin ?

LA MONTAGNE.

Sans doute, et de l'objet qui fait votre destin.
J'ai par son ordre exprès quelque chose à vous dire.

ERASTE.

Et quoi ? Déjà mon cœur après ce mot soupire.
Parle.

LA MONTAGNE.

Souhaitez-vous de savoir ce que c'est ?

ERASTE.

Oui, dis vite.

LA MONTAGNE.

Monsieur, attendez, s'il vous plaît :
Je me suis à courir presque mis hors d'haleine.

ERASTE.

Prends-tu quelque plaisir à me tenir en peine ?

LA MONTAGNE.

Puisque vous désirez de savoir promptement
L'ordre que j'ai reçu de cet objet charmant,
Je vous dirai... Ma foi, sans vous vanter mon zèle,
J'ai bien fait du chemin pour trouver cette belle ;
Et si...

ERASTE

Peste soit, fat, de tes digressions !

LA MONTAGNE.

Ah ! il faut modérer un peu ses passions ;
Et Sénèque...

ERASTE.

Sénèque est un sot dans ta bouche,

Puisqu'il ne me dit rien de tout ce qui me touche.
Dis moi ton ordre, tôt.
LA MONTAGNE.
Pour contenter vos vœux,
Votre Orphise... Une bête est là dans vos cheveux.
ERASTE.
Laisse.
LA MONTAGNE.
Cette beauté de sa part vous fait dire...
ERASTE.
Quoi?
LA MONTAGNE.
Devinez.
ERASTE.
Sais-tu que je ne veux pas rire?
LA MONTAGNE.
Son ordre est qu'en ce lieu vous devez vous tenir,
Assuré que dans peu vous l'y verrez venir,
Lorsqu'elle aura quitté quelques provinciales,
Aux personnes de cœur fâcheuses animales.
ERASTE.
Tenons-nous donc au lieu qu'elle a voulu choisir.
Mais, puisque l'ordre ici m'offre quelque loisir,
Laisse-moi méditer.
(La Montagne sort.)
J'ai dessein de lui faire
Quelques vers sur un air où je la vois se plaire.
(Il rêve.)

SCÈNE IV.

ORANTE, CLIMÈNE; ÉRASTE,
dans un coin du théâtre sans être aperçu.
ORANTE.
Tout le monde sera de mon opinion.
CLIMÈNE.
Croyez-vous l'emporter par obstination?
ORANTE.
Je pense mes raisons meilleures que les vôtres.

CLIMÈNE.

Je voudrais qu'on ouït les unes et le autres.

ORANTE, *apercevant Éraste.*

J'avise un homme ici qui n'est pas ignorant :
Il pourra nous juger sur notre différent.
Marquis, de grace un mot ; souffrez qu'on vous appelle
Pour être entre nous deux juge d'une querelle,
D'un débat qu'ont ému nos divers sentiments
Sur ce qui peut marquer les plus parfaits amants.

ERASTE.

C'est une question à vider difficile ;
Et vous devez chercher un juge plus habile.

ORANTE.

Non, vous nous dites là d'inutiles chansons.
Votre esprit fait du bruit, et nous vous connaissons ;
Nous savons que chacun vous donne à juste titre...

ERASTE.

Hé ! de grace...

ORANTE.

En un mot, vous serez notre arbitre ;
Et ce sont deux momens qu'il vous faut nous donner.

CLIMÈNE, *à Orante.*

Vous, retenez ici qui doit vous condamner :
Car enfin, s'il est vrai ce que j'en ose croire,
Monsieur à mes raisons donnera la victoire.

ERASTE, *à part.*

Que ne puis-je à mon traître inspirer le souci
D'inventer quelque chose à me tirer d'ici !

ORANTE, *à Climène.*

Pour moi, de son esprit j'ai trop bon témoignage
Pour craindre qu'il prononce à mon désavantage.

(*à Éraste.*)

Enfin, ce grand débat qui s'allume entre nous
Est de savoir s'il faut qu'un amant soit jaloux.

CLIMÈNE.

Ou, pour mieux expliquer ma pensée et la vôtre,
Lequel doit plaire plus d'un jaloux ou d'un autre.

ACTE II, SCÈNE IV.

ORANTE.

Pour moi, sans contredit, je suis pour le dernier.

CLIMÈNE.

Et dans mon sentiment je tiens pour le premier.

ORANTE.

Je crois que notre cœur doit donner son suffrage
A qui fait éclater du respect davantage.

CLIMÈNE.

Et moi, que, si nos vœux doivent paraître au jour,
C'est pour celui qui fait éclater plus d'amour.

ORANTE.

Oui ; mais on voit l'ardeur dont une ame est saisie,
Bien mieux dans les respects que dans la jalousie.

CLIMÈNE.

Et c'est mon sentiment que qui s'attache à nous
Nous aime d'autant plus qu'il se montre jaloux.

ORANTE.

Ah ! ne me parlez point pour être amants, Climène,
De ces gens dont l'amour est fait comme la haine,
Et qui, pour tous respects et toute offre de vœux,
Ne s'applique jamais qu'à se rendre fâcheux ;
Dont l'ame, que sans cesse un noir transport anime,
Des moindres actions cherche à nous faire un crime,
En soumet l'innocence à son aveuglement,
Et veut sur un coup-d'œil un éclaircissement ;
Qui de quelque chagrin nous voyant l'apparence,
Se plaignent aussitôt qu'il naît de leur présence ;
Et, lorsque dans nos yeux brille un peu d'enjouement,
Veulent que leurs rivaux en soient le fondement ;
Enfin, qui, prenant droit des fureurs de leur zèle,
Ne nous parlent jamais que pour faire querelle,
Osent défendre à tous l'approche de nos cœurs,
Et se font les tyrans de leurs propres vainqueurs.
Moi, je veux des amants que le respect inspire ;
Et leur soumission marque mieux notre empire.

CLIMÈNE.

Ah ! ne me parlez point, pour être vrais amants,

De ces gens qui pour nous n'ont nuls emportemens,
De ces tièdes galants de qui les cœurs paisibles
Tiennent déjà pour eux les choses infaillibles,
N'ont point peur de nous perdre, et laissent, chaque jour,
Sur trop de confiance, endormir leur amour ;
Sont avec leurs rivaux en bonne intelligence,
Et laissent un champ libre à leur persévérance.
Un amour si tranquille excite mon courroux !
C'est aimer froidement que n'être point jaloux ;
Et je veux qu'un amant, pour me prouver sa flamme,
Sur d'éternels soupçons laisse flotter son ame,
Et, par de prompts transports, donne un signe éclatant
De l'estime qu'il fait de celle qu'il prétend.
On s'applaudit alors de son inquiétude ;
Et s'il nous fait parfois un traitement trop rude,
Le plaisir de le voir, soumis à nos genoux,
S'excuser de l'éclat qu'il a fait contre nous,
Ses pleurs, son désespoir d'avoir pu nous déplaire,
Sont un charme à calmer toute notre colère.

ORANTE.

Si, pour vous plaire, il faut beaucoup d'emportement,
Je sais qui vous pourrait donner contentement ;
Et je connais des gens dans Paris plus de quatre,
Qui, comme ils le font voir, aiment jusques à battre.

CLIMÈNE.

Si, pour vous plaire, il faut n'être jamais jaloux,
Je sais certaines gens fort commodes pour vous ;
Des hommes en amour d'une humeur si souffrante,
Qu'ils vous verraient sans peine entre les bras de trente.

ORANTE.

Enfin par votre arrêt vous devez déclarer
Celui de qui l'amour vous semble à préférer.

(*Orphise paraît dans le fond du théâtre, et voit
Éraste entre Orante et Climène.*)

ÉRASTE.

Puisqu'à moins d'un arrêt je ne m'en puis défaire,

Toutes deux à la fois je veux vous satisfaire ;
Et, pour ne point blâmer ce qui plaît à vos yeux,
Le jaloux aime plus, et l'autre aime bien mieux.
CLIMÈNE.
L'arrêt est plein d'esprit ; mais...
ERASTE.
Suffit j'en suis quitte.
Après ce que j'ai dit, souffrez que je vous quitte.

SCÈNE. V.
ORPHISE, ÉRASTE.

ERASTE, *apercevant Orphise, et allant au-devant d'elle*

Que vous tardez, madame ! et que j'éprouve bien...!
ORPHISE.
Non, non, ne quittez pas un si doux entretien.
A tort vous m'accusez d'être trop tard venue ;
(*montrant Orante et Climène qui viennent de sortir.*)
Et vous avez de quoi vous passer de ma vue.
ERASTE.
Sans sujet contre moi voulez-vous vous aigrir ?
Et me reprochez-vous ce qu'on me fait souffrir,
Ah ! de grace attendez.
ORPHISE.
Laissez-moi, je vous prie ;
Et courez vous rejoindre à votre compagnie.

SCÈNE VI.
ÉRASTE.
Ciel ! faut-il qu'aujourd'hui fâcheuses et fâcheux
Conspirent à troubler les plus chers de mes vœux !
Mais allons sur ses pas malgré sa résistance,
Et faisons à ses yeux briller notre innocence.

SCÈNE VII.
DORANTE, ÉRASTE.
DORANTE.
Ah ! marquis, que l'on voit de fâcheux tous les jours

Venir de nos plaisirs interrompre le cours !
Tu me vois enragé d'une assez belle chasse
Qu'un fat... C'est un récit qu'il faut que je te fasse.

ERASTE.

Je cherche ici quelqu'un et ne puis m'arrêter.

DORANTE.

Parbleu ! chemin faisant je te le veux conter.
Nous étions une troupe assez bien assortie,
Qui pour courir un cerf avions hier fait partie ;
Et nous fûmes coucher sur le pays exprès,
C'est-à-dire, mon cher, en fin fond de forêts.
Comme cet exercice est mon plaisir suprême,
Je voulus, pour bien faire, aller au bois même,
Et nous conclûmes tous d'attacher nos efforts
Sur un cerf que chacun nous disait cerf dix-cors ;
Mais moi, mon jugement sans qu'aux marques j'arrête,
Fut qu'il n'était que cerf à sa seconde tête.
Nous avions comme il faut séparé nos relais,
Et déjeûnions en hâte avec quelques œufs frais,
Lorsqu'un franc campagnard avec longue rapière,
Montant superbement sa jument poulinière,
Qu'il honorait du nom de sa bonne jument,
S'en est venu nous faire un mauvais compliment,
Nous présentant aussi, pour surcroît de colère,
Un grand benêt de fils aussi sot que son père.
Il se dit grand chasseur, et nous a priés tous
Qu'il pût avoir le bien de courir avec nous.
Dieu préserve, en chassant, toute sage personne
D'un porteur de huchet qui mal à propos sonne,
De ces gens qui, suivis de dix hourets galeux,
Disent, ma meute, et font les chasseurs merveilleux !
Sa demande reçue, et ses vertus prisées,
Nous avons tous été frapper à nos brisées.
A trois longueurs de trait, tayaut, voilà d'abord
Le cerf donné aux chiens. J'appuie, et sonne fort.
Mon cerf débuche, et passe une assez longue plaine ;
Et mes chiens après lui, mais si bien en haleine,

Qu'on les aurait couverts tous d'un seul justaucorps.
Il vient à la forêt. Nous lui donnons alors
La vieille meute ; et moi je prends en diligence
Mon cheval alezan. Tu l'as vu,
ERASTE.
Non je pense.
DORANTE.
Comment ! c'est un cheval aussi bon qu'il est beau,
Et que ces jours passés j'achetai de Gaveau. (1)
Je te laisse à penser si, sur cette matière,
Il voudrait me tromper, lui qui me considère.
Aussi je m'en contente ; et jamais en effet,
Il n'a vendu cheval ni meilleur ni mieux fait.
Une tête de barbe, avec l'étoile nette ;
L'encolure d'un cygne, effilée et bien droite ;
Point d'épaules non plus qu'un lièvre ; court jointé,
Et qui fait dans son port voir sa vivacité ;
Des pieds, morbleu, des pieds ! le rein double : à vrai dire,
J'ai trouvé le moyen, moi seul, de le réduire ;
Et sur lui, quoiqu'aux yeux il montrât beau semblant,
Petit-Jean de Gaveau ne montait qu'en tremblant.
Une croupe en largeur à nulle autre pareille,
Et des gigots, Dieu sait ! Bref c'est une merveille ;
Et j'en ai refusé cent pistoles, crois-moi,
Au retour d'un cheval amené pour le roi.
Je monte donc dessus, et ma joie était pleine
De voir filer de loin les coupeurs dans la plaine ;
Je pousse, et je me trouve en un fort à l'écart,
A la queue de nos chiens, moi seul avec Drécart : (2).
Une heure là-dedans notre cerf se fait battre.
J'appuie alors mes chiens, et fais le diable à quatre ;
Enfin jamais chasseur ne se vit plus joyeux.
Je le relance seul ; et tout allait des mieux,
Lorsque d'un jeune cerf s'accompagne le nôtre :

---

(1) Fameux marchand de chevaux.
(2) Fameux piqueur.

Une part de mes chiens se sépare de l'autre,
Et je les vois, marquis, comme tu peux penser,
Chasser tous avec crainte, et Finaut balancer ;
Il se rabat soudain, dont j'eus l'ame ravie ;
Il empaume la voie ; et moi, je sonne et crie ;
A Finaut ! à Finaut ! J'en revois à plaisir
Sur une taupinière, et raisonne à loisir.
Quelques chiens revenaient à moi, quand, pour disgrace,
Le jeune cerf, marquis, à mon campagnard passe.
Mon étourdi se met à sonner comme il faut,
Et crie à pleine voix, tayaut ! tayaut ! tayaut !
Mes chiens me quittent tous, et vont à ma pécore :
J'y pousse, et j'en revois dans le chemin encore ;
Mais à terre, mon cher, je n'eus pas jeté l'œil,
Que je connus le change, et sentis un grand deuil.
J'ai beau lui faire voir toutes les différences
Des pinces de mon cerf et de ses connaissances,
Il me soutient toujours, en chasseur ignorant,
Que c'est le cerf de meute ; et par ce différent
Il donne temps aux chiens d'aller loin. J'en enrage ;
Et, pestant de bon cœur contre le personnage,
Je pousse mon cheval et par haut et par bas,
Qui pliait des gaulis aussi gros que le bras :
Je ramène les chiens à ma première voie,
Qui vont en me donnant une excessive joie,
Requérir notre cerf comme s'ils l'eussent vu.
Ils le relancent : mais ce coup est-il prévu ?
A te dire le vrai, cher marquis, il m'assomme ;
Notre cerf relancé va passer à notre homme,
Qui croyant faire un coup de chasseur fort vanté,
D'un pistolet d'arçon qu'il avait apporté
Lui donne justement au milieu de la tête,
Et de fort loin me crie : Ah ! j'ai mis bas la bête.
A-t-on jamais parlé de pistolets, bon dieu !
Pour courre un cerf ! Pour moi, venant dessus le lieu,
J'ai trouvé l'action tellement hors d'usage,
Que j'ai donné des deux à mon cheval, de rage,

ACTE II, SCÈNE VII.

Et m'en suis revenu chez moi toujours courant,
Sans vouloir dire un mot à ce sot ignorant.

ERASTE.

Tu ne pouvais mieux faire et ta prudence est rare :
C'est ainsi des fâcheux qu'il faut qu'on se sépare.
Adieu.

DORANTE.

Quand tu voudras, nous irons quelque part
Où nous ne craindrons point le chasseur campagnard.

ERASTE.

(*seul.*)
Fort bien. Je crois qu'enfin je perdrai patience.
Cherchons à m'excuser avecque diligence.

FIN DU SECOND ACTE.

BALLET DU SECOND ACTE.

PREMIÈRE ENTRÉE.

Des joueurs de boule arrêtent Éraste pour mesurer un coup sur lequel ils sont en dispute. Il se défait d'eux avec peine, et leur laisse danser un pas composé de toutes les postures qui sont ordinaires à ce jeu.

SECONDE ENTRÉE.

De petits frondeurs le viennent interrompre, qui sont chassés ensuite.

TROISIÈME ENTRÉE.

Des savetiers et des savetières, leurs pères, et autres, sont aussi chassés à leur tour.

QUATRIÈME ENTRÉE.

Un jardinier danse seul, et se retire pour faire place au troisième acte.

ACTE TROISIEME.

SCÈNE I.
ÉRASTE, LA MONTAGNE.
ERASTE.

Il est vrai, d'un côté mes soins ont réussi,
Cet adorable objet s'est enfin adouci;
Mais d'un autre on m'accable, et les astres sévères
Ont contre mon amour redoublé leurs colères.
Oui, Damis son tuteur, mon plus rude fâcheux,
Tout de nouveau s'oppose au plus doux de mes vœux,
A son aimable nièce a défendu ma vue,
Et veut d'un autre époux la voir demain pourvue.
Orphise toutefois, malgré son désaveu,
Daigne accorder ce soir une grace à mon feu;
Et j'ai fait consentir l'esprit de cette belle
A souffrir qu'en secret je la visse chez elle.
L'amour aime surtout les secrètes faveurs;
Dans l'obstacle qu'on force il trouve des douceurs;
Et le moindre entretien de la beauté qu'on aime,
Lorsqu'il est défendu, devient grâce suprême.
Je vais au rendez-vous, c'en est l'heure à peu près;
Puis, je veux m'y trouver plutôt avant qu'après.

LA MONTAGNE.
Suivrai-je vos pas?

ERASTE.
Non. Je craindrais que peut-être
A quelques yeux suspects tu me fisse connaître.

LA MONTAGNE.
Mais...

ERASTE.
Je ne le veux pas.

LA MONTAGNE.
Je dois suivre vos lois:
Mais au moins si de loin....

ÉRASTE.
Te tairas-tu, vingt fois?
Et ne veux-tu jamais quitter cette méthode
De te rendre à toute heure un valet incommode?

SCÈNE II.
CARITIDÈS, ÉRASTE.

CARITIDÈS.
Monsieur, le temps répugne à l'honneur de vous voir;
Le matin est plus propre à rendre un tel devoir :
Mais de vous rencontrer il n'est pas trop facile ;
Car vous dormez toujours, ou vous êtes en ville :
Au moins messieurs vos gens me l'assurent ainsi;
Et j'ai, pour vous trouver, pris l'heure que voici.
Encore est-ce un grand heur dont le destin m'honore;
Car, deux momens plus tard, je vous manquais encore.

ÉRASTE.
Monsieur, souhaitez-vous quelque chose de moi?

CARITIDÈS.
Je m'acquitte, monsieur, de ce que je vous doi,
Et vous viens... Excusez l'audace qui m'inspire.
Si...

ÉRASTE
Sans tant de façons, qu'avez-vous à me dire?

CARITIDÈS.
Comme le rang, l'esprit, la générosité,
Que chacun vante en vous...

ÉRASTE.
Oui, je suis fort vanté.
Passons, monsieur.

CARITIDÈS.
Monsieur, c'est une peine extrême
Lorsqu'il faut à quelqu'un se produire soi-même ;
Et toujours près des grands on doit être introduit
Par des gens qui de nous fassent un peu de bruit,
Dont la bouche écoutée avecque poids débite
Ce qui peut faire voir notre petit mérite.
Pour moi, j'aurais voulu que des gens bien instruits
Vous eussent pu, monsieur, dire ce que je suis.

ERASTE.

Je vois assez, monsieur, ce que vous pouvez être,
Et votre seul abord le peut faire connaître.

CARITIDÈS.

Oui, je suis un savant charmé de vos vertus :
Non pas de ces savans dont le nom n'est qu'en *us*,
Il n'est rien si commun qu'un nom à la latine,
Ceux qu'on habille en grec ont bien meilleure mine ;
Et poour en avoir un qui se termine en *ès*
Je me fais appeler monsieur Caritidès.

ERASTE.

Monsieur Caritidès, soit. Qu'avez-vous à dire ?

CARITIDÈS.

C'est un placet, monsieur, que je voudrais vous lire,
Et que, dans la posture où vous met votre emploi,
J'ose vous conjurer de présenter au roi.

ERASTE.

Hé ! monsieur, vous pouvez le présenter vous-même.

CARITIDÈS.

Il est vrai que le roi fait cette grace extrême ;
Mais par ce même excès de ses rares bontés,
Tant de méchans placets, monsieur, sont présentés,
Qu'ils étouffent les bons ; et l'espoir où je fonde,
Est qu'on donne le mien quand le prince est sans monde.

ERASTE.

Hé bien ! vous le pouvez, et prendre votre temps.

CARITIDÈS.

Ah ! monsieur, les huissiers sont de terribles gens !
Ils traitent les savans de faquins à nasardes,
Et je n'en puis venir qu'à la salle des gardes.
Les mauvais traitemens qu'il me faut endurer
Pour jamais de la cour me feraient retirer,
Si je n'avais conçu l'espérance certaine
Qu'auprès de notre roi vous serez mon Mécène.
Oui, votre crédit m'est un moyen assuré...

ERASTE.

Hé bien, donnez moi donc : je le présenterai.

CARITIDÈS.

Le voici. Mais au moins oyez-en la lecture.

ACTE III, SCÈNE II.

ERASTE.

Non...

CARITIDÈS.

C'est pour être instruit, monsieur : je vous conjure.

PLACET AU ROI.

SIRE,

« Votre très-humble, très-obéissant, très-fidèle et
» très-savant sujet et serviteur Caritidès, Français de
» nation, Grec de profession, ayant considéré les
» grands et notables abus qui se commettent aux ins-
» criptions des enseignes des maisons, boutiques,
» cabarets, jeux de boules, et autres lieux de votre
» bonne ville de Paris, en ce que certains ignorans,
» compositeurs desdites inscriptions, renversent par
» une barbare, pernicieuse et détestable orthographe,
» toute sorte de sens et de raison, sans égard d'éty-
» mologie, analogie, énergie, ni allégorie quelcon-
» que, au grand scandale de la république des lettres,
» et de la nation française, qui se décrie et se désho-
» nore par lesdits abus et fautes grossières envers les
» étrangers, notamment envers les Allemands, cu-
» rieux lecteurs et spectateurs desdites inscriptions....

ERASTE.

Ce placet est fort long, et pourrait bien fâcher.

CARITIDÈS.

Ah ! monsieur, pas un mot ne s'en peut retrancher.

(*Il continue.*)

» supplie humblement votre majesté de créer, pour
» le bien de son état et la gloire de son empire, une
» charge de contrôleur, intendant, correcteur, ré-
» viseur et restaurateur général desdites inscriptions ;
» et d'icelle honorer le suppliant, tant en considéra-
» tion de son rare et éminent savoir, que des grands
» et signalés services qu'il a rendus à l'état et à votre
» majesté, en français, latin, grec, hébreu, syria-
» que, chaldéen, arabe... »

ERASTE, *l'interrompant.*

Fort bien. Donnez-le vite, et faites la retraite.

Il sera vu du roi ; c'est une affaire faite.

CARITIDÈS.

Hélas! monsieur, c'est tout que montrer mon placet.
Si le roi le peut voir, je suis sûr de mon fait;
Car, comme sa justice en toute chose est grande,
Il ne pourra jamais refuser ma demande.
Au reste, pour porter au ciel votre renom,
Donnez-moi par écrit votre nom et surnom;
J'en veux faire un poëme en forme d'acrostiche
Dans les deux bouts du vers et dans chaque hémistiche

ÉRASTE.

Oui, vous l'aurez demain, monsieur Caritidès.

(seul.)

Ma foi, de tels savans sont des ânes bien faits.
J'aurais dans d'autres temps bien ri de sa sottise.

SCÈNE III.
ORMIN, ÉRASTE.

ORMIN.

Bien qu'une grande affaire en ce lieu me conduise,
J'ai voulu qu'il sortît avant que vous parler.

ÉRASTE.

Fort bien. Mais dépêchons: car je veux m'en aller.

ORMIN.

Je me doute à peu près que l'homme qui vous quitte
Vous a fort ennuyé, monsieur, par sa visite.
C'est un vieux importun qui n'a pas l'esprit sain,
Et pour qui j'ai toujours quelque défaite en main.
Au Mail, au Luxembourg, et dans les Tuileries,
Il fatigue le monde avec ses rêveries;
Et des gens comme vous doivent fuir l'entretien
De tous ces savantas qui ne sont bons à rien.
Pour moi, je ne crains pas que je vous importune,
Puisque je viens, monsieur, faire votre fortune.

ÉRASTE, bas, à part,

Voici quelque souffleur de ces gens qui n'ont rien,
Et nous viennent toujours promettre tant de bien.

(haut).

Vous avez fait, monsieur, cette bénite pierre
Qui peut seule enrichir tous les rois de la terre?

ACTE III, SCÈNE III.

ORMIN.
La plaisante pensée, hélas! où vous voilà!
Dieu me garde, monsieur, d'être de ces fous-là!
Je ne me repais point de visions frivoles,
Et je vous porte ici les solides paroles
D'un avis que par vous je veux donner au roi,
Et que tout cacheté je conserve sur moi:
Non de ces sots projets, de ces chimères vaines,
Dont les surintendants ont les oreilles pleines;
Non de ces gueux d'avis dont les prétentions
Ne parlent que par vingt ou trente millions;
Mais un qui, tous les ans, à si peu qu'on le monte,
En peut donner au roi quatre cents de bon compte,
Avec facilité, sans risque ni soupçon,
Et sans fouler le peuple en aucune façon;
Enfin, c'est un avis d'un gain inconcevable,
Et que du premier mot on trouvera faisable:
Oui, pourvu que par vous je puisse être poussé...

ÉRASTE.
Soit, nous en parlerons. Je suis un peu pressé.

ORMIN.
Si vous me promettiez de garder le silence,
Je vous découvrirais cet avis d'importance.

ÉRASTE.
Non, non, je ne veux point savoir votre secret.

ORMIN.
Monsieur, pour le trahir je vous crois trop discret,
Et veux avec franchise en deux mots vous l'apprendre.
Il faut voir si quelqu'un ne peut point nous entendre.
(*Après avoir regardé si personne ne l'écoute, il s'approche de l'oreille d'Éraste.*)
Cet avis merveilleux dont je suis l'inventeur
Est que...

ÉRASTE.
D'un peu plus loin, et pour cause, monsieur.

ORMIN.
Vous voyez le grand gain, sans qu'il aille le dire,
Que de ses ports de mer le roi tous les ans tire:
Or l'avis, dont encor nul ne s'est avisé,
Est qu'il faut de la France, et c'est un coup aisé,

En fameux ports de mer mettre toutes les côtes.
Ce serait pour monter à des sommes très-hautes ;
Et si...
ÉRASTE.
L'avis est bon, et plaira fort au roi.
Adieu. Nous nous verrons.
ORMIN.
Au moins appuyez-moi
Pour en avoir ouvert les premières paroles.
ÉRASTE.
Oui, oui.
ORMIN.
Si vous vouliez me prêter deux pistoles,
Que vous reprendriez sur le droit de l'avis,
Monsieur...
ÉRASTE.
(Il donne deux louis à Ormin.) *(seul.)*
Oui, volontiers. Plût à Dieu qu'à ce prix
De tous les importans je puisse me voir quitte !
Voyez quel contre-temps prend ici leur visite !
Je pense qu'à la fin je pourrai bien sortir.
Viendra-t-il point quelqu'un encor me divertir ?

SCÈNE VI.
FILINTE, ÉRASTE.

FILINTE.
Marquis ! je viens d'apprendre une étrange nouvelle.
ÉRASTE.
Quoi !
FILINTE.
Qu'un homme tantôt t'a fait une querelle.
ÉRASTE.
A moi ?
FILINTE.
Que te sert-il de le dissimuler ?
Je sais de bonne part qu'on t'a fait appeler ;
Et, comme ton ami, quoi qu'il en réussisse,
Je te viens contre tous faire offre de service.
ÉRASTE.
Je te suis obligé ; mais crois que tu me fais...

ACTE III, SCÈNE VI.

FILINTE

Tu ne l'avoueras pas, mais tu sors sans valets.
Demeure dans la ville; ou gagne la campagne,
Tu n'iras nulle part que je ne t'accompagne.

ERASTE, *à part.*

Ah ! j'enrage !

FILINTE.

A quoi bon de te cacher de moi ?

ERASTE.

Je te jure, marquis, qu'on s'est moqué de toi.

FILINTE.

En vain tu t'en défends.

ERASTE

Que le ciel me foudroie,
Si d'aucun démêlé...

FILINTE.

Tu penses qu'on te croie ?

ERASTE.

Hé ! mon dieu ! je te dis et ne déguise point
Que...

FILINTE.

Ne me crois pas dupe et crédule à ce point.

ERASTE.

Veux-tu m'obliger !

FILINTE.

Non.

ERASTE

Laisse-moi, je te prie.

FILINTE.

Point d'affaire, marquis.

ERASTE.

Une galanterie
En certain lieu, ce soir...

FILINTE.

Je ne te quitte pas;
En quel lieu que ce soit je veux suivre tes pas.

ÉRASTE.

Parbleu, puisque tu veux que j'aie une querelle,
Je consens à l'avoir pour contenter ton zèle.
Ce sera contre toi, qui me fais enrager,
Et dont je ne me puis par douceur dégager.

FILINTE.
C'est fort mal d'un ami recevoir le service.
Mais puisque je vous rends un si mauvais office,
Adieu. Videz sans moi tout ce que vous aurez.
ÉRASTE.
Vous serez mon ami quand vous me quitterez.
(seul.)
Mais voyez quels malheurs suivent ma destinée !
Ils m'auront fait passer l'heure qu'on m'a donnée.

SCÈNE V.
DAMIS, L'ÉPINE, ÉRASTE, LA RIVIÈRE
et ses compagnons.

DAMIS, à part.
Quoi ! malgré moi le traître espère l'obtenir !
Ah ! mon juste courroux le saura prévenir.
ÉRASTE, à part.
J'entrevois là quelqu'un sur la porte d'Orphise !
Quoi ! toujours quelque obstacle aux feux qu'elle autorise !
DAMIS, à l'Épine.
Oui, j'ai su que ma nièce, en dépit de mes soins,
Doit voir ce soir chez elle Éraste sans témoins.
LA RIVIÈRE, à ses compagnons.
Qu'entends-je à ces gens-là dire de notre maître ?
Approchons doucement sans nous faire connaître.
DAMIS, à l'Épine.
Mais avant qu'il ait lieu d'achever son dessein,
Il faut de mille coups percer son traître sein.
Va-t'en faire venir ceux que je viens de dire,
Pour les mettre en embûche aux lieux que je désire,
Afin qu'au nom d'Éraste on soit prêt à venger
Mon honneur que ses feux ont l'orgueil d'outrager,
A rompre un rendez-vous qui dans ce lieu l'appelle,
Et noyer dans son sang sa flamme criminelle.
LA RIVIÈRE, attaquant Damis avec ses compagnons.
Avant qu'à tes fureurs on puisse l'immoler,
Traître, tu trouveras en nous à qui parler.

ERASTE.
Bien qu'il m'ait voulu perdre, un point d'honneur me presse
De secourir ici l'oncle de ma maîtresse.
> (à Damis.)

Je suis à vous, monsieur.
> (Il met l'épée à la main contre La Rivière et ses compagnons, qu'il met en fuite.)

DAMIS.
O ciel ! par quels secours
D'un trépas assuré vois-je sauver mes jours ?
A qui suis-je obligé d'un si rare service ?

ERASTE, *revenant*.
Je n'ai fait, vous servant, qu'un acte de justice.

DAMIS.
Ciel ! puis-je à mon oreille ajouter quelque foi ?
Est-ce la main d'Éraste... ?

ERASTE.
Oui, oui, monsieur, c'est moi.
Trop heureux que ma main vous ait tiré de peine,
Trop malheureux d'avoir mérité votre haine.

DAMIS.
Quoi ! celui dont j'avais résolu le trépas
Est celui qui pour moi vient d'employer son bras ?
Ah ! c'en est trop; mon cœur est contraint de se rendre;
Et, quoi que votre amour ce soir ait pu prétendre,
Ce trait si surprenant de générosité
Doit étouffer en moi toute animosité.
Je rougis de ma faute, et blâme mon caprice.
Ma haine trop long-temps vous a fait injustice;
Et, pour la condamner par un éclat fameux,
Je vous joins dès ce soir à l'objet de vos vœux.

SCÈNE VI.
ORPHISE, DAMIS, ÉRASTE.

ORPHISE, *sortant de chez elle avec un flambeau.*
Monsieur, quelle aventure a d'un trouble effroyable... ?

DAMIS.

Ma nièce, elle n'a rien que de très agréable,
Puisqu'après tant de vœux que j'ai blâmés en vous
C'est elle qui vous donne Éraste pour époux.
Son bras a repoussé le trépas que j'évite,
Et je veux envers lui que votre main m'acquitte.

ORPHISE.

Si c'est pour lui payer ce que vous lui devez,
J'y consens, devant tout aux jours qu'il a sauvés.

ERASTE.

Mon cœur est si surpris d'une telle merveille,
Qu'en ce ravissement je doute si je veille.

DAMIS.

Célébrons l'heureux sort dont vous allez jouir,
Et que nos violons viennent nous réjouir.

(*On frappe à la porte de Damis.*)

ERASTE.

Qui frappe là si fort?

SCÈNE VII.

DAMIS, ORPHISE, ÉRASTE, L'ÉPINE.

L'EPINE.

Monsieur, ce sont des masques,
Qui portent des crinscrins et des tambours de Basques.
(*Les masques entrent, qui occupent toute la place.*)

ERASTE.

Quoi! toujours des fâcheux? Holà! Suisses, ici;
Qu'on me fasse sortir ces gredins que voici.

BALLET DU TROISIÈME ACTE.

PREMIÈRE ENTRÉE.

Des suisses avec des hallebardes chassent tous les masques fâcheux, et se retirent ensuite pour laisser danser

SECONDE ENTRÉE.

Quatre bergers et une bergère ferment le divertissement.

FIN DES FACHEUX.

L'ÉCOLE DES FEMMES,

COMÉDIE EN CINQ ACTES.

Représentée sur le théâtre du Palais-Royal, le 26 décembre 1661.

A MADAME.

Madame,

Je suis le plus embarrassé homme du monde lorsqu'il me faut dédier un livre ; et je me trouve si peu fait au style d'épître dédicatoire, que je ne sais par où sortir de celle-ci. Un autre auteur qui serait à ma place trouverait d'abord cent belles choses à dire de votre altesse royale sur ce titre de *l'École des femmes*, et l'offre qu'il vous en ferait. Mais, pour moi, Madame, je vous avoue mon faible : je ne sais point cet art de trouver des rapports entre des choses si peu proportionnées ; et quelque belles lumières que mes confrères les auteurs me donnent tous les jours sur de pareils sujets, je ne vois point ce que votre altesse royale pourrait avoir à démêler avec la comédie que je lui présente. On n'est pas en peine, sans doute, comme il faut faire pour vous louer : la matière, madame, ne saute que trop aux yeux ; et de quelque côté qu'on vous regarde, on rencontre gloire sur gloire et qualités sur qualités. Vous en avez, Madame, du côté du sang et de la naissance, qui vous font respecter de toute la terre. Vous en avez du côté des graces et de l'esprit et du corps, qui vous font admirer de toutes les personnes qui vous voient. Vous en avez du côté de l'âme, qui, si l'on ose parler ainsi, vous font aimer de tous

ÉPITRE DÉDICATOIRE.

ceux qui ont l'honneur d'approcher de vous : je veux dire cette douceur pleine de charme dont vous daignez tempérer la fierté des grands titres que vous portez, cette bonté tout obligeante, cette affabilité généreuse que vous faites paraître pour tout le monde. Et ce sont particulièrement ces dernières pour qui je suis, et dont je sens fort bien que je ne me pourrai taire quelque jour. Mais encore une fois, Madame, je ne sais point le biais de faire entrer ici des vérités si éclatantes; et ce sont choses, à mon avis, et d'une trop vaste étendue, et d'un mérite trop relevé, pour les vouloir renfermer dans une épître et les mêler avec des bagatelles. Tout bien considéré, Madame, je ne vois rien à faire ici pour moi que de vous dédier simplement ma comédie, et de vous assurer, avec tout le respect qu'il m'est possible, que je suis,

MADAME,

De votre altesse royale,

Le très-humble, très-obéissant
et très-obligé serviteur,

MOLIÈRE.

PRÉFACE.

Bien des gens ont frondé d'abord cette comédie : mais les rieurs ont été pour elle ; et tout le mal qu'on en a pu dire n'a pu faire qu'elle n'ait eu un succès dont je me contente. Je sais qu'on attend de moi dans cette impression quelque préface qui réponde aux censeurs, et rende raison de mon ouvrage ; et sans doute que je suis assez redevable à toutes les personnes qui lui ont donné leur approbation, pour me croire obligé de défendre leur jugement contre celui des autres : mais il se trouve qu'une grande partie des choses que j'aurais à dire sur ce sujet est déjà dans une dissertation que j'ai faite en dialogue, et dont je ne sais encore ce que je ferai. L'idée de ce dialogue, ou, si l'on veut, de cette petite comédie, me vint après les deux ou trois premières représentations de ma pièce. Je la dis, cette idée, dans une maison où je me trouvai un soir : et d'abord une personne de qualité, dont l'esprit est assez connu dans le monde, et qui me fait l'honneur de m'aimer, trouva le projet assez à son gré non seulement pour me solliciter d'y mettre la main, mais encore pour l'y mettre lui-même, et je fus étonné que, deux jours après, il me montra toute l'affaire exécutée d'une manière, à la vérité, beaucoup plus galante et plus spirituelle que je ne puis faire, mais où je trouvai des choses trop avantageuses pour moi ; et j'eus peur que, si je produisais cet ouvrage sur notre théâtre, on ne m'accusât d'avoir mendié les louanges qu'on m'y donnait. Cependant cela m'empêcha, par quelque considération, d'achever ce que j'avais commencé. Mais tant de gens me pressent tous les jours de le faire, que je ne sais ce qui en sera ; et cette incertitude est cause que je ne mets point dans cette préface ce qu'on verra dans la critique, en cas que je me résolve à la faire paraître. S'il faut que cela soit, je le dis encore, ce sera seulement pour venger le public du chagrin délicat de certaines gens ; car pour moi je m'en tiens assez vengé par la réussite de ma comédie ; et je souhaite que toutes celles que je pourrai faire soient traitées par eux comme celle-ci, pourvu que le reste soit de même.

PERSONNAGES.

ARNOLPHE ou LA SOUCHE.
AGNÈS, fille d'Enrique.
HORACE, amant d'Agnès, fils d'Oronte.
CHRYSALDE, ami d'Arnolphe.
ENRIQUE, beau-frère de Chrysalde et père d'Agnès.
ORONTE, père d'Horace et ami d'Arnolphe.
ALAIN, paysan, valet d'Arnolphe.
GEORGETTE, paysanne, servante d'Arnolphe.
UN NOTAIRE.

La scène est à Paris, dans une place d'un faubourg.

L'ÉCOLE DES FEMMES.

ACTE PREMIER.

SCÈNE I.

CHRYSALDE, ARNOLPHE.

CHRYSALDE.

Vous venez, dites-vous, pour lui donner la main?
ARNOLPHE.
Oui. Je veux terminer la chose dans demain.
CHRYSALDE.
Nous sommes ici seuls; et l'on peut, ce me semble,
Sans craindre d'être ouïs, y discourir ensemble.
Voulez-vous qu'en ami je vous ouvre mon cœur?
Votre dessein pour vous me fait trembler de peur;
Et, de quelque façon que vous tourniez l'affaire,
Prendre femme est à vous un coup bien téméraire.
ARNOLPHE.
Il est vrai, notre ami, peut-être que, chez vous,
Vous trouvez des sujets de craindre pour chez nous;
Et votre front, je crois, veut que du mariage
Les cornes soient par-tout l'infaillible apanage.
CHRYSALDE.
Ce sont coups du hasard, dont on n'est point garant;
Et bien sot, ce me semble, est le soin qu'on en prend.
Mais quand je crains pour vous c'est cette raillerie
Dont cent pauvres maris ont souffert la furie;

Car enfin vous savez qu'il n'est grand, ni petits
Que de votre critique on ait vus garantis ;
Que vos plus grands plaisirs sont, partout où vous êtes,
De faire cent éclats des intrigues secrères...

ARNOLPHE.

Fort bien. Est-il au monde une autre ville aussi
Où l'on ait des maris si patients qu'ici ?
Est-ce qu'on n'en voit pas de toutes les espèces,
Qui sont accommodés chez eux de toutes pièces ?
L'un amasse du bien, dont sa femme fait part
A ceux qui prennent soin de le faire cornard :
L'autre un peu plus heureux, mais non pas moins infâme,
Voit faire tous les jours des présents à sa femme,
Et d'aucun soin jaloux n'a l'esprit combattu,
Parce qu'elle lui dit que c'est pour sa vertu.
L'un fait beaucoup de bruit qui ne lui sert de guères ;
L'autre en toute douceur laisse aller les affaires,
Et, voyant arriver chez lui le damoiseau,
Prend fort honnêtement ses gants et son manteau.
L'une de son galant, en adroite femelle,
Fait fausse confidence à son époux fidèle,
Qui dort en sureté sur un pareil appas,
Et le plaint, ce galant, des soins qu'il ne perd pas :
L'autre, pour se purger de sa magnificence,
Dit qu'elle gagne au jeu l'argent qu'elle dépense ;
Et le mari benêt, sons songer à quel jeu,
Sur les gains qu'elle fait rend des graces à Dieu.
Enfin ce sont partout des sujets de satire ;
Et comme spectateur, ne puis-je pas en rire ?
Puis-je pas de nos sots...?

CHRYSALDE.

Oui : mais qui rit d'autrui
Doit craindre qu'en revanche on rie aussi de lui.
J'entends parler le monde ; et des gens se délassent
A venir débiter les choses qui se passent ;
Mais, quoi que l'on divulgue aux endroits où je suis,
Jamais on ne m'a vu triompher de ces bruits.

ACTE I, SCÈNE I.

J'y suis assez modeste : et bien qu'aux occurrences
Je puisse condamner certaines tolérances,
Que mon dessein ne soit de souffrir nullement
Ce que quelques maris souffrent paisiblement,
Pourtant je n'ai jamais affecté de le dire ;
Car enfin il faut craindre un revers de satire,
Et l'on ne doit jamais jurer sur de tels cas
De ce qu'on pourra faire, ou bien ne faire pas.
Ainsi quand à mon front, par un sort qui tout mène,
Il serait arrivé quelque disgrace humaine,
Après mon procédé, je suis presque certain
Qu'on se contentera de s'en rire sous main :
Et peut-être qu'encor j'aurai cet avantage
Que quelques bonnes gens diront que c'est dommage.
Mais de vous, cher compère, il en est autrement ;
Je vous le dis encor, vous risquez diablement.
Comme sur les maris accusés de souffrance
De tout temps votre langue a daubé d'importance,
Qu'on vous a vu contre eux un diable déchaîné,
Vous devez marcher droit pour n'être point berné ;
Et, s'il faut que sur vous on ait la moindre prise,
Gare qu'aux carrefours on ne vous tympanise,
Et...

ARNOLPHE.

Mon dieu ! notre ami, ne vous tourmentez point.
Bien rusé qui pourra m'attraper sur ce point.
Je sais les tours rusés et les subtiles trames
Dont pour nous en planter savent user les femmes ;
Et, comme on est dupé par leurs dextérités,
Contre cet accident j'ai pris mes sûretés ;
Et celle que j'épouse a toute l'innocence
Qui peut sauver mon front de maligne influence.

CHRYSALDE.

Hé ! que prétendez-vous ! qu'une sotte en un mot... ?

ARNOLPHE.

Epouser une sotte est pour n'être point sot.
Je crois, en bon chrétien, votre moitié fort sage :

Mais une femme habile est un mauvais présage ;
Et je sais ce qu'il coûte à de certaines gens
Pour avoir pris les leurs avec trop de talens.
Moi, j'irais me charger d'une spirituelle
Qui ne parlerait rien que cercle et que ruelle,
Qui de prose et de vers ferait de doux écrits,
Et que visiteraient marquis et beaux esprits,
Tandis que, sous le nom de mari de madame,
Je serais comme un saint que pas un ne réclame ?
Non, non, je ne veux point d'un esprit qui soit haut,
Et femme qui compose en sait plus qu'il ne faut.
Je prétends que la mienne, en clartés peu sublime,
Même ne sache pas ce que c'est qu'une rime ;
Et s'il faut qu'avec elle on joue au corbillon,
Et qu'on vienne à lui dire à son tour, Qu'y met-on ?
Je veux qu'elle réponde, Une tarte à la crême ;
En un mot, qu'elle soit d'une ignorance extrême :
Et c'est assez pour elle, à vous en bien parler,
De savoir prier Dieu, m'aimer, coudre et filer.

CHRYSALDE.

Une femme stupide est donc votre marotte.

ARNOLPHE.

Tant, que j'aimerais mieux une laide bien sotte,
Qu'une femme fort belle avec beaucoup d'esprit.

CHRYSALDE.

L'esprit et la beauté...

ARNOLPHE.

   L'honnêteté suffit.

CHRYSALDE.

Mais comment voulez-vous, après tout qu'une bête
Puisse jamais savoir ce que c'est qu'être honnête ?
Outre qu'il est assez ennuyeux, que je croi,
D'avoir toute sa vie une bête avec soi,
Pensez-vous le bien prendre, et que sur votre idée
La sûreté d'un front puisse être bien fondée ?
Une femme d'esprit peut trahir son devoir,
Mais il faut pour le moins qu'elle ose le vouloir ;

ACTE I, SCÈNE I.

Et la stupide au sien peut manquer d'ordinaire
Sans en avoir l'envie, et sans penser le faire.

ARNOLPHE.

A ce bel argument, à ce discours profond,
Ce que Pantagruel à Panurge répond :
Pressez-moi de me joindre à femme autre que sotte ;
Prêchez, patrocinez jusqu'à la Pentecôte ;
Vous serez ébahi, quand vous serez au bout,
Que vous ne m'aurez rien persuadé du tout.

CHRYSALDE.

Je ne vous dis plus mot.

ARNOLPHE.

                Chacun a sa méthode.
En femme, comme en tout, je veux suivre ma mode :
Je me vois riche assez pour pouvoir, que je croi,
Choisir une moitié qui tienne tout de moi,
Et de qui la soumise et pleine dépendance
N'ait à me reprocher aucun bien ni naissance.
Un air doux et posé, parmi d'autres enfants,
M'inspira de l'amour pour elle dès quatre ans :
Sa mère se trouvant de pauvreté pressée,
De la lui demander il me vint en pensée,
Et la bonne paysanne, apprenant mon désir,
A s'ôter cette charge eut beaucoup de plaisir.
Dans un petit couvent, loin de toute pratique,
Je la fis élever selon ma politique,
C'est-à-dire, ordonnant quels soins on emploierait
Pour la rendre idiote autant qu'il se pourrait.
Dieu merci, le succès a suivi mon attente ;
Et grande je l'ai vue à tel point innocente,
Que j'ai béni le ciel d'avoir trouvé mon fait
Pour me faire une femme au gré de mon souhait.
Je l'ai donc retirée ; et, comme ma demeure
A cent sortes de gens est ouverte à toute heure,
Je l'ai mise à l'écart, comme il faut tout prévoir,
Dans cette autre maison où nul ne me vient voir ;
Et, pour ne point gâter sa bonté naturelle,
Je n'y tiens que des gens tout aussi simples qu'elle.

Vous me direz : Pourquoi cette narration ?
C'est pour vous rendre instruit de ma précaution.
Le résultat de tout est qu'en ami fidèle
Ce soir je vous invite à souper avec elle ;
Je veux que vous puissiez un peu l'examiner ;
Et voir si de mon choix on doit me condamner.

CHRYSALDE.

J'y consens.

ARNOLPHE.

Vous pourrez, dans cette conférence,
Juger de sa personne et de son innocence.

CHRYSALDE.

Pour cet article-là, ce que vous m'avez dit
Ne peut...

ARNOLPHE.

La vérité passse encor mon récit.
Dans ses simplicités à tous coups je l'admire,
Et parfois elle en dit dont je pâme de rire.
L'autre jour pourrait-on se le persuader ?
Elle était fort en peine, et me vint demander,
Avec une innocence à nulle autre pareille,
Si les enfants qu'on fait se faisaient par l'oreille.

CHRYSALDE.

Je me réjouis, réjouis, seigneur Arnolphe...

ARNOLPHE.

Bon !

Me voulez-vous toujours appeler de ce nom ?

CHRYSALDE.

Ah ! malgré que j'en aie, il me vient à la bouche,
Et jamais je ne songe à monsieur de La Souche.
Qui diable vous a fait aussi vous aviser
A quarante-deux ans de vous débaptiser,
Et d'un vieux tronc pourri de votre métairie
Vous faite dans le monde un nom de seigneurie ?

ARNOLPHE.

Outre que la maison par ce nom se connaît,
La Source plus qu'Arnolphe à mes oreilles plaît.

ACTE I, SCÈNE I.

CHRYSALDE.

Quel abus de quitter le vrai nom de ses pères
Pour en vouloir prendre un bâti sur des chimères !
De la plupart des gens c'est la démangeaison,
Et, sans vous embrasser dans la comparaison,
Je sais un paysan qu'on appelait Gros-Pierre,
Qui, n'ayant pour tout bien qu'un seul quartier de terre,
Y fit tout alentour faire un fossé bourbeux,
Et de monsieur de l'Isle en prit le nom pompeux.

ARNOLPHE.

Vous pourriez vous passer d'exemple de la sorte.
Mais enfin de La Souche est le nom que je porte :
J'y vois de la raison, j'y trouve des appas ;
Et m'appeler de l'autre est ne m'obliger pas.

CHRYSALDE.

Cependant la plupart ont peine à s'y soumettre ;
Et je vois même encor' des adresses de lettre...

ARNOLPHE.

Je le souffre aisément de qui n'est pas instruit ;
Mais vous...

CHRYSALDE.

Soit : là-dessus nous n'aurons point de bruit ;
Et je prendrai le soin d'accoutumer ma bouche
A ne vous plus nommer que monsieur de La Souche.

ARNOLPHE.

Adieu. Je frappe ici pour donner le bonjour,
Et dire seulement que je suis de retour.

CHRYSALDE, *à part, en s'en allant :*

Ma foi, je le tiens fou de toutes les manières.

ARNOLPHE, *seul.*

Il est un peu blessé de certaines matières.
Chose étrange de voir comme avec passion,
Un chacun est chaussé de son opinion !

(*Il frappe à sa porte.*)

Holà !

SCÈNE II.

ARNOLPHE ; ALAIN et GEORGETTE
dans la maison.

ALAIN.

Qui heurte ?

ARNOLPHE.

(*à part.*)

Ouvrez. On aura, que je pense,
Grande joie à me voir après dix jours d'absence.

ALAIN.

Qui va là !

ARNOLPHE.

Moi.

ALAIN.

Georgette !

GEORGETTE.

Hé bien ?

ALAIN,

Ouvre là-bas.

GEORGETTE.

Vas-y, toi.

ALAIN.

Vas-y, toi.

GEORGETTE.

Ma foi, je n'irai pas.

ALAIN.

Je n'irai pas aussi.

ARNOLPHE.

Belle cérémonie
Pour me laisser dehors ! Holà ho ! je vous prie.

GEORGETTE.

Qui frappe ?

ARNOLPHE.

Votre maître.

GEORGETTE

Alain !

ALAIN.

Quoi ?

ACTE I, SCÈNE II.

GEORGETTE.

C'est monsieu.

Ouvre vite.

ALAIN.

Ouvre, toi.

GEORGETTE.

Je souffle notre feu.

ALAIN.

J'empêche, peur du chat, que mon moineau ne sorte.

ARNOLPHE.

Quiconque de vous deux n'ouvrira pas la porte,
N'aura point à manger de plus de quatre jours.
Ah !

GEORGETTE

Par quelle raison y venir, quand j'y cours ?

ALAIN.

Pourquoi plutôt que moi ? Le plaisant stratagème !

GEORGETTE.

Ote-toi donc de là.

ALAIN.

Non, ôte-toi, toi-même.

GEORGETTE.

Je veux ouvrir la porte.

ALAIN.

Et je veux l'ouvrir, moi.

GEORGETTE.

Tu ne l'ouvriras pas.

ALAIN.

Ni toi non plus.

GEORGETTE.

Ni toi.

ARNOLPHE.

Il faut que j'aie ici l'âme bien patiente !

ALAIN, *en entrant.*

Au moins, c'est moi, monsieur.

GEORGETTE, *en entrant*

Je suis votre servante :
C'est moi.

L'ÉCOLE DES FEMMES.

ALAIN.

Sans le respect de monsieur que voilà,
Je te...

ARNOLPHE, *recevant un coup d'Alain.*

Peste !

ALAIN.

Pardon.

ARNOLPHE.

Voyez ce lourdaud-là !

ALAIN.

C'est elle aussi, monsieur.

ARNOLPHE.

Que tous deux on se taise.
Songez à me répondre, et laissons la fadaise.
Hé bien ! Alain comment se porte-t-on ici ?

ALAIN.

Monsieur, nous nous...
(*Arnolphe ôte le chapeau de dessus la tête d'Alain.*)
Monsieur, nous nous por...
(*Arnolphe l'ôte encore.*)
Dieu merci,
Nous nous...

ARNOLPHE, *ôtant le chapeau d'Alain pour la troisième fois, et le jetant par terre.*

Qui vous apprend, impertinente bête,
A parler devant moi le chapeau sur la tête ?

ALAIN.

Vous faites bien, j'ai tort.

ARNOLPHE, *à Alain.*

Faites descendre Agnès.

SCÈNE III.

ARNOLPHE, GEORGETTE.

ARNOLPHE.

Lorsque je m'en allai, fut-elle triste après ?

GEORGETTE.

Triste ? Non.

ARNOLPHE.

Non !

ACTE I, SCÈNE IV.

GEORGETTE.
Si fait.
ARNOLPHE.
Pourquoi donc...?
GEORGETTE.
Oui, je meure.
Elle vous croyait voir de retour à toute heure;
Et nous n'oyons jamais passer devant chez nous
Cheval, âne, ou mulet, qu'elle ne prît pour vous.

SCÈNE IV.

ARNOLPHE, AGNÈS, ALAIN, GEORGETTE.

ARNOLPHE.
La besogne à la main ! c'est un bon témoignage.
Hé bien, Agnès, je suis de retour du voyage :
En êtes-vous bien aise ?
AGNÈS.
Oui, monsieur, dieu merci.
ARNOLPHE.
Et moi de vous revoir je suis bien aise aussi.
Vous vous êtes toujours, comme on voit, bien portée ?
AGNÈS.
Hors les puces, qui m'ont la nuit inquiétée.
ARNOLPHE.
Ah ! vous aurez dans peu quelqu'un pour les chasser.
AGNÈS.
Vous me ferez plaisir.
ARNOLPHE.
Je le puis bien penser.
Que faites-vous donc là ?
AGNÈS.
Je me fais des cornettes.
Vos chemises de nuit et vos coiffes sont faites.
ARNOLPHE.
Ah ! voilà qui va bien ! Allez, montez là-haut :
Ne vous ennuyez point, je reviendrai tantôt,
Et je vous parlerai d'affaires importantes.

SCÈNE V.
ARNOLPHE.

Héroïnes du temps, mesdames les savantes,
Pousseuses de tendresse et de beaux sentimens,
Je défie à la fois tous vos vers, vos romans,
Vos lettres, billets doux, toute votre science,
De valoir cette honnête et pudique ignorance.
Ce n'est point par le bien qu'il faut être ébloui ;
Et pourvu que l'honneur soit...

SCÈNE VI.
HORACE. ARNOLPHE.

ARNOLPHE.

Que vois-je ! Est-ce...? Oui.
Je me trompe. Nenni. Si fait. Non, c'est lui-même,
Hor...

HORACE.

Seigneur Ar...

ARNOLPHE.

Horace.

HORACE.

Arnolphe.

ARNOLPHE.

Ah ! joie extrême.
Et depuis quand ici ?

HORACE.

Depuis neuf jours.

ARNOLPHE.

Vraiment ?

HORACE.

Je fus d'abord chez vous, mais inutilement.

ARNOLPHE.

J'étais à la campagne.

HORACE.

Oui, depuis dix journées.

ARNOLPHE.

Oh ! comme les enfans croissent en peu d'années !

J'admire de le voir au point où le voilà,
Après que je l'ai vu pas plus grand que cela.
HORACE.
Vous voyez.
ARNOLPHE.
Mais de grace, Oronte votre père,
Mon bon et cher ami que j'estime et révère,
Que fait-il à présent ? Est-il toujours gaillard ?
A tout ce qui le touche il sait que je prends part :
Nous ne nous sommes vus depuis quatre ans ensemble,
Ni, qui plus est, écrit l'un à l'autre, me semble.
HORACE.
Il est, seigneur Arnolphe, encore plus gai que nous :
Et j'avais de sa part une lettre pour vous ;
Mais depuis par une autre il m'apprend sa venue,
Et la raison encor ne m'en est pas connue.
Savez-vous qui peut être un de vos citoyens
Qui retourne en ces lieux avec beaucoup de biens
Qu'il s'est en quatorze ans acquis dans l'Amérique ?
ARNOLPHE.
Non. Mais vous a-t-on dit comme on le nomme ?
HORACE.
Enrique.
ARNOLPHE.
Non.
HORACE.
Mon père m'en parle, et qu'il est revenu,
Comme s'il devait m'être entièrement connu,
Et m'écrit qu'en chemin ensemble ils se vont mettre
Pour un fait important que ne dit pas sa lettre.
(*Horace remet la lettre d'Oronte à Arnolphe.*)
ARNOLPHE.
J'aurai certainement grande joie à le voir,
Et pour le régaler je ferai mon pouvoir.
(*Après avoir lu la lettre.*)
Il faut pour les amis des lettres moins civiles,
Et tous ces complimens sont choses inutiles.

Sans qu'il prît le souci de m'en écrire rien,
Vous pouvez librement disposer de mon bien.

HORACE.

Je suis homme à saisir les gens par leurs paroles,
Et j'ai présentement besoin de cent pistoles.

ARNOLPHE.

Ma foi, c'est m'obliger que d'en user ainsi,
Et je me réjouis de les avoir ici.
Gardez aussi la bourse.

HORACE.

Il faut...

ARNOLPHE.

Laissons ce style.
Hé bien ! comment encor trouvez-vous cette ville?

HORACE.

Nombreuse en citoyens, superbe en bâtiments;
Et j'en crois merveilleux les divertissemens.

ARNOLPHE.

Chacun a ses plaisirs qu'il se fait à sa guise :
Mais pour ceux que du nom de galants on baptise,
Ils ont en ce pays de quoi se contenter,
Car les femmes y sont faites à coqueter :
On trouve d'humeur douce et la brune et la blonde,
Et les maris aussi les plus benins du monde ;
C'est un plaisir de prince, et des tours que je voi
Je me donne souvent la comédie à moi.
Peut-être en avez-vous déjà féru quelqu'une.
Vous est-il point encore arrivé de fortune?
Les gens faits comme vous font plus que les écus,
Et vous êtes de taille à faire des cocus.

HORACE.

A ne vous rien cacher de la vérité pure,
J'ai d'amour en ces lieux eu certaine aventure,
Et l'amitié m'oblige à vous en faire part.

ARNOLPHE, *à part.*

Bon ! Voici de nouveau quelque conte gaillard ;
Et ce sera de quoi mettre sur mes tablettes.

ACTE I, SCÈNE VI.

HORACE.

Mais, de grace, qu'au moins ces choses soient secrètes.

ARNOLPHE.

Oh !

HORACE.

Vous n'ignorez pas qu'en ces occasions,
Un secret éventé rompt nos prétentions.
Je vous avoûrai donc avec pleine franchise
Qu'ici d'une beauté mon ame s'est éprise.
Mes petits soins d'abord ont eu tant de succès,
Que je me suis chez elle ouvert un doux accès,
Et, sans trop me vanter ni lui faire une injure,
Mes affaires y sont en fort bonne posture.

ARNOLPHE, *en riant.*

Et c'est ?

HORACE, *lui montrant le logis d'Agnès.*

Un jeune objet qui loge en ce logis
Dont vous voyez d'ici que les murs sont rougis ;
Simple, à la vérité, par l'erreur sans seconde
D'un homme qui la cache au commerce du monde,
Mais qui, dans l'ignorance où l'on veut l'asservir,
Fait briller des attraits capables de ravir ;
Un air tout engageant, je ne sais quoi de tendre
Dont il n'est point de cœur qui se puisse défendre.
Mais peut-être il n'est pas que vous n'ayez bien vu
Ce jeune astre d'amour de tant d'attraits pourvu :
C'est Agnès qu'on l'appelle.

ARNOLPHE, *à part.*

Ah ! je crève !

HORACE.

Pour l'homme,
C'est, je crois, de la Zousse, ou Source, qu'on le nomme;
Je ne me suis pas fort arrêté sur le nom :
Riche, à ce qu'on m'a dit ; mais des plus sensés, non :
Et l'on m'en a parlé comme d'un ridicule.
Le connaissez-vous point ?

ARNOLPHE, *à part.*

La fâcheuse pilule!

HORACE.

Hé! vous ne dites mot?

ARNOLPHE.

Et oui, je le connoi.

HORACE.

C'est un fou, n'est-ce pas?

ARNOLPHE.

Hé...

HORACE.

Qu'en dites-vous? Quoi!
Hé, c'est-à-dire, oui. Jaloux à faire rire?
Sot? Je vois qu'il en est ce que l'on m'a pu dire.
Enfin l'aimable Agnès a su m'assujettir.
C'est un joli bijou, pour ne vous point mentir;
Et ce serait péché qu'une beauté si rare
Fût laissée au pouvoir de cet homme bizarre.
Pour moi, tous mes efforts, tous mes vœux les plus doux,
Vont à m'en rendre maître, en dépit du jaloux;
Et l'argent que de vous j'emprunte avec franchise
N'est que pour mettre à bout cette juste entreprise.
Vous savez mieux que moi, quels que soient nos efforts,
Que l'argent est la clef de tous les grands ressorts,
Et que ce doux métal qui frappe tant de têtes,
En amour, comme en guerre, avance les conquêtes.
Vous me semblez chagrin! Serait-ce qu'en effet
Vous désapprouveriez le dessein que j'ai fait?

ARNOLPHE.

Non, c'est que je songeais...

HORACE.

Cet entretien vous lasse.
Adieu. J'irai chez vous tantôt vous rendre grace.

ARNOLPHE, *se croyant seul.*

Ah! faut-il...!

HORACE, *revenant.*

Derechef, veuillez être discret ;
Et n'allez pas de grace, éventer mon secret.

ARNOLPHE, *se croyant seul.*

Que je sens dans mon ame...!

HORACE, *revenant.*

Et sur-tout à mon père,
Qui s'en ferait peut-être un sujet de colère.

ARNOLPHE, *croyant qu'Horace revient encore.*

Oh !...

SCÈNE VII.
ARNOLPHE.

Oh ! que j'ai souffert durant cet entretien !
Jamais trouble d'esprit ne fut égal au mien.
Avec quelle imprudence et quelle hâte extrême
Il m'est venu conter cette affaire à moi-même !
Bien que mon autre nom le tienne dans l'erreur,
Étourdi montra-t-il jamais tant de fureur ?
Mais, ayant tant souffert, je devais me contraindre
Jusques à m'éclaircir de ce que je dois craindre,
A pousser jusqu'au bout son caquet indiscret,
Et savoir pleinement leur commerce secret.
Tâchons de le rejoindre ; il n'est pas loin, je pense :
Tirons-en de ce fait l'entière confidence.
Je tremble du malheur qui m'en peut arriver,
Et l'on cherche souvent plus qu'on ne veut trouver.

FIN DU PREMIER ACTE.

ACTE SECOND.

SCÈNE I.
ARNOLPHE.

Il m'est, lorsque j'y pense, avantageux sans doute
D'avoir perdu mes pas, et pu manquer sa route;
Car enfin de mon cœur le trouble impérieux
N'eût pu se renfermer tout entier à ses yeux?
Il eût fait éclater l'ennui qui me dévore,
Et je ne voudrais pas qu'il sût ce qu'il ignore.
Mais je ne suis pas homme à gober le morceau,
Et laisser un champ libre aux yeux d'un damoiseau,
J'en veux rompre le cours, et sans tarder, apprendre
Jusqu'où l'intelligence entr'eux a pu s'étendre :
J'y prends pour mon honneur un notable intérêt ;
Je la regarde en femme aux termes qu'elle en est ;
Elle n'a pu faillir sans me couvrir de honte,
Et tout ce qu'elle fait enfin est sur mon compte.
Éloignement fatal ! voyage malheureux !
(Il frappe à sa porte.)

SCÈNE II.
ARNOLPHE, ALAIN, GEORGETTE.
ALAIN.
Ah ! monsieur, cette fois...
ARNOLPHE,
                Paix. Venez çà, tous deux.
Passez là, passez là. Venez là, venez, dis-je.
GEORGETTE.
Ah ! vous me faites peur, et tout mon sang se fige.
ARNOLPHE.
C'est donc ainsi qu'absent vous m'avez obéi ?
Et tous deux de concert vous m'avez donc trahi ?

GEORGETTE, *tombant aux genoux d'Arnolphe.*
Hé! ne me mangez pas, monsieur, je vous conjure.
ALAIN, *à part.*

Quelque chien enragé l'a mordu, je m'assure.
ARNOLPHE, *à part.*

Ouf! je ne puis parler, tant je suis prévenu;
Je suffoque et voudrais me pouvoir mettre nu.
(*à Alain et à Georgette.*)
Vous avez donc souffert; ô canaille maudite!
(*à Alain, qui veut s'enfuir.*)
Qu'un homme soit venu...? Tu veux prendre la fuite!
(*à Georgette.*)
Il faut que sur-le-champ... Si tu bouges... Je veux
(*à Alain.*)
Que vous me disiez... Hé! oui, je veux que tous deux...
(*Alain et Georgette se lèvent et veulent encore s'enfuir.*)
Quiconque remuera, par la mort! je l'assomme.
Comme est-ce que chez moi s'est introduit cet homme?
Hé! parlez. Dépêchez, vite, promptement, tôt,
Sans rêver. Veut-on dire?

ALAIN et GEORGETTE.
Ah! ah!

GEORGETTE, *retombant aux genoux d'Arnolphe.*
Le cœur me faut.

ALAIN, *retombant aux genoux d'Arnolphe.*
Je meurs.

ARNOLPHE, *à part.*

Je suis en eau : prenons un peu haleine ;
Il faut que je m'évente et que je me promène.
Aurais-je deviné, quand je l'ai vu petit,
Qu'il croîtrait pour cela? Ciel! que mon cœur pâtit!
Je pense qu'il vaut mieux que de sa propre bouche
Je tire avec douceur l'affaire qui me touche.
Tâchons à modérer notre ressentiment.

Patience, mon cœur, doucement, doucement.
      (à Alain et à Georgette.)
Levez-vous, et, rentrant, faites qu'Agnès descende.
      (à part.)
Arrêtez. Sa surprise en deviendrait moins grande.
Du chagrin qui me trouble ils iraient l'avertir,
Et moi-même je veux l'aller faire sortir.
      (à Alain et à Georgette.)
Que l'on m'attende ici.

SCÈNE III.
ALAIN, GEORGETTE.

GEORGETTE.
      Mon dieu ! qu'il est terrible !
Ses regards m'ont fait peur, mais une peur horrible ;
Et jamais je ne vis un plus hideux chrétien.

ALAIN.
Ce monsieur l'a fâché ; je te le disais bien.

GEORGETTE.
Mais que diantre est-ce la, qu'avec tant de rudesse
Il nous fait au logis garder notre maîtresse ?
D'où vient qu'à tout le monde il veut tant la cacher,
Et qu'il ne saurait voir personne en approcher ?

ALAIN.
C'est que cette action le met en jalousie.

GEORGETTE.
Mais d'où vient qu'il est pris de cette fantaisie !

ALAIN.
Cela vient... Cela vient de ce qu'il est jaloux.

GEORGETTE.
Oui : mais pourquoi l'est-il ? et pourquoi ce courroux ?

ALAIN.
C'est que la jalousie... entends-tu bien, Georgette ?
Est une chose... là... qui fait qu'on s'inquiète...
Et qui chasse les gens d'autour d'une maison.
Je m'en vais te bailler une comparaison,
Afin de concevoir la chose davantage :

Dis-moi, n'est-il pas vrai, quand tu tiens ton potage,
Que, si quelque affamé venait pour en manger,
Tu serais en colère, et voudrais le charger ?
GEORGETTE.
Oui, je comprends cela.
ALAIN.
C'est justement tout comme.
La femme est en effet le potage de l'homme ;
Et quand un homme voit d'autres hommes parfois
Qui veulent dans sa soupe aller tremper leurs doigts,
Il en montre aussitôt une colère extrême.
GEORGETTE.
Oui ; mais pourquoi chacun n'en fait-il pas de même,
Et que nous en voyons qui paraissent joyeux
Lorsque leurs femmes sont avec les beaux monsieurs ?
ALAIN.
C'est que chacun n'a pas cette amitié goulue
Qui n'en veut que pour soi.
GEORGETTE.
Si je n'ai la berlue,
Je le vois qui revient
ALAIN.
Tes yeux sont bons, c'est lui.
GEORGETTE.
Vois comme il est chagrin.
ALAIN
C'est qu'il a de l'ennui.

SCÈNE IV.

ARNOLPHE, ALAIN, GEORGETTE.

ARNOLPHE, *à part.*

Un certain Grec disait à l'empereur Auguste,
Comme une instruction utile autant que juste,
Que, lorsqu'une aventure en colère nous met,
Nous devons, avant tout, dire notre alphabet,
Afin que dans ce temps la bile se tempère,

Et qu'on ne fasse rien que l'on ne doive faire.
J'ai suivi sa leçon sur le sujet d'Agnès,
Et je la fais venir dans ce lieu tout exprès
Sous prétexte d'y faire un tour de promenade,
Afin que les soupçons de mon esprit malade
Puissent sur le discours la mettre adroitement,
Et, lui sondant le cœur s'éclaircir doucement.

SCÈNE V.

ARNOLPHE, AGNÈS, ALAIN, GEORGETTE.

ARNOLPHE.

Venez, Agnès.

(à *Alain et à Georgette.*)
Rentrez.

SCÈNE VI.

ARNOLPHE, AGNÈS.

ARNOLPHE.
La promenade est belle.

AGNÈS.
Fort belle.

ARNOLPHE.
Le beau jour !

AGNÈS.
Fort beau.

ARNOLPHE.
Quelle nouvelle !

AGNÈS.
Le petit chat est mort.

ARNOLPHE.
C'est dommage ; mais quoi !
Nous sommes tous mortels et chacun est pour soi.
Lorsque j'étais aux champs n'a-t-il point fait de pluie !

AGNÈS.
Non.

ARNOLPHE.
Vous ennuyait-il ?

ACTE II, SCÈNE VI.

AGNÈS.
Jamais je ne m'ennuie.
ARNOLPHE.
Qu'avez-vous fait encor ces neuf ou dix jours-ci ?
AGNÈS.
Six chemises, je pense, et six coiffes aussi.
ARNOLPHE, *après avoir un peu rêvé.*
Le monde, chère Agnès, est une étrange chose !
Voyez la médisance, et comme chacun cause !
Quelques voisins m'ont dit qu'un jeune homme inconnu
Était en mon absence à la maison venu ;
Que vous aviez souffert sa vue et ses harangues ;
Mais je n'ai point pris foi sur ces méchantes langues,
Et j'ai voulu gager que c'était faussement...
AGNÈS.
Mon dieu ! ne gagez pas, vous perdriez vraiment.
ARNOLPHE.
Quoi ! c'est la vérité qu'un homme...
AGNÈS.
Chose sûre.
Il n'a presque bougé de chez nous, je vous jure.
ARNOLPHE, *bas, à part.*
Cet aveu qu'elle fait avec sincérité
Me marque pour le moins son ingénuité.
(haut.)
Mais il me semble, Agnès, si ma mémoire est bonne,
Que j'avais défendu que vous vissiez personne.
AGNÈS.
Oui : mais quand je l'ai vu, vous ignoriez pourquoi ;
Et vous en auriez fait sans doute autant que moi.
ARNOLPHE.
Peut-être. Mais enfin contez-moi cette histoire.
AGNÈS.
Elle est fort étonnante, et difficile à croire.
J'étais sur le balcon à travailler au frais,
Lorsque je vis passer sous les arbres d'auprès
Un jeune homme bien fait, qui, rencontrant ma vue,

D'une humble révérence aussitôt me salue ;
Moi, pour ne point manquer à la civilité,
Je fis la révérence aussi de mon côté.
Soudain il me refait une autre révérence ;
Moi, j'en refais de même une autre en diligence :
Et lui d'une troisième aussitôt repartant,
D'une troisième aussi j'y repars à l'instant.
Il passe, vient, repasse, et toujours, de plus belle,
Me fait à chaque fois révérence nouvelle ;
Et moi, qui tous ses tours fixement regardais,
Nouvelle révérence aussi je lui rendais :
Tant que, si sur ce point la nuit ne fût venue,
Toujours comme cela je me serais tenue,
Ne voulant point céder, ni recevoir l'ennui
Qu'il me pût estimer moins civile que lui.

ARNOLPHE.

Fort bien.

AGNÈS.

   Le lendemain, étant sur notre porte,
Une vieille m'aborde en parlant de la sorte :
« Mon enfant, le bon Dieu puisse-t-il vous bénir,
» Et dans tous vos attraits long-temps vous maintenir !
» Il ne vous a pas fait une belle personne
» Afin de mal user des choses qu'il vous donne ;
» Et vous devez savoir que vous avez blessé
» Un cœur qui de s'en plaindre est aujourd'hui forcé. »

ARNOLPHE, *à part*.

Ah ! suppôt de Satan ! exécrable damnée !

AGNÈS.

Moi, j'ai blessé quelqu'un ! fis-je tout étonnée.
« Oui, dit-elle ; blessé, mais blessé tout de bon ;
» Et c'est l'homme qu'hier vous vîtes au balcon. »
Hélas ! qui pourrait, dis-je, en avoir été cause ?
Sur lui, sans y penser, fis-je choir quelque chose ?
« Non, dit-elle ; vos yeux ont fait ce coup fatal,
» Et c'est de leurs regards qu'est venu tout son mal.»
Hé ! mon dieu ! ma surprise est, fis-je, sans seconde ;

Mes yeux ont-ils du mal pour en donner au monde?
« Oui, fit-elle, vos yeux, pour causer le trépas,
» Ma fille, ont un venin que vous ne savez pas.
» En un mot, il languit le pauvre misérable;
» Et, s'il faut, poursuivit la vieille charitable,
» Que votre cruauté lui refuse un secours,
» C'est un homme à porter en terre dans deux jours. »
Mon dieu! j'en aurais, dis-je, une douleur bien grande.
Mais pour le secourir qu'est-ce qu'il me demande?
« Mon enfant, me dit-elle, il ne veut obtenir
» Que le bien de vous voir et vous entretenir;
» Vos yeux peuvent eux seuls empêcher sa ruine,
» Et du mal qu'ils ont fait être la médecine. »
Hélas! volontiers, dis-je; et puisqu'il est ainsi,
Il peut, tant qu'il voudra me venir voir ici.

ARNOLPHE, *à part.*

Ah! sorcière maudite, empoisonneuse d'ames,
Puisse l'enfer payer tes charitables trames!

AGNÈS.

Voilà comme il me vit, et reçut guérison.
Vous-même, à votre avis, n'ai-je pas eu raison!
Et pouvais-je, après tout, avoir la conscience
De le laisser mourir faute d'une assistance?
Moi qui compatis tant aux gens qu'on fait souffrir,
Et ne puis, sans pleurer, voir un poulet mourir!

ARNOLPHE, *bas, à part.*

Tout cela n'est parti que d'une ame innocente?
Et j'en dois accuser mon absence imprudente,
Qui sans guide a laissé cette bonté de mœurs
Exposée aux aguets des rusés séducteurs.
Je crains que le pendard, dans ses vœux téméraires,
Un peu plus fort que jeu n'ait poussé les affaires.

AGNÈS.

Qu'avez-vous? Vous grondez, ce me semble, un petit?
Est-ce que c'est mal fait ce que je vous ai dit?

ARNOLPHE.

Non. Mais de cette vue apprenez-moi les suites,
Et comme le jeune homme a passé ses visites.

AGNÈS.
Hélas! si vous saviez comme il était ravi,
Comme il perdit son mal sitôt que je le vi,
Le présent qu'il m'a fait d'une belle cassette,
Et l'argent qu'en ont eu notre Alain et Georgette,
Vous l'aimeriez sans doute, et diriez comme nous.

ARNOLPHE
Oui. Mais que faisait-il étant seul avec vous?

AGNÈS.
Il disait qu'il m'aimait d'une amour sans seconde,
Et me disait des mots des plus gentils du monde,
Des choses que jamais rien ne peut égaler,
Et dont, toutes les fois que je l'entends parler,
La douceur me chatouille, et là-dedans remue
Certain je ne sais quoi dont je suis tout émue.

ARNOLPHE, *bas, à part.*
O fâcheux examen d'un mystère fatal,
Où l'examinateur souffre seul tout le mal!
(*haut.*)
Outre tous ces discours, toutes ces gentillesses,
Ne vous faisait-il point aussi quelques caresses?

AGNÈS.
Oh tant! il me prenait et les mains et les bras,
Et de me les baiser il n'était jamais las.

ARNOLPHE.
Ne vous a-t-il point pris, Agnès, quelque autre chose?
(*la voyant interdite.*)
Ouf!

AGNÈS.
Hé! il m'a...

ARNOLPHE.
Quoi?

AGNÈS.
Pris...

ARNOLPHE.
Hé!

AGNÈS.
Le...

ARNOLPHE.
Plaît-il?
AGNÈS.
Je n'ose;
Et vous vous fâcherez peut-être contre moi.
ARNOLPHE.
Non.
AGNÈS.
Si fait.
ARNOLPHE.
Mon dieu! non.
AGNÈS.
Jurez donc votre foi.
ARNOLPHE.
Ma foi, soit.
AGNÈS.
Il m'a pris... Vous serez en colère.
ARNOLPHE.
Non.
AGNÈS.
Si.
ARNOLPHE.
Non, non, non, non. Diantre! que de mystère!
Qu'est-ce qu'il vous a pris?
AGNÈS.
Il...
ARNOLPHE, *à part.*
Je souffre en damné.
AGNÈS.
Il m'a pris le ruban que vous m'aviez donné.
A vous dire le vrai, je n'ai pu m'en défendre.
ARNOLPHE, *reprenant haleine.*
Passe pour le ruban. Mais je voulais apprendre
S'il ne vous a rien fait que vous baiser les bras.
AGNÈS.
Comment! est-ce qu'on fait d'autres choses?

ARNOLPHE.

Non pas.
Mais, pour guérir du mal qu'il dit qui le possède,
N'a-t-il pas exigé de vous d'autre remède ?

AGNÈS.

Non. Vous pouvez juger, s'il en eût demandé,
Que pour le secourir j'aurais tout accordé.

ARNOLPHE, *bas*, *à part*.

Grace aux bontés du ciel, j'en suis quitte à bon compte.
Si j'y retombe plus, je veux bien qu'on m'affronte.
(*haut.*)
Chut. De votre innocence, Agnès, c'est un effet;
Je ne vous en dis mot. Ce qui s'est fait est fait.
Je sais qu'en vous flattant le galant ne désire
Que de vous abuser, et puis après s'en rire.

AGNÈS.

Oh ! point. Il me l'a dit plus de vingt fois à moi.

ARNOLPHE.

Ah ! vous ne savez pas ce que c'est que sa foi.
Mais enfin apprenez qu'accepter des cassettes
Et de ces beaux blondins écouter les sornettes,
Que se laisser par eux, à force de langueur,
Baiser ainsi les mains et chatouiller le cœur,
Est un péché mortel des plus gros qu'il se fasse.

AGNÈS.

Un péché, dites-vous ! Et la raison, de grace ?

ARNOLPHE.

La raison ! La raison est l'arrêt prononcé
Que par ces actions le ciel est courroucé.

AGNÈS.

Courroucé ! Mais pourquoi faut-il qu'il s'en courrouce ?
C'est une chose, hélas ! si plaisante et si douce !
J'admire quelle joie on goûte à tout cela,
Et je ne savais point encor ces choses-là.

ARNOLPHE.

Oui, c'est un grand plaisir que toutes ces tendresses,
Ces propos si gentils, et ces douces caresses;

ACTE II, SCÈNE VI.

Mais il faut le goûter en toute honnêteté,
Et qu'en se mariant le crime en soit ôté.

AGNÈS.

N'est-ce plus un péché, lorsque l'on se marie ?

ARNOLPHE.

Non.

AGNÈS.

Mariez-moi donc promptement, je vous prie.

ARNOLPHE.

Si vous le souhaitez, je le souhaite aussi ;
Et pour vous marier on me revoit ici.

AGNÈS.

Est-il possible ?

ARNOLPHE.

Oui.

AGNÈS.

Que vous me ferez aise !

ARNOLPHE,

Oui, je ne doute point que l'hymen ne vous plaise.

AGNÈS.

Vous nous voulez nous deux... ?

ARNOLPHE.

Rien de plus assuré.

AGNÈS.

Que, si cela se fait, je vous caresserai !

ARNOLPHE.

Hé ! la chose sera de ma part réciproque.

AGNÈS.

Je ne reconnais point, pour moi, quand on se moque,
Parlez-vous tout de bon ?

ARNOLPHE,

Oui, vous le pourrez voir.

AGNÈS.

Nous serons mariés ?

ARNOLPHE.

Oui.

AGNÈS.

Mais quand?

ARNOLPHE.

Dès ce soir.

AGNÈS, *riant*.

Dès ce soir?

ARNOLPHE.

Dès ce soir. Cela vous fait donc rire?

AGNÈS.

Oui.

ARNOLPHE.

Vous voir bien contente est ce que je désire.

AGNÈS.

Hélas! que je vous ai grande obligation,
Et qu'avec lui j'aurai de satisfaction!

ARNOLPHE.

Avec qui?

AGNÈS.

Avec... Là...

ARNOLPHE.

Là... là n'est pas mon compte.
A choisir un mari vous êtes un peu prompte.
C'est un autre, en un mot, que je vous tiens tout prêt.
Et quant au monsieur Là, je prétends, s'il vous plaît,
Dût le mettre au tombeau le mal dont il vous berce,
Qu'avec lui désormais vous rompiez tout commerce,
Que, venant au logis, pour votre compliment
Vous lui fermiez au nez la porte honnêtement;
Et, lui jetant, s'il heurte, un grès par la fenêtre,
L'obligiez tout de bon à ne plus y paraître.
M'entendez-vous, Agnès? Moi, caché dans un coin,
De votre procédé je serai le témoin.

AGNÈS.

Las! il est si bien fait! C'est...

ARNOLPHE.

Ah! que de langage!

ACTE II, SCÈNE VI.

AGNÈS.

Je n'aurai pas le cœur...

ARNOLPHE.

Point de bruit davantage.
Montez là-haut.

AGNÈS.

Mais quoi ! voulez-vous...

ARNOLPHE.

C'est assez.
Je suis maître, je parle ; allez, obéissez.

FIN DU SECOND ACTE.

ACTE TROISIEME.

SCÈNE I.

ARNOLPHE, AGNÈS, ALAIN, GEORGETTE.

ARNOLPHE.

Oui, tout a bien été, ma joie est sans pareille;
Vous avez là suivi mes ordres à merveille,
Confondu de tout point le blondin séducteur;
Et voilà de quoi sert un sage directeur.
Votre innocence, Agnès, avait été surprise;
Voyez, sans y penser, où vous vous étiez mise.
Vous enfiliez tout droit, sans mon instruction,
Le grand chemin d'enfer et de perdition.
De tous ces damoiseaux on sait trop les coutumes:
Ils ont de beaux canons, force rubans et plumes,
Grands cheveux, belles dents et des propos fort doux;
Mais, comme je vous dis, la griffe est là-dessous,
Et ce sont vrais satans, dont la gueule altérée
De l'honneur féminin cherche à faire curée.
Mais encore une fois, grace au soin apporté,
Vous en êtes sortie avec honnêteté.
L'air dont je vous ai vu lui jeter cette pierre,
Qui de tous ses desseins a mis l'espoir par terre,
Me confirme encor mieux à ne point différer
Les noces où j'ai dit qu'il vous faut préparer.
Mais, avant toute chose, il est bon de vous faire
Quelque petit discours qui vous soit salutaire.
     (*à Georgette et à Alain.*)
Un siége au frais ici. Vous, si jamais en rien...

GEORGETTE.

De toutes vos leçons nous nous souviendrons bien,
Cet autre monsieur-là nous en faisait accroire:
Mais...

ALAIN.

S'il entre jamais, je veux jamais ne boire.
Aussi-bien est-ce un sot, il nous a l'autre fois
Donné deux écus d'or qui n'étaient pas de poids.

ARNOLPHE.

Ayez donc pour souper tout ce que je désire;
Et pour notre contrat, comme je viens de dire,
Faites venir ici, l'un ou l'autre, au retour,
Le notaire qui loge au coin du carrefour.

SCÈNE II.
ARNOLPHE, AGNÈS.

ARNOLPHE, *assis*.

Agnès, pour m'écouter, laissez là votre ouvrage:
Levez un peu la tête, et tournez le visage:
   (*mettant le doigt sur son front.*)
Là, regardez-moi là durant cet entretien;
Et, jusqu'au moindre mot, imprimez-le-vous bien.
Je vous épouse, Agnès; et, cent fois la journée,
Vous devez bénir l'heur de votre destinée,
Contempler la bassesse où vous avez été,
Et dans le même temps admirer ma bonté,
Qui de ce vil état de pauvre villageoise
Vous fait monter au rang d'honorable bourgeoise.
Et jouir de la couche et des embrassemens
D'un homme qui fuyait tous ces engagemens.
Et dont à vingt partis fort capable de plaire
Le cœur a refusé l'honneur qu'il vous veut faire.
Vous devez toujours, dis-je, avoir devant les yeux
Le peu que vous étiez sans ce nœud glorieux,
Afin, que cet objet d'autant mieux vous instruise
A mériter l'état où je vous aurai mise,
A toujours vous connaître, et faire qu'à jamais
Je puisse me louer de l'acte que je fais.
Le mariage, Agnès, n'est pas un badinage:
A d'austères devoirs le rang de femme engage;
Et vous n'y montez pas, à ce que je prétends,

Pour être libertine et prendre du bon temps.
Votre sexe n'est là que pour la dépendance :
Du côté de la barbe est la toute-puissance.
Bien qu'on soit deux moitiés de la société,
Ces deux moitiés pourtant n'ont point d'égalité :
L'une est moitié suprême, et l'autre subalterne ;
L'une en tout est soumise à l'autre qui gouverne ;
Et ce que le soldat dans son devoir instruit
Montre d'obéissance au chef qui le conduit,
Le valet à son maître, un enfant à son père,
A son supérieur le moindre petit frère,
N'approche point encor de la docilité,
Et de l'obéissance, et de l'humilité,
Et du profond respect où la femme doit être
Pour son mari, son chef, son seigneur et son maître.
Lorsqu'il jette sur elle un regard sérieux,
Son devoir aussitôt est de baisser les yeux,
Et de n'oser jamais le regarder en face,
Que quand d'un doux regard il lui veut faire grace.
C'est ce qu'entendent mal les femmes d'aujourd'hui.
Mais ne vous gâtez pas sur l'exemple d'autrui.
Gardez-vous d'imiter ces coquettes vilaines
Dont par toute la ville on chante les fredaines,
Et de vous laisser prendre aux assauts du malin,
C'est-à-dire d'ouïr aucun jeune blondin.
Songez qu'en vous faisant moitié de ma personne,
C'est mon honneur, Agnès, que je vous abandonne;
Que cet honneur est tendre, et se blesse de peu ;
Que sur un tel sujet il ne faut point de jeu,
Et qu'il est aux enfers des chaudières bouillantes,
Où l'on plonge à jamais les femmes mal vivantes.
Ce que je vous dis là ne sont pas des chansons ;
Et vous devez du cœur dévorer ces leçons.
Si votre ame les suit, et fuit d'être coquette,
Elle sera toujours comme un lis, blanche et nette ;
Mais s'il faut qu'à l'honneur elle fasse un faux bond,
Elle deviendra lors noire comme un charbon ;

Vous paraîtrez à tous un objet effroyable,
Et vous irez un jour, vrai partage du diable,
Bouillir dans les enfers à toute éternité,
Dont vous veuille garder la céleste bonté !
Faites la révérence. Ainsi qu'une novice
Par cœur dans le couvent doit savoir son office,
Entrant au mariage il en faut faire autant ;
Et voici dans ma poche un billet important
Qui vous enseignera l'office de la femme.
J'en ignore l'auteur, mais c'est quelque bonne ame ;
Et je veux que ce soit votre unique entretien.
 (*Il se lève.*)
Tenez. Voyons un peu si vous le lirez bien.

AGNÈS *lit*.

LES MAXIMES DU MARIAGE,

OU

LES DEVOIRS DE LA FEMME MARIÉE,
avec son exercice journalier.

PREMIÈRE MAXIME.

  Celle qu'un lien honnête
  Fait entrer au lit d'autrui
  Doit se mettre dans la tête,
  Malgré le train d'aujourd'hui,
Que l'homme qui la prend ne la prend que pour lui.

ARNOLPHE.

Je vous expliquerai ce que cela veut dire,
Mais pour l'heure présente il ne faut rien que lire.

AGNÈS *poursuit*.

DEUXIÈME MAXIME.

  Elle ne se doit parer
  Qu'autant que peut désirer
  Le mari qui la possède :
C'est lui que touche seul le soin de sa beauté ;
  Et pour rien doit être compté
  Que les autres la trouvent laide.

TROISIÈME MAXIME.

Loin ces études d'œillades,
Ces eaux, ces blancs, ces pommades,
Et mille ingrédiens qui font nos teints fleuris :
A l'honneur tous les jours ce sont drogues mortelles,
Et les soins de paraître belles
Se prennent peu pour les maris.

QUATRIÈME MAXIME.

Sous sa coiffe en sortant, comme l'honneur l'ordonne,
Il faut que de ses yeux elle étouffe les coups ;
Car, pour bien plaire à son époux,
Elle ne doit plaire à personne.

CINQUIÈME MAXIME.

Hors ceux dont au mari la visite se rend,
La bonne règle défend
De recevoir aucune ame :
Ceux qui de galante humeur
N'ont affaire qu'à madame
N'accommodent pas monsieur.

SIXIÈME MAXIME.

Il faut des présens des hommes
Qu'elle se défende bien ;
Car dans le siècle où nous sommes,
On ne donne rien pour rien.

SEPTIÈME MAXIME.

Dans ses meubles, dût-elle en avoir de l'ennui,
Il ne faut écritoire, encre, papier ni plumes ;
Le mari doit, dans les bonnes coutumes,
Ecrire tout ce qui s'écrit chez lui.

HUITIÈME MAXIME.

Ces sociétés déréglées
Qu'on nomme belles assemblées
Des femmes tous les jours corrompent les esprits :
En bonne politique on les doit interdire ;
Car c'est là que l'on conspire
Contre les pauvres maris.

ACTE III, SCÈNE III.

NEUVIÈME MAXIME.

Toute femme qui veut à l'honneur se vouer
    Doit se défendre de jouer,
    Comme d'une chose funeste :
    Car le jeu, fort décevant,
    Pousse une femme souvent
    A jouer de tout son reste.

DIXIÈME MAXIME.

    Des promenades du temps,
    Ou repas qu'on donne aux champs,
    Il ne faut point qu'elle essaie.
    Selon les prudens cerveaux,
    Le mari dans ces cadeaux
    Est toujours celui qui paie.

ONZIÈME MAXIME.

ARNOLPHE.

Vous achèverez seule ; et, pas à pas tantôt
Je vous expliquerai ces choses comme il faut.
Je me suis souvenu d'une petite affaire :
Je n'ai qu'un mot à dire, et ne tarderai guère.
Rentrez, et conservez ce livre chèrement
Si le notaire vient, qu'il m'attende un moment.

SCÈNE III.

ARNOLPHE.

Je ne puis faire mieux que d'en faire ma femme.
Ainsi que je voudrai, je tournerai cette ame ;
Comme un morceau de cire entre mes mains elle est,
Et je lui puis donner la forme qui me plaît.
Il s'en est peu fallu que, durant mon absence,
On ne m'ait attrapé par son trop d'innocence ;
Mais il vaut beaucoup mieux, à dire vérité,
Que la femme qu'on a pèche de ce côté.
De ces sortes d'erreurs le remède est facile.
Toute personne simple aux leçons est facile ;
Et, si du bon chemin on la fait écarter,
Deux mots incontinent l'y peuvent rejeter.
Mais une femme habile est bien un autre bête :

Notre sort ne dépend que de sa seule tête ;
De ce qu'elle s'y met rien ne la fait gauchir,
Et nos renseignemens ne font là que blanchir :
Son bel esprit lui sert à railler nos maximes,
A se faire souvent des vertus de ses crimes,
Et trouver, pour venir à ses coupables fins,
Des détours à duper l'adresse des plus fins,
Pour se parer du coup en vain on se fatigue :
Une femme d'esprit est un diable en intrigue ;
Et dès que son caprice a prononcé tout bas
L'arrêt de notre honneur, il faut passer le pas :
Beaucoup d'honnêtes gens en pourraient bien que dire.
Enfin mon étourdi n'aura pas lieu d'en rire ;
Par son trop de caquet il a ce qu'il lui faut.
Voilà de nos Français l'ordinaire défaut :
Dans la possession d'une bonne fortune,
Le secret est toujours ce qui les importune ;
Et la vanité sotte a pour eux tant d'appas,
Qu'ils se pendraient plutôt que de ne causer pas.
Oh ! que les femmes sont du diable bien tentées
Lorsqu'elles vont choisir ces têtes éventées !
Et que... Mais le voici. Cachons-nous toujours bien,
Et découvrons un peu quel chagrin est le sien.

SCÈNE IV.

HORACE, ARNOLPHE.

HORACE.

Je reviens de chez vous et le destin me montre
Qu'il n'a pas résolu que je vous y rencontre.
Mais j'irai tant de fois, qu'enfin quelque moment...

ARNOLPHE.

Hé ! mon dieu ! n'entrons point dans ce vain compliment :
Rien ne me fâche tant que ces cérémonies ;
Et si l'on m'en croyait, elles seraient bannies.
C'est un maudit usage, et la plupart des gens
Y perdent sottement les deux tiers de leur temps.
                    (*Il se couvre.*)
Mettons donc sans façon. Hé bien ! vos amourettes ?

ACTE III, SCÈNE IV.

Puis-je, seigneur Horace, apprendre où vous en êtes?
J'étais tantôt distrait par quelque vision ;
Mais depuis, là-dessus j'ai fait réflexion.
De vos premiers progrès j'admire la vitesse,
Et dans l'évènement mon ame s'intéresse.

HORACE.

Ma foi, depuis qu'à vous s'est découvert mon cœur,
Il est à mon amour arrivé du malheur.

ARNOLPHE.

Oh! oh! comment cela?

HORACE.

     La fortune cruelle
A ramené des champs le patron de la belle.

ARNOLPHE.

Quel malheur!

HORACE

    Et de plus, à mon très-grand regret,
Il a su de nous deux le commerce secret.

ARNOLPHE.

D'où diantre a-t-il sitôt appris cette aventure?

HORACE.

Je ne sais : mais enfin c'est une chose sûre.
Je pensais aller rendre, à mon heure à peu près,
Ma petite visite à ses jeunes attraits,
Lorsque, changeant pour moi de ton et de visage,
Et servante et valet m'ont bouché le passage,
Et d'un, *Retirez-vous, vous nous importunez,*
M'ont assez rudement fermé la porte au nez.

ARNOLPHE.

La porte au nez!

HORACE.

  Au nez.

ARNOLPHE.

     La chose est un peu forte.

HORACE.

J'ai voulu leur parler au travers de la porte :
Mais à tous mes propos ce qu'ils ont répondu,
C'est, *Vous n'entrerez point, monsieur l'a défendu.*

L'ÉCOLE DES FEMMES.

ARNOLPHE.

Ils n'ont donc point ouvert ?

HORACE.

Non. Et de la fenêtre
Agnès m'a confirmé le retour de ce maître,
Et me chassant de là d'un ton plein de fierté,
Accompagné d'un grès que sa main a jeté.

ARNOLPHE.

Comment ! d'un grès !

HORACE.

D'un grès de taille non petite,
Dont on a par ses mains régalé ma visite.

ARNOLPHE.

Diantre ! ce ne sont pas des prunes que cela !
Et je trouve fâcheux l'état où vous voilà.

HORACE.

Il est vrai, je suis mal par ce retour funeste.

ARNOLPHE.

Certes, j'en suis fâché pour vous, je vous proteste.

HORACE.

Cet homme me rompt tout.

ARNOLPHE.

Oui ; mais cela n'est rien,
Et de vous raccrocher vous trouverez moyen.

HORACE.

Il faut bien essayer, par quelque intelligence,
De vaincre du jaloux l'exacte vigilance.

ARNOLPHE.

Cela vous est facile ; et la fille, après tout,
Vous aime.

HORACE.

Assurément.

ARNOLPHE.

Vous en viendrez à bout.

HORACE.

Je l'espère.

ACTE III, SCÈNE IV.

ARNOLPHE.
    Le grès vous a mis en déroute ;
Mais cela ne doit pas vous étonner.
        HORACE.
                    Sans doute ;
Et j'ai compris d'abord que mon homme était là,
Qui, sans se faire voir conduisait tout cela.
Mais ce qui m'a surpris et qui va vous surprendre,
C'est un autre incident que vous allez entendre ;
Un trait hardi qu'a fait cette jeune beauté,
Et qu'on n'attendait point de sa simplicité.
Il le faut avouer, l'amour est un grand maître :
Ce qu'on ne fut jamais il nous enseigne à l'être ;
Et souvent de nos mœurs l'absolu changement
Devient par ses leçons l'ouvrage d'un moment.
De la nature en nous il force les obstacles,
Et ses effets soudains ont de l'air des miracles.
D'un avare à l'instant il fait un libéral ;
Un vaillant d'un poltron, un civil d'un brutal :
Il rend agile à tout l'ame la plus pesante,
Et donne de l'esprit à la plus innocente.
Oui, ce dernier miracle éclate dans Agnès ;
Car tranchant avec moi par ces termes exprès :
« Retirez-vous, mon ame aux visites renonce,
» Je sais tous vos discours, et voilà ma réponse. »
Cette pierre ou ce grès dont vous vous étonniez
Avec un mot de lettre est tombée à mes pieds ;
Et j'admire de voir cette lettre ajustée
Avec le sens des mots et la pierre jetée.
D'une telle action n'êtes-vous pas surpris ?
L'amour sait-il pas l'art d'aiguiser les esprits ?
Et peut-on me nier que ses flammes puissantes
Ne fassent dans un cœur des choses étonnantes.
Que dites-vous du tour et de ce mot d'écrit ?
Hé ! n'admirez-vous point cette adresse d'esprit ?
Trouvez-vous pas plaisant de voir quel personnage
A joué mon jaloux dans tout ce badinage ?
Dites.

ARNOLPHE.

Oui, fort plaisant.

HORACE.

Riez-en donc un peu.
(*Arnolphe rit d'un air forcé.*)
Cet homme gendarmé d'abord contre mon feu,
Qui chez lui se retranche, et de grès fait parade,
Comme si je voulais entrer par escalade ;
Qui, pour me repousser dans son bizarre effroi,
Anime du dedans tous ses gens contre moi ;
Et qu'abuse à ses yeux, par sa machine même,
Celle qu'il veut tenir dans l'ignorance extrême !
Pour moi, je vous l'avoue, encor que son retour
En un grand embarras jette ici mon amour,
Je tiens cela plaisant autant qu'on saurait dire :
Je ne puis y songer sans de bon cœur en rire ;
Et vous n'en riez pas assez, à mon avis.

ARNOLPHE, *avec un ris forcé*.

Pardonnez-moi, j'en ris tout autant que je puis.

HORACE.

Mais il faut qu'en ami je vous montre sa lettre.
Tout ce que son cœur sent, sa main a su l'y mettre ;
Mais en termes touchans et tous pleins de bonté,
De tendresse innocente et d'ingénuité,
De la manière enfin que la pure nature
Exprime de l'amour la première blessure.

ARNOLPHE, *bas, à part*.

Voilà, friponne, à quoi l'écriture te sert ;
Et, contre mon dessein, l'art t'en fut découvert.

HORACE, *lit*.

« Je veux vous écrire, et je suis bien en peine par
» où je m'y prendrai. J'ai des pensées que je désirerais
» que vous sussiez ; mais je ne sais comment faire pour
» vous les dire, et je me défie de mes paroles. Comme
» je commence à connaître qu'on m'a toujours tenue
» dans l'ignorance, j'ai peur de mettre quelque chose
» qui ne soit pas bien, et d'en dire plus que je ne

» devrais. En vérité, je ne sais ce que vous m'avez
» fait ; mais je sens que je suis fâchée à mourir de ce
» qu'on m'a fait faire contre vous, que j'aurai toutes
» les peines du monde à me passer de vous, et que je
» serais bien aise d'être à vous. Peut-être qu'il y a du
» mal à dire cela ; mais enfin je ne puis m'empêcher
» de le dire, et je voudrais que cela se pût faire sans
» qu'il y en eût. On me dit fort que tous les jeunes
» hommes sont des trompeurs, qu'il ne les faut point
» écouter, et que tout ce que vous me dites, n'est que
» pour m'abuser : mais je vous assure que je n'ai pu
» encore me figurer cela de vous ; et je suis si touchée
» de vos paroles, que je ne saurais croire qu'elles soient
» menteuses. Dites-moi franchement ce qu'il en est :
» car enfin, comme je suis sans malice, vous auriez
» le plus grand tort du monde si vous me trompiez, et
» je pense que j'en mourrais de déplaisir. »

ARNOLPHE, *à part.*

Hon ! chienne !

HORACE.

Qu'avez-vous ?

ARNOLPHE.

Moi ? rien. C'est que je tousse.

HORACE.

Avez-vous jamais vu d'expression plus douce ?
Malgré les soins maudits d'un injuste pouvoir,
Un plus beau naturel se peut-il faire voir ?
Et n'est-ce pas sans doute un crime punissable
De gâter méchamment ce fonds d'ame admirable,
D'avoir dans l'ignorance et la stupidité
Voulu de cet esprit étouffer la clarté ?
L'amour a commencé d'en déchirer le voile ;
Et si, par la faveur de quelque bonne étoile,
Je puis, comme j'espère, à ce franc animal,
Ce traître, ce bourreau, ce faquin, ce brutal...

ARNOLPHE.

Adieu.

HORACE.
Comment ! si vite ?

ARNOLPHE.
Il m'est dans la pensée
Venu tout maintenant une affaire pressée.

HORACE.
Mais ne sauriez-vous point, comme on la tient de près,
Qui dans cette maison pourrait avoir accès ?
J'en use sans scrupule, et ce n'est pas merveille
Qu'on se puisse, entre amis, servir à la pareille.
Je n'ai plus là-dedans que gens pour m'observer ;
Et servante et valet, que je viens de trouver,
N'ont jamais, de quelque air que je m'y sois pu prendre,
Adouci leur rudesse à me vouloir entendre.
J'avais pour de tels coups, certaine vieille en main,
D'un génie, à vrai dire, au-dessus de l'humain :
Elle m'a dans l'abord servi de bonne sorte :
Mais, depuis quatre jours, la pauvre femme est morte.
Ne me pourriez-vous point ouvrir quelque moyen ?

ARNOLPHE.
Non, vraiment ; et sans moi vous en trouverez bien.

HORACE.
Adieu donc. Vous voyez ce que je vous confie.

SCÈNE V.
ARNOLPHE.
Comme il faut devant lui que je me mortifie !
Quelle peine à cacher mon déplaisir cuisant !
Quoi ! pour une innocente un esprit si présent !
Elle a feint d'être telle à mes yeux, la traîtresse,
Ou le diable à son ame a soufflé cette adresse
Enfin me voilà mort par ce funeste écrit.
Je vois qu'il a, le traître, empaumé son esprit,
Qu'à ma suppression il s'est ancré chez elle ;
Et c'est mon désespoir et ma peine mortelle.
Je souffre doublement dans le vol de son cœur ;
Et l'amour y pâtit aussi-bien que l'honneur.

ACTE III, SCÈNE V.

J'enrage de trouver cette place usurpée,
Et j'enrage de voir ma prudence trompée.
Je sais que, pour punir son amour libertin,
Je n'ai qu'à laisser faire à son mauvais destin,
Que je serai vengé d'elle par elle-même :
Mais il est bien fâcheux de perdre ce qu'on aime.
Ciel ! puisque pour un choix j'ai tant philosophé,
Faut-il de ses appas m'être si fort coiffé !
Elle n'a ni parens, ni support, ni richesse ;
Elle trahit mes soins, mes bontés, ma tendresse :
Et cependant je l'aime, après ce lâche tour,
Jusqu'à ne me pouvoir passer de cet amour.
Sot ! n'as-tu point de honte ? Ah ! je crève, j'enrage,
Et je souffleterais mille fois mon visage.
Je veux entrer un peu, mais seulement pour voir
Quelle est sa contenance après un trait si noir.
Ciel, faites que mon front soit exempt de disgrace ;
Ou bien, s'il est écrit qu'il faille que j'y passe,
Donnez-moi tout au moins, pour de tels accidens,
La constance qu'on voit à de certaines gens !

FIN DU TROISIÈME ACTE.

ACTE QUATRIÈME.
SCÈNE I.
ARNOLPHE.

J'ai peine, je l'avoue, à demeurer en place,
Et de mille soucis mon esprit s'embarrasse,
Pour pouvoir mettre un ordre et dedans et dehors,
Qui du godelureau rompe tous les efforts.
De quel œil la traîtresse a soutenu ma vue !
De tout ce qu'elle a fait elle n'est point émue ;
Et, bien qu'elle me mette à deux doigts du trépas,
On dirait, à la voir, qu'elle n'y touche pas.
Plus, en la regardant, je la voyais tranquille,
Plus je sentais en moi s'échauffer une bile ;
Et ces bouillans transports dont s'enflammait mon cœur
Y semblaient redoubler mon amoureuse ardeur.
J'étais aigri, fâché, désespéré contre elle ;
Et cependant jamais je ne la vis si belle,
Jamais ses yeux aux miens n'ont paru si perçans,
Jamais je n'eus pour eux de désirs si pressans ;
Et je sens là-dedans qu'il faudra que je crève,
Si de mon triste sort la disgrace s'achève.
Quoi ! j'aurai dirigé son éducation
Avec tant de tendresse et de précaution,
Je l'aurai fait passer chez moi dès son enfance,
Et j'en aurai chéri la plus tendre espérance,
Mon cœur aura bâti sur ses attraits naissans,
Et cru la mitonner pour moi durant treize ans,
Afin qu'un jeune fou dont elle s'amourache
Me la vienne enlever jusque sur la moustache,
Lorsqu'elle est avec moi mariée à demi,
Non, parbleu ! non, parbleu ! Petit sot, mon ami,
Vous aurez beau tourner, ou j'y perdrai mes peines,
Ou je rendrai, ma foi ! vos espérances vaines,
Et de moi tout-à-fait vous ne vous rirez point.

L'ÉCOLE DES FEMMES. ACTE IV, SC. II.
SCÈNE II.
UN NOTAIRE, ARNOLPHE.

LE NOTAIRE.

Ah ! le voilà ! Bon jour. Me voici tout à point
Pour dresser le contrat que vous souhaitez faire.

ARNOLPHE, *se croyant seul, et sans voir ni entendre le notaire.*

Comment faire ?

LE NOTAIRE.

Il le faut dans la forme ordinaire.

ARNOLPHE, *se croyant seul.*

A mes précautions je veux songer de près.

LE NOTAIRE.

Je ne passerai rien contre vos intérêts.

ARNOLPHE, *se croyant seul.*

Il se faut garantir de toutes les surprises.

LE NOTAIRE.

Suffit qu'entre mes mains vos affaires soient mises.
Il ne vous faudra point, de peur d'être déçu,
Quittancer le contrat, que vous n'ayez reçu.

ARNOLPHE, *se croyant seul.*

J'ai peur, si je vais faire éclater quelque chose,
Que de cet incident par la ville on ne cause.

LE NOTAIRE.

Hé bien ! il est aisé d'empêcher cet éclat,
Et l'on peut en secret faire votre contrat.

ARNOLPHE, *se croyant seul.*

Mais comment faudra-t-il qu'avec elle j'en sorte !

LE NOTAIRE.

Le douaire se règle au bien qu'on vous apporte.

ARNOLPHE, *se croyant seul.*

Je l'aime, et cet amour est mon grand embarras.

LE NOTAIRE.

On peut avantager une femme en ce cas.

ARNOLPHE, *se croyant seul.*

Quel traitement lui faire en pareille aventure ?

LE NOTAIRE.

L'ordre est que le futur doit douer la future
Du tiers de dot qu'elle a ; mais cet ordre n'est rien,
Et l'on va plus avant lorsque l'on le veut bien.

ARNOLPHE, *se croyant seul.*

Si...

(*Il aperçoit le notaire.*)

LE NOTAIRE

Pour le préciput, il les regarde ensemble.
Je dis que le futur peut, comme bon lui semble,
Douer la future.

ARNOLPHE.

Hé !

LE NOTAIRE.

Il peut l'avantager
Lorsqu'il l'aime beaucoup et qu'il veut l'obliger :
Et cela par douaire, ou préfix qu'on appelle,
Qui demeure perdu par le trépas d'icelle ;
Ou sans retour, qui va de ladite à ses hoirs ;
Ou coutumier, selon les différens vouloirs ;
Ou par donation dans le contrat formelle,
Qu'on fait ou pure ou simple, ou qu'on fait mutuelle.
Pourquoi hausser le dos ? Est-ce qu'on parle en fat,
Et que l'on ne sait pas les formes d'un contrat !
Qui me les apprendra ? personne, je présume.
Sais-je pas qu'étant joints on est par la coutume
Communs en meubles, biens, immeubles et conquêts,
A moins que par un acte on n'y renonce exprès ?
Sais-je pas que le tiers du bien de la future
Entre en communauté pour...

ARNOLPHE.

Oui, c'est chose sûre,
Vous savez tout cela, mais qui vous en dit mot ?

LE NOTAIRE.

Vous, qui me prétendez faire passer pour sot,
En me haussant l'épaule et faisant la grimace.

ACTE IV, SCÈNE III.

ARNOLPHE.

La peste soit de l'homme et sa chienne de face !
Adieu. C'est le moyen de vous faire finir.

LE NOTAIRE.

Pour dresser un contrat m'a-t-on pas fait venir ?

ARNOLPHE.

Oui, je vous ai mandé : mais la chose est remise,
Et l'on vous mandera quand l'heure sera prise.
Voyez quel diable d'homme avec son entretien !

LE NOTAIRE, *seul*.

Je pense qu'il en tient, et je crois penser bien.

SCÈNE III.

LE NOTAIRE, ALAIN, GEORGETTE.

LE NOTAIRE, *allant au-devant d'Alain et de Georgette*.

M'êtes-vous pas venu quérir pour votre maître ?

ALAIN.

Oui.

LE NOTAIRE.

J'ignore pour qui ; vous le pouvez connaître.
Mais allez de ma part lui dire de ce pas,
Que c'est un fou fieffé.

GEORGETTE.

Nous n'y manquerons pas.

SCÈNE IV.

ARNOLPHE, ALAIN, GEORGETTE.

ALAIN.

Monsieur.

ARNOLPHE.

Approchez-vous ; vous êtes mes fidèles,
Mes bons, mes vrais amis, et j'en sais des nouvelles.

ALAIN.

Le notaire...

ARNOLPHE.

Laissons, c'est pour quelque autre jour.
On veut à mon honneur jouer d'un mauvais tour ;

Et quel affront pour vous, mes enfans, pourrait-ce être
Si l'on avait ôté l'honneur à votre maître !
Vous n'oseriez après paraître en nul endroit ;
Et chacun, vous voyant, vous montrerait au doigt.
Donc, puisqu'autant que moi l'affaire vous regarde,
Il faut de votre part faire une telle garde,
Que ce galant ne puisse en aucune façon...

GEORGETTE.

Vous nous avez tantôt montré notre leçon.

ARNOLPHE.

Mais à ces beaux discours gardez bien de vous rendre.

ALAIN.

Oh vraiment !

GEORGETTE.

Nous savons comme il faut s'en défendre.

ARNOLPHE.

S'il venait doucement : Alain, mon pauvre cœur,
Par un peu de secours soulage ma langueur...

ALAIN.

Vous êtes un sot.

ARNOLPHE.

(à Georgette.)

Bon. Georgette, ma mignonne,
Tu me parais si douce et si bonne personne...

GEORGETTE.

Vous êtes un nigaud.

ARNOLPHE.

(à Alain.)

Bon. Quel mal trouves-tu
Dans un dessein honnête et tout plein de vertu ?

ALAIN.

Vous êtes un fripon.

ARNOLPHE.

(à Georgette)

Fort bien. Ma mort est sûre,
Si tu ne prends pitié des peines que j'endure.

GEORGETTE.

Vous êtes un benêt, un impudent.

ACTE IV. SCÈNE IV.

ARNOLPHE.

Fort bien.

(à Alain.)
Je ne suis pas un homme à vouloir rien pour rien ;
Je sais, quand on me sert, en garder la mémoire :
Cependant par avance, Alain, voilà pour boire ;
Et voilà pour t'avoir, Georgette, un cotillon.
(*Ils tendent tous deux la main, et prennent l'argent.*)
Ce n'est de mes bienfaits qu'un simple échantillon.
Toute la courtoisie enfin dont je vous presse,
C'est que je puisse voir votre belle maîtresse.

GEORGETTE, *le poussant*.

A d'autres.

ARNOLPHE.

Bon cela.

ALAIN, *le poussant*.

Hors d'ici.

ARNOLPHE.

Bon.

GEORGETTE, *le poussant*.

Mais tôt.

ARNOLPHE.

Bon. Holà ; c'est assez.

GEORGETTE.

Fais-je pas comme il faut ?

ALAIN.

Est-ce de la façon que vous voulez l'entendre ?

ARNOLPHE.

Oui, fort bien, hors l'argent qu'il ne m'allait pas prendre.

GEORGETTE.

Nous ne nous sommes pas souvenus de ce point.

ALAIN.

Voulez-vous qu'à l'instant nous recommencions ?

ARNOLPHE.

Point.

Suffit. Rentrez tous deux.

ALAIN.

Vous n'avez rien qu'à dire.

ARNOLPHE.

Non, vous dis-je ; rentrez, puisque je le désire.
Je vous laisse l'argent. Allez. Je vous rejoins.
Ayez bien l'œil à tout, et secondez mes soins.

SCÈNE V.

ARNOLPHE.

Je veux pour espion qui soit d'exacte vue
Prendre le savetier du coin de notre rue.
Dans la maison toujours je prétends la tenir,
Y faire bonne garde, et surtout en bannir
Vendeuses de rubans, perruquières, coiffeuses,
Faiseuses de mouchoirs, gantières, revendeuses,
Tous ces gens qui sous main travaillent chaque jour
A faire réussir les mystères d'amour.
Enfin, j'ai vu le monde, et j'en sais les finesses.
Il faudra que mon homme ait de grandes adresses,
Si message ou poulet de sa part peut entrer.

SCÈNE VI.

HORACE, ARNOLPHE.

HORACE.

La place m'est heureuse à vous y rencontrer.
Je viens de l'échapper bien belle, je vous jure.
Au sortir d'avec vous, sans prévoir l'aventure,
Seule dans ce balcon j'ai vu paraître Agnès,
Qui des arbres prochains prenait un peu le frais.
Après m'avoir fait signe, elle a su faire en sorte,
Descendant au jardin, de m'en ouvrir la porte :
Mais à peine tous deux dans sa chambre étions-nous,
Qu'elle a sur les degrés entendu son jaloux ;
Et tout ce qu'elle a pu dans un tel accessoire,
C'est de me renfermer dans une grande armoire.
Il est entré d'abord : je ne le voyais pas,
Mais je l'oyais marcher, sans rien dire, à grands pas ;

Poussant de temps en temps des soupirs pitoyables,
Et donnant quelquefois de grands coups sur les tables,
Frappant un petit chien qui pour lui s'émouvait,
Et jetant brusquement les hardes qu'il trouvait.
Il a même cassé, d'une main mutinée,
Des vases dont la belle ornait sa cheminée;
Et sans doute il faut bien qu'à ce becque-cornu
Du trait qu'elle a joué quelque jour soit venu.
Enfin, après vingt tours, ayant de la manière
Sur ce qui n'en peut mais déchargé sa colère,
Mon jaloux inquiet, sans dire son ennui,
Est sorti de la chambre, et moi de mon étui.
Nous n'avons point voulu, de peur du personnage,
Risquer à nous tenir ensemble davantage ;
C'était trop hasarder : mais je dois cette nuit
Dans sa chambre un peu tard m'introduire sans bruit.
En toussant par trois fois je me ferai connaître ;
Et je dois au signal voir ouvrir la fenêtre,
Dont, avec une échelle, et secondé d'Agnès,
Mon amour tâchera de me gagner l'accès.
Comme à mon seul ami, je veux bien vous l'apprendre.
L'allégresse du cœur s'augmente à la répandre ;
Et, goûtât-on cent fois un bonheur tout parfait,
On n'en est pas content, si quelqu'un ne le sait.
Vous prendrez part, je pense, à l'heur de mes affaires.
Adieu. Je vais songer aux choses nécessaires.

SCÈNE VII.

ARNOLPHE.

Quoi ! l'astre qui s'obstine à me désespérer
Ne me donnera pas le temps de respirer !
Coup sur coup je verrai, par leur intelligence,
De mes soins vigilans, confondre la prudence !
Et je serai la dupe, en ma maturité,
D'une jeune innocente et d'un jeune éventé !
En sage philosophe on m'a vu, vingt années,
Contempler des maris les tristes destinées,

Et m'instruire avec soin de tous les accidens
Qui font dans le malheur tomber les plus prudens ;
Des disgraces d'autrui profitant dans mon ame,
J'ai cherché les moyens, voulant prendre une femme,
De pouvoir garantir mon front de tous affronts ;
Et le tirer du pair d'avec les autres fronts ;
Pour ce noble dessein, j'ai cru mettre en pratique
Tout ce que peut trouver l'humaine politique :
Et, comme si du sort il était arrêté
Que nul homme ici-bas n'en serait exempté,
Après l'expérience et toutes les lumières
Que j'ai pu m'acquérir sur de telles matières,
Après vingt ans et plus de méditation
Pour me conduire en tout avec précaution,
De tant d'autres maris j'aurais quitté la trace
Pour me trouver après dans la même disgrace !
Ah ! bourreau de destin, vous en aurez menti.
De l'objet qu'on poursuit je suis encor nanti ;
Si son cœur m'est volé par ce blondin funeste,
J'empêcherai du moins qu'on s'empare du reste ;
Et cette nuit qu'on prend pour ce galant exploit
Ne se passera pas si doucement qu'on croit.
Ce m'est quelque plaisir, parmi tant de tristesse,
Que l'on me donne avis du piége qu'on me dresse,
Et que cet étourdi, qui veut m'être fatal,
Fasse son confident de son propre rival.

SCÈNE VIII.

CHRYSALDE, ARNOLPHE.

CHRYSALDE.

Hé bien ! souperons-nous avant la promenade ?

ARNOLPHE.

Non. Je jeûne ce soir.

CHRYSALDE.

D'où vient cette boutade !

ARNOLPHE.

De grace, excusez-moi, j'ai quelque autre embarras.

ACTE IV, SCÈNE VIII.

CHRYSALDE.

Votre hymen résolu ne se fera-t-il pas ?

ARNOLPHE.

C'est trop s'inquiéter des affaires des autres.

CHRYSALDE.

Oh! oh! si brusquement! quels chagrins sont les vôtres?
Serait-il point, compère, à votre passion
Arrivé quelque peu de tribulation ?
Je le jurerais presque, à voir votre visage.

ARNOLPHE.

Quoi qu'il m'arrive, au moins aurai-je l'avantage
De ne pas ressembler à de certaines gens
Qui souffrent doucement l'approche des galans.

CHRYSALDE.

C'est un étrange fait, qu'avec tant de lumières
Vous vous effrouchiez toujours sur ces matières,
Qu'en cela vous mettiez le souverain bonheur,
Et ne conceviez point au monde d'autre honneur !
Être avare, brutal, fourbe, méchant et lâche,
N'est rien, à votre avis, auprès de cette tâche ;
Et, de quelque façon qu'on puisse avoir vécu,
On est homme d'honneur quand on n'est point cocu.
A le bien prendre au fond, pourquoi voulez-vous croire
Que de ce cas fortuit dépende notre gloire,
Et qu'une ame bien née ait à se reprocher
L'injustice d'un mal qu'on ne peut empêcher ?
Pourquoi voulez-vous, dis-je, en prenant une femme,
Qu'on soit digne, à son choix, de louange ou de blâme,
Et qu'on s'aille former un monstre plein d'effroi
De l'affront que nous fait son manquement de foi ?
Mettez-vous dans l'esprit qu'on peut du cocuage
Se faire en galant homme une plus douce image ;
Que, des coups du hasard aucun n'étant garant,
Cet accident de soi doit être indifférent,
Et qu'enfin tout le mal, quoique le monde glose,
N'est que dans la façon de recevoir la chose :
Et, pour se bien conduire en ces difficultés,

Il y faut, comme en tout, fuir les extrémités,
N'imiter pas ces gens un peu trop débonnaires
Qui tirent vanité de ces sortes d'affaires ;
De leurs femmes toujours vont citant les galans,
En font par-tout l'éloge, et prônent leurs talens :
Témoignent avec eux d'étroites sympathies,
Sont de tous leurs cadeaux, de toutes leurs parties,
Et font qu'avec raison les gens sont étonnés
De voir leur hardiesse à montrer là leur nez.
Ce procédé sans doute est tout-à-fait blâmable :
Mais l'autre extrémité n'est pas moins condamnable.
Si je n'approuve pas ces amis des galans,
Je ne suis pas aussi pour ces gens turbulens
Dont l'imprudent chagrin, qui tempête et qui gronde,
Attire au bruit qu'il fait les yeux de tout le monde,
Et qui, par cet éclat, semblent ne pas vouloir
Qu'aucun puisse ignorer ce qu'ils peuvent avoir.
Entre ces deux partis il en est un honnête,
Où, dans l'occasion l'homme prudent s'arrête ;
Et quand on le sait prendre, on n'a point à rougir
Du pis dont une femme avec nous puisse agir.
Quoiqu'on 'en puisse dire enfin, le cocuage,
Sous des traits moins affreux aisément s'envisage ;
Et, comme je vous dis, toute l'habileté
Ne va qu'à le savoir tourner du bon côté.

ARNOLPHE.

Après ce beau discours, toute la confrérie
Doit un remerciment à votre seigneurie ;
Et quiconque voudra vous entendre parler
Montrera de la joie à s'y voir enrôler.

CHRYSALDE.

Je ne dis pas cela ; car c'est ce que je blâme :
Mais, comme c'est le sort qui nous donne une femme,
Je dis que l'on doit faire ainsi qu'au jeu de dés,
Où, s'il ne vous vient pas ce que vous demandez,
Il faut jouer d'adresse, et d'une ame réduite
Corriger le hasard par la bonne conduite.

ACTE IV, SCÈNE VIII.

ARNOLPHE.

C'est-à-dire, dormir et manger toujours bien,
Et se persuader que tout cela n'est rien.

CHRYSALDE.

Vous pensez vous moquer : mais, à ne vous rien feindre,
Dans le monde je vois cent choses plus à craindre,
Et dont je me ferais un bien plus grand malheur
Que de cet accident qui vous fait tant de peur.
Pensez-vous qu'à choisir de deux choses prescrites
Je n'aimasse pas mieux être ce que vous dites,
Que de me voir mari de ces femmes de bien
Dont la mauvaise humeur fait un procès sur rien ;
Ces dragons de vertu, ces honnêtes diablesses,
Se retranchant toujours sur leurs sages prouesses,
Qui, pour un petit tort qu'elles ne nous font pas,
Prennent droit de traiter les gens du haut en bas,
Et veulent, sur le pied de nous être fidèles,
Que nous soyons tenus de tout endurer d'elles ?
Encore un coup, compère, apprenez qu'en effet
Le cocuage n'est que ce que l'on le fait ;
Qu'on peut le souhaiter pour de certaines causes,
Et qu'il a ses plaisirs comme les autres choses.

ARNOLPHE.

Si vous êtes d'humeur à vous en contenter,
Quant à moi, ce n'est pas la mienne d'en tâter ;
Et plutôt que subir une telle aventure...

CHRYSALDE.

Mon dieu ! ne jurez point, de peur d'être parjure.
Si le sort l'a réglé, vos soins sont superflus,
Et l'on ne prendra pas votre avis là-dessus.

ARNOLPHE.

Moi, je serais cocu !

CHRYSALDE.

      Vous voilà bien malade !
Mille gens le sont bien, sans vous faire bravade,
Qui de mine, de cœur, de biens et de maison,
Ne feraient avec vous nulle comparaison.

ARNOLPHE.

Et moi, je n'en voudrais avec eux faire aucune.
Mais cette raillerie, en un mot, m'importune;
Brisons-là, s'il vous plaît.

CHRYSALDE.

Vous êtes en courroux !
Nous en saurons la cause. Adieu. Souvenez-vous,
Quoique sur ce sujet votre honneur vous inspire,
Que c'est être à demi ce que l'on vient de dire,
Que de vouloir jurer qu'on ne le sera pas.

ARNOLPHE.

Moi, je le jure encore, et je vais de ce pas
Contre cet accident trouver un bon remède.
(*Il court heurter à sa porte.*)

SCÈNE IX.

ARNOLPHE, ALAIN, GEORGETTE.

ARNOLPHE.

Mes amis, c'est ici que j'implore votre aide.
Je suis édifié de votre affection :
Mais il faut qu'elle éclate en cette occasion ;
Et, si vous m'y servez selon ma confiance,
Vous êtes assurés de votre récompense.
L'homme que vous savez, n'en faites point de bruit,
Veut, comme je l'ai su, m'attraper cette nuit ;
Dans la chambre d'Agnès entrer par escalade ;
Mais il lui faut, nous trois, dresser une embuscade.
Je veux que vous preniez chacun un bon bâton,
Et, quand il sera près du dernier échelon,
Car dans le temps qu'il faut j'ouvrirai la fenêtre,
Que tous deux à l'envi vous me chargiez ce traître,
Mais d'un air dont son dos garde le souvenir,
Et qui lui puisse apprendre à n'y plus revenir ;
Sans me nommer pourtant en aucune manière,
Ni faire aucun semblant que je serai derrière.
Auriez-vous bien l'esprit de servir mon courroux ?

ACTE IV, SCÈNE IX.

ALAIN.

S'il ne tient qu'à frapper, mon dieu ! tout est à nous :
Vous verrez, quand je bats, si j'y vais de main morte.

GEORGETTE.

La mienne, quoiqu'aux yeux elle semble moins forte,
N'en quitte pas sa part à le bien étriller.

ARNOLPHE.

Rentrez donc ; et surtout gardez de babiller.
(seul.)
Voilà pour le prochain une leçon utile ;
Et, si tous les maris qui sont en cette ville,
De leurs femmes ainsi recevaient le galant,
Le nombre des cocus ne serait pas si grand.

FIN DU QUATRIÈME ACTE.

ACTE CINQUIEME.

SCÈNE I.
ARNOLPHE, ALAIN, GEORGETTE.
ARNOLPHE.

Traîtres, qu'avez-vous fait par cette violence ?
ALAIN.
Nous vous avons rendu, monsieur, obéissance.
ARNOLPHE.
De cette excuse en vain vous voulez vous armer,
L'ordre etait de le battre, et non de l'assommer,
Et c'était sur le dos, et non pas sur la tête,
Que j'avais commandé qu'on fît choir la tempête.
Ciel ! dans quel accident me jette ici le sort !
Et que puis-je résoudre à voir cet homme mort ?
Rentrez dans la maison, et gardez de rien dire
De cet ordre innocent que j'ai pu vous prescrire.
(seul.)
Le jour s'en va paraître, et je vais consulter.
Comment dans ce malheur je me dois comporter.
Hélas ! que deviendrai-je ? et que dira le père,
Lorsqu'inopinément il saura cette affaire ?

SCÈNE II.
HORACE, ARNOLPHE.
HORACE, *à part.*
Il faut que j'aille un peu reconnaître qui c'est.
ARNOLPHE, *se croyant seul.*
Eût-on jamais prévu...?
(Heurté par Horace qu'il ne reconnait pas.)
Qui va là, s'il vous plaît ?
HORACE.
C'est vous, seigneur Arnolphe ?
ARNOLPHE.
Oui. Mais vous...?

HORACE.

                                  C'est Horace.
Je m'en allais chez vous vous prier d'une grace.
Vous sortez bien matin !

ARNOLPHE, *bas*, *à part*.

                      Quelle confusion !
Est-ce un enchantement ? est-ce une illusion ?

HORACE.

J'étais, à dire vrai, dans une grande peine ;
Et je bénis du ciel la bonté souveraine
Qui fait qu'à point nommé je vous rencontre ainsi.
Je viens vous avertir que tout a réussi,
Et même beaucoup plus que je n'eusse osé dire,
Et par un incident qui devait tout détruire.
Je ne sais point par où l'on a pu soupçonner
Cette assignation qu'on m'avait su donner :
Mais, étant sur le point d'atteindre à la fenêtre,
J'ai, contre mon espoir, vu quelques gens paraître,
Qui, sur moi brusquement levant chacun le bras,
M'ont fait manquer le pied et tomber jusqu'en bas,
Et ma chute, aux dépens de quelque meurtrissure,
De vingt coups de bâton m'a sauvé l'aventure.
Ces gens-là, dont était, je pense, mon jaloux,
Ont imputé ma chute à l'effort de leurs coups :
Et, comme la douleur, un assez long espace,
M'a fait sans remuer demeurer sur la place,
Ils ont cru tout de bon qu'ils m'avaient assommé,
Et chacun d'eux s'en est aussitôt alarmé.
J'entendais tout le bruit dans le profond silence :
L'un, l'autre, ils s'accusaient de cette violence ;
Et, sans lumière aucune, en querellant le sort,
Sont venus doucement tâter si j'étais mort.
Je vous laisse à penser si, dans la nuit obscure,
J'ai d'un vrai trépassé su tenir la figure.
Ils se sont retirés avec beaucoup d'effroi ;
Et, comme je songeais à me retirer, moi,
De cette feinte mort la jeune Agnès émue

Avec empressement est devers moi venue :
Car les discours qu'entre eux ces gens avaient tenus
Jusques à son oreille étaient d'abord venus,
Et pendant tout ce trouble étant moins observée,
Du logis aisément elle s'était sauvée ;
Mais, me trouvant sans mal, elle a fait éclater
Un transport difficile à bien représenter.
Que vous dirai-je ? enfin cette aimable personne
A suivi les conseils que son amour lui donne ;
N'a plus voulu songer à retourner chez soi,
Et de tout son destin s'est commise à ma foi.
Considérez un peu, par ce trait d'innocence,
Où l'expose d'un fou la haute impertinence ;
Et quels fâcheux périls elle pourrait courir,
Si j'étais maintenant homme à la moins chérir.
Mais d'un trop pur amour mon ame est embrâsée ;
J'aimerais mieux mourir que la voir abusée :
Je lui vois des appas dignes d'un autre sort,
Et rien ne m'en saurait séparer que la mort.
Je prévois là-dessus l'emportement d'un père ;
Mais nous prendrons le temps d'apaiser sa colère.
A des charmes si doux je me laisse emporter,
Et dans la vie enfin il se faut contenter.
Ce que je veux de vous sous un secret fidèle,
C'est que je puisse mettre en vos mains cette belle ;
Que dans votre maison, en faveur de mes feux,
Vous lui donniez retraite au moins un jour ou deux.
Outre qu'aux yeux du monde il faut cacher sa fuite,
Et qu'on en pourrait faire une exacte poursuite,
Vous savez qu'une fille aussi de sa façon
Donne avec un jeune homme un étrange soupçon ;
Et comme c'est à vous, sûr de votre prudence,
Que j'ai fait de mes feux entière confidence,
C'est à vous seul aussi, comme ami généreux,
Que je puis confier ce dépôt amoureux.

ARNOLPHE.

Je suis, n'en doutez point, tout à votre service.

ACTE V, SCÈNE III.

HORACE.

Vous voulez bien me rendre un si charmant office ?

ARNOLPHE.

Très-volontiers, vous dis-je ; et je me sens ravir
De cette occasion que j'ai de vous servir.
Je rends graces au ciel de ce qu'il me l'envoie,
Et n'ai jamais rien fait avec si grande joie.

HORACE.

Que je suis redevable à toutes vos bontés !
J'avais de votre part craint des difficultés :
Mais vous êtes du monde ; et, dans votre sagesse,
Vous savez excuser le feu de la jeunesse.
Un de mes gens la garde au coin de ce détour.

ARNOLPHE.

Mais comment ferons-nous ? car il fait un peu jour.
Si je la prends ici, l'on me verra peut-être ;
Et s'il faut que chez moi vous veniez à paraître,
Des valets causeront. Pour jouer au plus sûr,
Il faut me l'amener dans un lieu plus obscur.
Mon allée est commode, et je l'y vais attendre.

HORACE.

Ce sont précautions qu'il est fort bon de prendre.
Pour moi, je ne ferai que vous la mettre en main,
Et chez moi, sans éclat, je retourne soudain.

ARNOLPHE, *seul*.

Ah ! fortune, ce trait d'aventure propice
Répare tous les maux que m'a faits ton caprice.

(*Il s'enveloppe le nez de son manteau.*)

SCÈNE III.

AGNÈS, HORACE, ARNOLPHE.

HORACE, *à Agnès*.

Ne soyez point en peine où je vais vous mener ;
C'est un logement sûr que je vous fais donner.
Vous loger avec moi, ce serait tout détruire :

Entrez dans cette porte, et laissez-vous conduire.
(*Arnolphe lui prend la main sans qu'elle le connaisse.*)

AGNÈS, *à Horace.*

Pourquoi me quittez-vous ?

HORACE.

Chère Agnès, il le faut.

AGNÈS.

Songez donc, je vous prie, à revenir bientôt.

HORACE.

J'en suis assez pressé par ma flamme amoureuse.

AGNÈS.

Quand je ne vous vois point, je ne suis point joyeuse.

HORACE.

Hors de votre présence on me voit triste aussi.

AGNÈS.

Hélas ! s'il était vrai, vous resteriez ici.

HORACE.

Quoi ! vous pourriez douter de mon amour extrême !

AGNÈS.

Non, vous ne m'aimez pas autant que je vous aime.
(*Arnolphe la tire.*)
Ah ! l'on me tire trop.

HORACE,

C'est qu'il est dangereux,
Chère Agnès, qu'en ce lieu nous soyons vus tous deux ;
Et ce parfait ami, de qui la main vous presse
Suit le zèle prudent qui pour nous l'intéresse.

AGNÈS.

Mais suivre un inconnu que...

HORACE.

N'appréhendez rien :
Entre de telles mains vous ne serez que bien.

AGNÈS.

Je me trouverais mieux entre celles d'Horace,
Et j'aurais...
(*à Arnolphe qui la tire encore.*)
Attendez.

ACTE V, SCÈNE IV.

HORACE.

Adieu. Le jour me chasse.

AGNÈS.

Quand vous verrai-je donc?

HORACE.

Bientôt assurément.

AGNÈS.

Que je vais m'ennuyer jusques à ce moment.

HORACE, *en s'en allant.*

Grace au ciel, mon bonheur n'est plus en concurrence,
Et je puis maintenant dormir en assurance.

SCÈNE IV.
ARNOLPHE, AGNÈS.

ARNOLPHE, *caché dans son manteau, et déguisant sa voix.*

Venez, ce n'est pas là que je vous logerai,
Et votre gîte ailleurs est par moi préparé.
Je prétends en lieu sûr mettre votre personne.

(*se faisant connaître.*)

Me connaissez-vous?

AGNÈS.

Hai!

ARNOLPHE.

Mon visage, friponne,
Dans cette occasion rend vos sens effrayés,
Et c'est à contre-cœur qu'ici vous me voyez;
Je trouble en ses projets l'amour qui vous possède.

(*Agnès regarde si elle ne verra point Horace.*)

N'appelez point des yeux le galant à votre aide;
Il est trop éloigné pour vous donner secours.
Ah! ah! si jeune encore, vous jouez de ces tours!
Votre simplicité, qui semble sans pareille,
Demande si l'on fait les enfans par l'oreille;
Et vous savez donner des rendez-vous la nuit,
Et pour suivre un galant vous évader sans bruit!
Tu-dieu! comme avec lui votre langue cajole!
Il faut qu'on vous ait mise à quelque bonne école!

Qui diantre tout d'un coup vous en a tant appris ?
Vous ne craignez donc plus de trouver des esprits ?
Et ce galant, la nuit, vous a donc enhardie ?
Ah ! coquine, en venir à cette perfidie !
Malgré tous mes bienfaits former un tel dessein !
Petit serpent que j'ai rechauffé dans mon sein,
Et qui, dès qu'il se sent, par une humeur ingrate,
Cherche à faire du mal à celui qui le flatte !

AGNÈS.

Pourquoi me criez-vous ?

ARNOLPHE.

      J'ai grand tort en effet !

AGNÈS.

Je n'entends point de mal à tout ce que j'ai fait.

ARNOLPHE.

Suivre un galant n'est pas une action infâme ?

AGNÈS.

C'est un homme qui dit qu'il me veut pour sa femme :
J'ai suivi vos leçons, et vous m'avez prêché
Qu'il se faut marier pour ôter le péché.

ARNOLPHE.

Oui. Mais pour femme, moi, je prétendais vous prendre,
Et je vous l'avais fait, me semble, assez entendre.

AGNÈS.

Oui. Mais, à vous parler franchement entre nous,
Il est plus pour cela selon mon goût que vous.
Chez vous le mariage est fâcheux et pénible,
Et vos discours en font une image terrible ;
Mais, las ! il le fait, lui, si rempli de plaisirs,
Que de se marier il donne des désirs.

ARNOLPHE.

Ah ! c'est que vous l'aimez, traîtresse !

AGNÈS.

        Oui, je l'aime.

ARNOLPHE.

Et vous avez le front de le dire à moi-même !

AGNÈS.

Et pourquoi, s'il est vrai, ne le dirais-je pas ?

ARNOLPHE.
Le devies-vous aimer, impertinente ?
AGNÈS.
Hélas !
Est-ce que j'en puis mais ? Lui seul en est la cause ;
Et je n'y songeais pas lorsque se fit la chose.
ARNOLPHE.
Mais il fallait chasser cet amoureux désir.
AGNÈS.
Le moyen de chasser ce qui fait du plaisir ?
ARNOLPHE.
Et ne savez-vous pas que c'était me déplaire ?
AGNÈS.
Moi ? point du tout. Quel mal cela vous peut-il faire ?
ARNOLPHE.
Il est vrai, j'ai sujet d'en être réjoui !
Vous ne m'aimez donc pas, à ce compte ?
AGNÈS.
Vous ?
ARNOLPHE.
Oui.
AGNÈS.
Hélas ! non.
ARNOLPHE.
Comment, non !
AGNÈS.
Voulez-vous que je mente.
ARNOLPHE.
Pourquoi ne m'aimer pas, madame l'impudente ?
AGNÈS.
Mon dieu ! ce n'est pas moi que vous devez blâmer :
Que ne vous êtes-vous, comme lui, fait aimer ?
Je ne vous en ai pas empêché, que je pense.
ARNOLPHE.
Je m'y suis efforcé de toute ma puissance ;
Mais les soins que j'ai pris, je les ai perdus tous.

AGNÈS.
Vraiment il en sait donc là-dessus plus que vous;
Car à se faire aimer il n'a point eu de peine.
ARNOLPHE, à part.
Voyez comme raisonne et répond la vilaine !
Peste ! une précieuse en dirait-elle plus ?
Ah ! je l'ai mal connue ; ou, ma foi, là-dessus
Une sotte en sait plus que le plus habile homme.
(à Agnès.)
Puisqu'en raisonnemens votre esprit se consomme,
La belle raisonneuse, est-ce qu'un si long temps
Je vous aurai pour lui nourrie à mes dépens ?
AGNÈS.
Non. Il vous rendra tout, jusques au dernier double.
ARNOLPHE, bas, à part.
Elle a de certains mots où mon dépit redouble.
(haut.)
Me rendrait-il, coquine, avec tout son pouvoir,
Les obligations que vous pouvez m'avoir ?
AGNÈS.
Je ne vous en ai pas de si grandes qu'on pense.
ARNOLPHE.
N'est-ce rien que les soins d'élever votre enfance ?
AGNÈS.
Vous avez là-dedans bien opéré vraiment,
Et m'avez fait en tout instruire joliment !
Croit-on que je me flatte, et qu'enfin dans ma tête
Je ne juge pas bien que je suis une bête ?
Moi-même j'en ai honte ; et, dans l'âge où je suis,
Je ne veux plus passer pour sotte, si je puis.
ARNOLPHE.
Vous fuyez l'ignorance, et voulez, quoi qu'il coûte,
Apprendre du blondin quelque chose ?
AGNÈS.
Sans doute.
C'est de lui que je sais ce que je peux savoir ;
Et beaucoup plus qu'à vous je pense lui devoir.

ACTE V, SCÈNE IV.

ARNOLPHE.

Je ne sais qui me tient qu'avec une gourmade
Ma main de ce discours ne venge la bravade.
J'enrage quand je vois sa piquante froideur ;
Et quelques coups de poing satisferaient mon cœur.

AGNÈS.

Hélas ! vous le pouvez, si cela vous peut plaire.

ARNOLPHE, *à part.*

Ce mot, et ce regard désarme ma colère,
Et produit un retour de tendresse de cœur
Qui de son action efface la noirceur.
Chose étrange d'aimer, et que pour ces traîtresses
Les hommes soient sujets à de telles faiblesses ?
Tout le monde connaît leur imperfection ;
Ce n'est qu'extravagance et qu'indiscrétion ;
Leur esprit est méchant, et leur ame fragile ;
Il n'est rien de plus faible et de plus imbécille,
Rien de plus infidèle : et, malgré tout cela,
Dans le monde on fait tout pour ces animaux-là.

(*à Agnès.*)

Hé bien ! faisons la paix. Va, petite traîtresse,
Je te pardonne tout et te rends ma tendresse ;
Considère par-là l'amour que j'ai pour toi,
Et, me voyant si bon, en revanche aime-moi.

AGNÈS.

Du meilleur du mon cœur je voudrais vous complaire :
Que me coûterait-il, si je le pouvais faire ?

ARNOLPHE.

Mon pauvre petit cœur, tu le peux si tu veux.
Ecoute seulement ce soupir amoureux,
Vois ce regard mourant, contemple ma personne,
Et quitte ce morveux et l'amour qu'il te donne.
C'est quelque sort qu'il faut qu'il ait jeté sur toi,
Et tu seras cent fois plus heureuse avec moi.
Ta forte passion est d'être brave et leste,
Tu le seras toujours, va je te le proteste ;
Sans cesse, nuit et jour, je te carresserai,

Je te bouchonnerai, baiserai, mangerai;
Tout comme tu voudras, tu pourras te conduire:
Je ne m'explique point, et cela c'est tout dire.
   (*bas, à part.*)
Jusqu'où la passion peut-elle faire aller!
   (*haut.*)
Enfin à mon amour rien ne peut s'égaler:
Quelle preuve veux-tu que je t'en donne, ingrate?
Me veux-tu voir pleurer? Veux-tu que je me batte?
Veux-tu que je m'arrache un côté de cheveux?
Veux-tu que je me tue? Oui, dis si tu le veux:
Je suis tout prêt, cruelle, à te prouver ma flamme.

    AGNÈS.

Tenez, tous vos discours ne me touchent point l'ame;
Horace avec deux mots en ferait plus que vous.

    ARNOLPHE.

Ah! c'est trop me braver, trop pousser mon courroux:
Je suivrai mon dessein, bête trop indocile,
Et vous dénicherez à l'instant de la ville.
Vous rebutez mes vœux et me mettez à bout;
Mais un cul de couvent me vengera de tout.

SCÈNE V.

ARNOLPHE, AGNÈS, ALAIN.

    ALAIN.

Je ne sais ce que c'est, monsieur, mais il me semble
Qu'Agnès et le corps mort s'en sont allés ensemble.

    ARNOLPHE.

La voici. Dans ma chambre allez me la nicher;
   (*à part.*)
Ce ne sera pas là qu'il la viendra chercher;
Et puis, c'est seulement pour une demi-heure.
Je vais, pour lui donner une sûre demeure,
    (*à Alain.*)
Trouver une voiture. Enfermez-vous des mieux,
Et surtout gardez-vous de la quitter des yeux.

ACTE V, SCÈNE VI.

(seul.)
Peut-être que son ame, étant dépaysée,
Pourra de cet amour être désabusée.

SCÈNE VI.
HORACE, ARNOLPHE.

HORACE.

Ah ! je viens vous trouver accablé de douleur.
Le ciel, seigneur Arnolphe, a conclu mon malheur ;
Et, par un trait fatal d'une injustice extrême,
On me veut arracher de la beauté que j'aime.
Pour arriver ici mon père a pris le frais ;
J'ai trouvé qu'il mettait pied à terre ici près :
Et la cause, en un mot, d'une telle venue,
Qui, comme je disais, ne m'était pas connue,
C'est qu'il m'a marié sans m'en écrire rien,
Et qu'il vient en ces lieux célébrer ce lien.
Jugez, en prenant part à mon inquiétude,
S'il pouvait m'arriver un contre-temps plus rude.
Cet Enrique dont hier je m'informais à vous
Cause tout le malheur dont je ressens les coups :
Il vient avec mon père achever ma ruine,
Et c'est sa fille unique à qui l'on me destine.
J'ai dès les premiers mots pensé m'évanouir :
Et d'abord, sans vouloir plus long-temps les ouïr,
Mon père, ayant parlé de vous rendre visite,
L'esprit plein de frayeur, je l'ai devancé vite.
De grace, gardez-vous de lui rien découvrir
De mon engagement qui le pourrait aigrir ;
Et tâchez, comme en vous il prend grande créance,
De le dissuader de cette autre alliance.

ARNOLPHE.

Oui-dà.

HORACE.

Conseillez-lui de différer un peu,
Et rendez en ami ce service à mon feu.

ARNOLPHE.

Je n'y manquerai pas.

HORACE.
C'est en vous que j'espère.
ARNOLPHE.
Fort bien.
HORACE
Et je vous tiens mon véritable père.
Dites-lui que mon âge... Ah, je le vois venir !
Ecoutez les raisons que je vous puis fournir.

SCÈNE VII.
ENRIQUE, ORONTE, CHRYSALDE, HORACE, ARNOLPHE.

(Horace, et Arnolphe se retirent dans un coin du théâtre, et parlent ensemble.)

ENRIQUE, *à Chrysalde.*

Aussitôt qu'à mes yeux je vous ai vu paraître,
Quand on ne m'eût rien dit, j'aurais su vous connaître.
J'ai reconnu les traits de cette aimable sœur
Dont l'hymen autrefois m'avait fait possesseur ;
Et je serais heureux, si la Parque cruelle
M'eût laissé ramener cette épouse fidèle,
Pour jouir avec moi des sensibles douceurs
De revoir tous les siens après nos longs malheurs.
Mais, puisque du destin la fatale puissance
Nous prive pour jamais de sa chère présence,
Tâchons de nous résoudre, et de nous contenter
Du seul fruit amoureux qui m'en ait pu rester.
Il vous touche de près, et sans votre suffrage
J'aurais tort de vouloir disposer de ce gage.
Le choix du fils d'Oronte est glorieux de soi ;
Mais il faut que ce choix vous plaise comme à moi.

CHRYSALDE.
C'est de mon jugement avoir mauvaise estime,
Que douter si j'approuve un choix si légitime.

ARNOLPHE, *à part, à Horace.*
Oui, je veux vous servir de la bonne façon.

HORACE, *à part, à Arnolphe.*
Gardez encor un coup....

ACTE V, SCÈNE VII.

ARNOLPHE, *à Horace.*

N'ayez aucun soupçon.
(*Arnolphe quitte Horace pour aller embrasser Oronte*).
ORONTE, *à Arnolphe.*
Ah que cette embrassade est pleine de tendresse !
ARNOLPHE.
Que je sens à vous voir une grande allégresse !
ORONTE.
Je suis ici venu....
ARNOLPHE.
Sans m'en faire récit,
Je sais ce qui vous mène.
ORONTE.
On vous l'a déjà dit ?
ARNOLPHE.
Oui.
ORONTE.
Tant mieux.
ARNOLPHE.
Votre fils à cet hymen résiste,
Et son cœur prévenu n'y voit rien que de triste :
Il m'a même prié de vous en détourner.
Et moi, tout le conseil que je vous puis donner,
C'est de ne pas souffrir que ce nœud se diffère,
Et de faire valoir l'autorité de père.
Il faut avec vigueur ranger les jeunes gens,
Et nous faisons contre eux à leur être indulgent.
HORACE, *à part.*
Ah ! traître ?
CHRYSALDE.
Si son cœur a quelque répugnance,
Je tiens qu'on ne doit pas lui faire résistance.
Mon frère, que je crois, sera de mon avis.
ARNOLPHE.
Quoi ! se laissera-t-il gouverner par son fils ?
Est-ce que vous voulez qu'un père ait la mollesse
De ne savoir pas faire obéir la jeunesse ?
Il serait beau vraiment qu'on le vît aujourd'hui

Prendre loi de qui doit la recevoir de lui !
Non, non : c'est mon intime, et sa gloire est la mienne;
Sa parole est donnée, il faut qu'il la maintienne;
Qu'il fasse voir ici de fermes sentimens,
Et force de son fils tous les attachemens.

ORONTE.

C'est parler comme il faut ; et dans cette alliance
C'est moi qui vous réponds de son obéissance.

CHRYSALDE, *à Arnolphe*.

Je suis surpris, pour moi, du grand empressement
Que vous me faites voir pour cet engagement,
Et ne puis deviner quel motif vous inspire...

ARNOLPHE.

Je sais ce que je fais, et dis ce qu'il faut dire.

ORONTE.

Oui, oui, seigneur Arnolphe, il est...

CHRYSALDE.

Ce nom l'aigrit;
C'est monsieur de La Souche ; on vous l'a déjà dit.

ARNOLPHE.

Il n'importe.

HORACE, *à part*.

Qu'entends-je !

ARNOLPHE, *se tournant vers Horace*.

Oui, c'est là le mystère,
Et vous pouvez juger ce que je devais faire.

HORACE, *à part*.

En quel trouble...

SCÈNE VIII.

ENRIQUE, ORONTE, CHRYSALDE, HORACE, ARNOLPHE, GEORGETTE.

GEORGETTE.

Monsieur, si vous n'êtes auprès,
Nous aurons de la peine à retenir Agnès,
Elle veut à tout coup s'échapper, et peut-être
Qu'elle se pourrait bien jeter par la fenêtre.

ACTE V, SCÈNE IX.

ARNOLPHE.

Faites-la-moi venir ; aussi-bien de ce pas
(*à Horace.*)
Prétends-je l'emmener. Ne vous en fâchez pas :
Un bonheur continu rendrait l'homme superbe,
Et chacun a son tour, comme dit le proverbe.

HORACE, *à part.*

Quels maux peuvent, ô ciel ! égaler mes ennuis !
Et s'est-on jamais vu dans l'abîme où je suis ?

ARNOLPHE, *à Oronte.*

Pressez vite le jour de la cérémonie.
J'y prends part, et déjà moi-même je m'en prie.

ORONTE.

C'est bien là mon dessein.

SCÈNE IX.

AGNÈS, ORONTE, ENRIQUE, ARNOLPHE, HORACE, CHRYSALDE, ALAIN, GEORGETTE.

ARNOLPHE, *à Agnès.*

Venez, belle, venez,
Qu'on ne saurait tenir, et qui vous mutinez.
Voici votre galant, à qui, pour récompense,
Vous pouvez faire une humble et douce révérence.
(*à Horace.*)
Adieu. L'événement trompe un peu vos souhaits ;
Mais tous les amoureux ne sont pas satisfaits.

AGNÈS.

Me laissez-vous, Horace, emmener de la sorte ?

HORACE.

Je ne sais où j'en suis, tant ma douleur est forte.

ARNOLPHE.

Allons, causeuse, allons.

AGNÈS.

Je veux rester ici.

ORONTE.

Dites-nous ce que c'est que ce mystère-ci :
Nous nous regardons tous sans le pouvoir comprendre.

ARNOLPHE.
Avec plus de loisir je pourrai vous l'apprendre.
Jusqu'au revoir.

ORONTE.
Où donc prétendez-vous aller ?
Vous ne nous parlez point comme il nous faut parler.

ARNOLPHE.
Je vous ai conseillé, malgré tout son murmure,
D'achever l'hyménée.

ORONTE.
Oui : mais pour le conclure,
Si l'on vous a dit tout, ne vous a-t-on pas dit
Que vous ayez chez vous celle dont il s'agit,
La fille qu'autrefois de l'aimable Angélique
Sous des liens secrets eut le seigneur Enrique ?
Sur quoi votre discours était-il donc fondé ?

CHRYSALDE.
Je m'étonnais aussi de voir son procédé.

ARNOLPHE.
Quoi ?

CHRYSALDE.
D'un hymen secret ma sœur eut une fille
Dont on cacha le sort à toute la famille.

ORONTE.
Et qui, sous de feints noms, pour ne rien découvrir,
Par son époux aux champs fut donnée à nourrir.

CHRYSALDE.
Et, dans ce temps, le sort, lui déclarant la guerre,
L'obligea de sortir de sa natale terre.

ORONTE.
Et d'aller essuyer mille périls divers
Dans ces lieux séparés de nous par tant de mers.

CHRYSALDE.
Où ses soins ont gagné ce que dans sa patrie
Avaient pu lui ravir l'imposture et l'envie.

ORONTE.
Et, de retour en France, il a cherché d'abord
Celle à qui de sa fille il confia le sort.

ACTE V, SCÈNE X.

CHRYSALDE.
Et cette paysanne a dit avec franchise
Qu'en vos mains à quatre ans elle l'avait remise.
ORONTE.
Et qu'elle l'avait fait, sur votre charité,
Par un accablement d'extrême pauvreté.
CHRYSALDE.
Et lui, plein de transport, et l'allégresse en l'ame,
A fait jusqu'en ces lieux conduire cette femme.
ORONTE.
Et vous allez enfin la voir venir ici,
Pour rendre aux yeux de tous ce mystère éclairci.
CHRYSALDE, *à Arnolphe.*
Je devine à peu près quel est votre supplice :
Mais le sort en cela ne vous est que propice.
Si n'être point cocu vous semble un si grand bien,
Ne vous point marier en est le vrai moyen.
ARNOLPHE, *s'en allant tout transporté, et ne pouvant*
parler.
Ouf !

SCÈNE X.

ENRIQUE, ORONTE, CHRYSALDE, AGNÈS, HORACE.

ORONTE.
D'où vient qu'il s'enfuit sans rien dire ?
HORACE.
Ah ! mon père,
Vous saurez pleinement ce surprenant mystère;
Le hasard en ces lieux avait exécuté
Ce que votre sagesse avait prémédité.
J'étais, par les doux nœuds d'une amour mutuelle,
Engagé de parole avecque cette belle :
Et c'est elle en un mot que vous venez chercher,
Et pour qui mon refus a pensé vous fâcher.
ENRIQUE.
Je n'en ai pas douté d'abord que je l'ai vue,

Et mon ame depuis n'a cessé d'être émue.
Ah ! ma fille, je cède à des transports si doux.

CHRYSALDE.

J'en ferais de bon cœur, mon frère, autant que vous ;
Mais ces lieux et cela ne s'accommodent guères.
Allons dans la maison débrouiller ces mystères,
Payer à notre ami ses soins officieux,
Et rendre grace au ciel, qui fait tout pour le mieux.

FIN DE L'ÉCOLE DES FEMMES.

LA CRITIQUE

DE

L'ÉCOLE DES FEMMES,

COMÉDIE EN UN ACTE,

Représentée sur le théâtre du Palais-Royal, le 1ᵉʳ juin 1663.

Cette pièce (la première de ce genre) eut trente-une représentations, dont la dernière fut donnée le 12 août.

A LA REINE MÈRE.

M<small>ADAME</small>,

Je sais bien que votre majesté n'a que faire de toutes nos dédicaces, et que ces prétendus devoirs dont on lui dit élégamment qu'on s'acquitte envers elle sont des hommages, à dire vrai, dont elle nous dispenserait très-volontiers: mais je ne laisse pas d'avoir l'audace de lui dédier *la Critique de l'École des Femmes*, et je n'ai pu refuser cette petite occasion de pouvoir témoigner ma joie à votre majesté sur cette heureuse convalescence qui redonne à nos vœux la plus grande et la meilleure princesse du monde, et nous promet en elle de longues années d'une santé vigoureuse. Comme chacun regarde les choses du côté de ce qui le touche, je me réjouis, dans cette allégresse générale, de pouvoir encore avoir l'honneur de divertir votre majesté; elle, Madame, qui prouve si bien que la véritable dévotion n'est point contraire aux honnêtes divertissemens; qui, de ses hautes pensées et de ses importantes occupations, descend si humainement dans le plaisir de nos spectacles, et ne dédaigne pas de rire de cette même bouche

ÉPITRE DÉDICATOIRE.

dont elle prie si bien Dieu, je flatte, dis-je, mon esprit de l'espérance de cette gloire ; j'en attends le moment avec toutes les impatiences du monde ; et, quand je jouirai de ce bonheur, ce sera la plus grande joie que puisse recevoir,

Madame,

De votre majesté

Le très-humble, très-obéissant et très-fidèle serviteur.

Molière.

PERSONNAGES.

URANIE.
ÉLISE.
CLIMÈNE.
LE MARQUIS.
DORANTE ou LE CHEVALIER.
LYSIDAS, poëte.
GALOPIN, laquais.

La scène est à Paris, dans la maison d'Uranie.

LA CRITIQUE

DE

L'ÉCOLE DES FEMMES.

SCÈNE I.

URANIE, ÉLISE.

URANIE.

Quoi! cousine, personne ne t'est venu rendre visite?

ÉLISE.

Personne du monde.

URANIE.

Vraiment! voilà qui m'étonne! que nous ayons été seules l'une et l'autre tout aujourd'hui.

ÉLISE.

Cela m'étonne aussi : car ce n'est guère notre coutume ; et votre maison, dieu merci, est le réfuge ordinaire de tous les fainéans de la cour.

URANIE.

L'après-dînée, à dire vrai, m'a semblé fort longue.

ÉLISE.

Et moi je l'ai trouvée fort courte.

URANIE.

C'est que les beaux esprits, cousine, aiment la solitude.

ÉLISE.

Ah! très-humble servante au bel esprit! vous savez que ce n'est pas là que je vise.

URANIE.

Pour moi, j'aime la compagnie, je l'avoue.

ÉLISE.

Je l'aime aussi, mais je l'aime choisie ; et la quantité

des sottes visites qu'il vous faut essuyer parmi les autres, est cause bien souvent que je prends plaisir d'être seule.

URANIE.

La délicatesse est trop grande de ne pouvoir souffrir que des gens triés.

ÉLISE.

Et la complaisance est trop générale de souffrir indifféremment toutes sortes de personnes.

URANIE.

Je goûte ceux qui sont raisonnables, et me divertis des extravagans.

ÉLISE.

Ma foi, les extravagans ne vont guère loin sans vous ennuyer, et la plupart de ces gens-là ne sont plus plaisans dès la seconde visite. Mais, à propos d'extravagans, ne voulez-vous pas me défaire de votre marquis incommode? Pensez-vous me le laisser toujours sur les bras, et que je puisse durer à ses turlupinades perpétuelles?

URANIE.

Ce langage est à la mode, et l'on le tourne en plaisanterie à la cour.

ÉLISE.

Tant pis pour ceux qui le font, et qui se tuent tout le jour à parler ce jargon obscur. La belle chose de faire entrer aux conversations du Louvre de vieilles équivoques ramassées parmi les boues des halles et de la place Maubert! La jolie façon de plaisanter pour des courtisans! et qu'un homme montre d'esprit lorsqu'il vient vous dire, Madame, vous êtes dans la Place-Royale, et tout le monde vous voit de trois lieues de Paris, car chacun vous voit de bon œil! à cause que Bonneuil est un village à trois lieues d'ici. Cela n'est-il pas bien galant et bien spirituel? Et ceux qui trouvent ces belles rencontres n'ont-ils pas lieu de s'en glorifier?

URANIE.

On ne dit pas cela aussi comme une chose spirituelle;

et la plupart de ceux qui affectent ce langage savent bien eux-mêmes qu'il est ridicule.

ÉLISE.

Tant pis encore de prendre peine à dire des sottises, et d'être mauvais plaisants de dessein formé. Je les en tiens moins excusables ; et si j'en étais juge, je sais bien à quoi je condamnerais tous ces messieurs les turlupins.

URANIE.

Laissons cette matière qui t'échauffe un peu trop, et disons que Dorante vient bien tard, à mon avis, pour le souper que nous devons faire ensemble.

ÉLISE.

Peut-être l'a-t-il oublié, et que...

SCÈNE II.

URANIE, ÉLISE, GALOPIN.

GALOPIN.

Voilà Climène, madame, qui vient ici pour vous voir.

URANIE.

Hé ! mon dieu ! quelle visite !

ÉLISE.

Vous vous plaignez d'être seule ; aussi le ciel vous en punit.

URANIE.

Vite, qu'on aille dire que je n'y suis pas.

GALOPIN.

On a déjà dit que vous y étiez.

URANIE.

Et qui est le sot qui l'a dit ?

GALOPIN.

Moi, madame.

URANIE.

Diantre soit le petit vilain ! Je vous apprendrai bien à faire vos réponses de vous-même.

GALOPIN.

Je vais lui dire, madame, que vous voulez être sortie.

URANIE.

Arrêtez, animal, et laissez monter, puisque la sottise est faite.

GALOPIN.

Elle parle encore à un homme dans la rue.

URANIE.

Ah ! cousine, que cette visite m'embarrasse à l'heure qu'il est !

ÉLISE.

Il est vrai que la dame est un peu embarrassante de son naturel : j'ai toujours eu pour elle une furieuse aversion, et, n'en déplaise à sa qualité, c'est la plus sotte bête qui se soit jamais mêlé de raisonner.

URANIE.

L'épithète est un peu forte.

ÉLISE.

Allez, allez, elle mérite bien cela, et quelque chose de plus si on lui faisait justice. Est-ce qu'il y a une personne qui soit plus véritablement qu'elle ce qu'on appelle précieuse, à prendre le mot dans sa plus mauvaise signification ?

URANIE.

Elle se défend bien de ce nom pourtant.

ÉLISE.

Il est vrai, elle se défend du nom, mais non pas de la chose : car enfin elle l'est depuis les pieds jusqu'à la tête, et la plus grande façonnière du monde. Il semble que tout son corps soit démonté, et que les mouvemens de ses hanches, de ses épaules et de sa tête, n'aillent que par ressorts. Elle affecte toujours un ton de voix languissant et niais, fait la moue pour montrer une petite bouche, et roule les yeux pour les faire paraître grands.

URANIE.

Doucement donc. Si elle venait à entendre...

ÉLISE.

Point, point ; elle ne monte pas encore. Je me souviens toujours du soir qu'elle eut envie de voir Damon, sur la réputation qu'on lui donne et les choses que le public a vues de lui. Vous connaissez l'homme et sa naturelle paresse à soutenir la conversation. Elle l'avait invité à souper comme bel-esprit, et jamais il ne parut sot parmi une demi-douzaine de gens à qui elle avait fait fête de lui, et qui le regardaient avec de grands yeux, comme une personne qui ne devait pas être faite comme les autres. Ils pensaient tous qu'il était là pour défrayer la compagnie de bons mots ; que chaque parole qui sortait de sa bouche devait être extraordinaire, qu'il devait faire des impromptu sur tout ce qu'on disait, et ne demander à boire qu'avec une pointe. Mais il les trompa fort par son silence ; et la dame fut aussi mal satisfaite de lui que je le fus d'elle.

URANIE.

Tais-toi. Je vais la recevoir à la porte de la chambre.

ELISE.

Encore un mot. Je voudrais bien la voir mariée avec le marquis dont nous avons parlé : le bel assemblage que ce serait d'une précieuse et d'un turlupin !

URANIE.

Veux-tu te taire ? La voici.

SCÈNE III.

CLIMÈNE, URANIE, ÉLISE, GALOPIN.

URANIE.

Vraiment, c'est bien tard que...

CLIMÈNE.

Hé ! de grace, ma chère ; faites moi vite donner un siège.

URANIE, *à Galopin.*

Un fauteuil promptement.

CLIMÈNE.

Ah ! mon dieu !

URANIE.

Qu'est-ce donc ?

CLIMÈNE.

Je n'en puis plus.

URANIE.

Qu'avez-vous ?

CLIMÈNE.

Le cœur me manque.

URANIE.

Sont-ce vapeurs qui vous ont pris ?

CLIMÈNE.

Non.

URANIE.

Voulez-vous qu'on vous délace ?

CLIMÈNE.

Mon dieu ! non. Ah !

URANIE.

Quel est donc votre mal ? et depuis quand vous a-t-il pris ?

CLIMÈNE.

Il y a plus de trois heures, et je l'ai apporté du Palais-Royal.

URANIE.

Comment ?

CLIMÈNE.

Je viens de voir pour mes péchés cette méchante rapsodie de l'Ecole des femmes. Je suis encore en défaillance du mal de cœur que cela m'a donné ; et je pense que je n'en reviendrai de plus de quinze jours.

ÉLISE.

Voyez un peu comme les maladies arrivent sans qu'on y songe !

URANIE.

Je ne sais pas de quel tempérament nous sommes ma cousine et moi ; mais nous fûmes avant-hier à la même pièce, et nous revînmes toutes deux saines et gaillardes.

DES FEMMES. SCÈNE III.

CLIMÈNE.

Quoi ! vous l'avez vue ?

URANIE.

Oui, et écoutée d'un bout a l'autre.

CLIMÈNE.

Et vous n'en avez pas été jusques aux convulsions, ma chère ?

URANIE.

Je ne suis pas si délicate, dieu merci ; et je trouve, pour moi, que cette comédie serait plutôt capable de guérir les gens que de les rendre malades.

CLIMÈNE.

Ah ! mon dieu ! que dites-vous là ? Cette proposition peut-elle être avancée par une personne qui ait du revenu en sens commun ? Peut-on impunément, comme vous faites, rompre en visière à la raison ? Et, dans le vrai de la chose, est-il un esprit si affamé de plaisanterie, qu'il puisse tâter des fadaises dont cette comédie est assaisonnée ? Pour moi, je vous avoue que je n'ai pas trouvé le moindre grain de sel dans tout cela. *Les enfans par l'oreille* m'ont paru d'un goût détestable, *la tarte à la crême* m'a affadi le cœur ; et j'ai pensé vomir *au potage*.

ÉLISE.

Mon dieu ! que tout cela est dit élégamment ! J'aurais cru que cette pièce était bonne : mais madame a une éloquence si persuasive, elle tourne les choses d'une manière si agréable, qu'il faut être de son sentiment malgré qu'on en ait.

URANIE.

Pour moi, je n'ai pas tant de complaisance ; et pour dire ma pensée, je tiens cette comédie une des plus plaisantes que l'auteur ait produites.

CLIMÈNE.

Ah ! vous me faites pitié de parler ainsi, et je ne saurais vous souffrir cette obscurité de discernement. Peut-on, ayant de la vertu, trouver de l'agrément dans une pièce qui tient sans cesse la pudeur en alarme, et salit à tout moment l'imagination ?

ÉLISE.

Les jolies façons de parler que voilà ! Que vous êtes, madame une rude joueuse en critique ! et que je plains le pauvre Molière de vous avoir pour ennemie !

CLIMÈNE.

Croyez-moi, ma chère, corrigez de bonne foi votre jugement ; et, pour votre honneur, n'allez point dire par le monde que cette comédie vous ait plu.

URANIE.

Moi, je ne sais pas ce que vous y trouvez qui blesse la pudeur.

CLIMÈNE.

Hélas ! tout ; et je mets en fait qu'une honnête femme ne la saurait voir sans confusion, tant j'y ai découvert d'ordures et de saletés.

URANIE.

Il faut donc que pour les ordures vous ayez des lumières que les autres n'ont pas ; car, pour moi, je n'y en ai point vu.

CLIMÈNE.

C'est que vous ne voulez pas y en avoir vu, assurément ; car enfin toutes ces ordures, dieu merci, y sont à visage découvert. Elles n'ont pas la moindre enveloppe qui les couvre, et les yeux les plus hardis sont effrayés de leur nudité.

ÉLISE.

Ah !

CLIMÈNE.

Hai, hai, hai.

URANIE.

Mais encore, s'il vous plaît, marquez-moi une de ces ordures que vous dites.

CLIMÈNE.

Hélas ! est-il nécessaire de vous les marquer ?

URANIE.
Oui. Je vous demande seulement un endroit qui vous ait fort choquée.
CLIMÈNE.
En faut-il d'autres que la scène de cette Agnès, lorsqu'elle dit ce qu'on lui a pris ?
URANIE.
Et que trouvez-vous là de sale ?
CLIMÈNE.
Ah !
URANIE.
De grace.
CLIMÈNE.
Fi !
URANIE.
Mais encore ?
CLIMÈNE.
Je n'ai rien à vous dire.
URANIE.
Pour moi, je n'y entends point de mal.
CLIMÈNE.
Tant pis pour vous.
URANIE.
Tant mieux plutôt, ce me semble ; je regarde les choses du côté qu'on me les montre, et ne les tourne point pour y chercher ce qu'il ne faut pas voir.
CLIMÈNE.
L'honnêteté d'une femme...
URANIE.
L'honnêteté d'une femme n'est pas dans les grimaces. Il sied mal de vouloir être plus sage que celles qui sont sages. L'affectation en cette matière est pire qu'en toute autre ; et je ne vois rien de si ridicule que cette délicatesse d'honneur qui prend tout en mauvaise part, donne un sens criminel aux plus innocentes paroles, et s'offense de l'ombre des choses. Croyez-moi, celles qui font tant de façons n'en sont pas estimées plus femmes de bien ; au contraire, leur sévérité mystérieuse et leurs grimaces affectées irritent la censure de tout le

monde contre les actions de leur vie. On est ravi de découvrir ce qu'il y peut avoir à redire ; et, pour tomber dans l'exemple, il y avait l'autre jour des femmes à cette comédie vis-à-vis de la loge où nous étions, qui, par les mines qu'elles affectèrent durant toute la pièce, leurs détournemens de tête, et leurs cachemens de visage, firent dire de tous côtés cent sottises de leur conduite, que l'on n'aurait pas dites sans cela; et quelqu'un même des laquais cria tout haut qu'elles étaient plus chastes des oreilles que de tout le reste du corps.

CLIMÈNE.

Enfin il faut être aveugle dans cette pièce, et ne pas faire semblant d'y voir les choses.

URANIE.

Il ne faut pas y vouloir voir ce qui n'y est pas.

CLIMÈNE.

Ah ! je soutiens, encore un coup, que les saletés y crèvent les yeux.

URANIE.

Et moi, je ne demeure pas d'accord de cela.

CLIMÈNE.

Quoi ! la pudeur n'est pas visiblement blessée par ce que dit Agnès dans l'endroit dont nous parlons ?

URANIE.

Non, vraiment. Elle ne dit pas un mot qui de soi ne soit fort honnête ; et, si vous voulez entendre dessous quelque autre chose, c'est vous qui faites l'ordure, et non pas elle, puisqu'elle parle seulement d'un ruban qu'on lui a pris.

CLIMÈNE.

Ah ! ruban tant qu'il vous plaira ; mais ce *le* où elle s'arrête n'est pas mis pour des prunes. Il vient sur ce *le* d'étranges pensées : ce *le* scandalise furieusement ; et, quoi que vous puissiez dire, vous ne sauriez défendre l'insolence de ce *le*.

ÉLISE.

Il est vrai, ma cousine, je suis pour madame, contre

ce *le*. Ce *le* est insolent au dernier point, et vous avez tort de défendre ce *le*.

CLIMÈNE.

Il a une obscénité qui n'est pas supportable.

ÉLISE.

Comment dites-vous ce mot-là, madame ?

CLIMÈNE.

Obscénité, madame.

ÉLISE.

Ah ! mon dieu ! obscénité. Je ne sais ce que ce mot veut dire ; mais je le trouve le plus joli du monde.

CLIMÈNE.

Enfin vous voyez comme votre sang prend mon parti.

URANIE.

Hé ! mon dieu ! c'est une causeuse qui ne dit pas ce qu'elle pense. Ne vous y fiez pas beaucoup, si vous m'en voulez croire.

ÉLISE.

Ah ! que vous êtes méchante de me vouloir rendre suspecte à madame. Voyez un peu où j'en serais ; si elle allait croire ce que vous dites. Serais-je si malheureuse, madame, que vous eussiez de moi cette pensée ?

CLIMÈNE.

Non, non ; je ne m'arrête pas à ses paroles, et je vous crois plus sincère qu'elle ne dit.

ÉLISE.

Ah ! que vous avez bien raison, madame ! et que vous me rendrez justice, quand vous croirez que je vous trouve la plus engageante personne du monde, que j'entre dans tous vos sentimens, et suis charmée de toutes les expressions qui sortent de votre bouche !

CLIMÈNE.

Hélas ! je parle sans affectation.

ÉLISE.

On le voit bien, madame, et que tout est naturel en vous. Vos paroles, le ton de votre voix, vos regards, vos pas, votre action, et votre ajustement ont je ne sais quel air de qualité qui enchante les gens. Je vous étudie des yeux et des oreilles ; et je suis si remplie de vous, que je tâche d'être votre singe et de vous contrefaire en tout.

CLIMÈNE.

Vous vous moquez de moi, madame.

ÉLISE.

Pardonnez-moi, madame. Qui voudrait se moquer de vous ?

CLIMÈNE.

Je ne suis pas un bon modèle, madame.

ÉLISE.

O que si ! madame.

CLIMÈNE.

Vous me flattez, madame.

ÉLISE.

Point du tout, madame.

CLIMÈNE.

Épargnez-moi, s'il vous plaît, madame.

ÉLISE.

Je vous épargne aussi, madame ; et je ne dis pas la moitié de ce que je pense, madame.

CLIMÈNE.

Ah ! mon dieu ! brisons-là, de grace. Vous me jetteriez dans une confusion épouvantable. Enfin (*à Uranie*) nous voilà deux contre vous ; et l'opiniâtreté sied si mal aux personnes spirituelles...

SCÈNE IV.

LE MARQUIS, CLIMÈNE, URANIE, ÉLISE, GALOPIN.

GALOPIN, *à la porte de la chambre.*

Arrêtez, s'il vous plaît, monsieur.

LE MARQUIS.

Tu ne me connais pas, sans doute !

DES FEMMES. SCÈNE III.

GALOPIN.
Si fait, je vous connais; mais vous n'entrerez pas.
LE MARQUIS.
Ah! que de bruit, petit laquais!
GALOPIN.
Cela n'est pas bien de vouloir entrer malgré les gens.
LE MARQUIS.
Je veux voir ta maîtresse.
GALOPIN.
Elle n'y est pas, vous dis-je.
LE MARQUIS.
La voilà dans sa chambre.
GALOPIN.
Il est vrai, la voilà; mais elle n'y est pas.
URANIE.
Qu'est-ce donc qu'il y a là?
LE MARQUIS.
C'est votre laquais, madame, qui fait le sot.
GALOPIN.
Je lui dis que vous n'y êtes pas, madame; et il ne veut pas laisser d'entrer.
URANIE.
Et pourquoi dire à monsieur que je n'y suis pas?
GALOPIN.
Vous me grondâtes l'autre jour d'avoir dit que vous y étiez.
URANIE.
Voyez cet insolent! Je vous prie, monsieur, de ne pas croire ce qu'il dit. C'est un petit écervelé qui vous a pris pour un autre.
LE MARQUIS.
Je l'ai bien vu, madame; et, sans votre respect, je lui aurais appris à connaître les gens de qualité.
ÉLISE.
Ma cousine vous est fort obligée de cette déférence.
URANIE, *Galopin.*
Un siège donc, impertinent.

GALOPIN.

N'en voilà-t-il pas un ?

URANIE.

Approchez-le.

(*Galopin pousse le siège rudement, et sort.*)

SCÈNE V.
LE MARQUIS, CLIMÈNE. URANIE, ÉLISE.

LE MARQUIS.

Votre petit laquais, madame, a du mépris pour ma personne.

ÉLISE.

Il aurait tort, sans doute.

LE MARQUIS.

C'est peut-être que je paie l'intérêt de ma mauvaise mine : (*Il rit.*) hai, hai, hai.

ÉLISE.

L'âge le rendra plus éclairé en honnêtes gens.

LE MARQUIS.

Sur quoi en étiez-vous, mesdames, lorsque je vous ai interrompues ?

URANIE.

Sur la comédie de l'Ecole des Femmes.

LE MARQUIS.

Je ne fais que d'en sortir.

CLIMÈNE.

Hé bien ! monsieur, comment la trouvez-vous, s'il vous plaît ?

LE MARQUIS.

Tout-à-fait impertinente.

CLIMÈNE.

Ah ! que j'en suis ravie !

LE MARQUIS.

C'est la plus méchante chose du monde. Comment diable ! à peine ai-je pu trouver place. J'ai pensé être étouffé à la porte, et jamais on ne m'a tant marché sur les pieds. Voyez comme mes canons et mes rubans en sont ajustés, de grâce.

ÉLISE.

Il est vrai que cela crie vengeance contre l'École des Femmes, et que vous la condamnez avec justice.

LE MARQUIS.

Il ne s'est jamais fait, je pense, une si méchante comédie.

URANIE.

Ah! voici Dorante que nous attendions.

SCÈNE VI.
DORANTE, CLIMÈNE, URANIE, ÉLISE, LE MARQUIS.

DORANTE.

Ne bougez, de grace, et n'interrompez point votre discours. Vous êtes là sur une matière qui, depuis quatre jours, fait presque l'entretien de toutes les maisons de Paris; et jamais on n'a rien vu de si plaisant que la diversité des jugemens qui se font là-dessus : car enfin j'ai ouï condamner cette comédie à certaines gens par les mêmes choses que j'ai vu d'autres estimer le plus.

URANIE.

Voilà monsieur le marquis qui en dit force mal.

LE MARQUIS.

Il est vrai. Je la trouve détestable, morbleu! détestable du dernier détestable, ce qu'on appelle détestable.

DORANTE.

Et moi, mon cher marquis, je trouve le jugement détestable.

LE MARQUIS.

Quoi! chevalier, est-ce que tu prétends soutenir cette pièce?

DORANTE.

Oui, je prétends la soutenir.

LE MARQUIS.

Parbleu! je la garantis détestable.

DORANTE.

La caution n'est pas bourgeoise. Mais, marquis, par quelle raison, de grace, cette comédie est-elle ce que tu dis ?

LE MARQUIS.

Pourquoi elle est détestable ?

DORANTE.

Oui.

LE MARQUIS.

Elle est détestable, parce qu'elle est détestable.

DORANTE.

Après cela il n'y a plus rien à dire ; voilà son procès fait. Mais encore, instruis-nous, et nous dis les défauts qui y sont.

LE MARQUIS.

Que sais-je, moi ? Je ne me suis pas seulement donné la peine de l'écouter. Mais enfin je sais bien que je n'ai jamais rien vu de si méchant, dieu me sauve ! et Dorilas, contre qui j'étais, a été de mon avis.

DORANTE.

L'autorité est belle, et te voilà bien appuyé !

LE MARQUIS.

Il ne faut que voir les continuels éclats de rire que le parterre y fait. Je ne veux point d'autre chose pour témoigner qu'elle ne vaut rien.

DORANTE.

Tu es donc, marquis, de ces messieurs du bel air qui ne veulent pas que le parterre ait du sens commun, et qui seraient fâchés d'avoir ri avec lui, fut-ce de la meilleure chose du monde ? Je vis l'autre jour sur le théâtre un de nos amis qui se rendit ridicule par-là. Il écouta toute la pièce avec un sérieux le plus sombre du monde ; et tout ce qui égayait les autres ridait son front. A tous les éclats de risée, il haussait les épaules, et regardait le parterre en pitié ; et quelquefois aussi, le regardant avec dépit, il lui disait tout haut : *Ris donc, parterre, ris donc.* Ce fut une seconde comédie que le chagrin de notre ami : il la donna en galant homme à toute l'assemblée, et chacun demeura d'accord qu'on ne pouvait pas mieux jouer qu'il fit. Apprends, marquis, je te prie, et les autres aussi, que le bon sens n'a point de place déterminée à la comédie ; que la différence du demi-louis d'or et de la pièce de quinze sous ne fait rien du tout au bon goût ; que debout ou assis on peut donner un mauvais jugement ; et qu'enfin, à le prendre en général, je me fierais assez à l'approbation du parterre, par la raison qu'entre ceux qui le composent il y en a plusieurs qui sont capables de juger d'une pièce selon les règles, et que les autres en jugent par la bonne façon d'en juger, qui est de se laisser prendre aux choses, et de n'avoir ni prévention aveugle, ni complaisance affectée, ni délicatesse ridicule.

LE MARQUIS.

Te voilà donc, chevalier, le défenseur du parterre ! Parbleu ! je m'en réjouis, et je ne manquerai pas de l'avertir que tu es de ses amis. Haï, haï...

DORANTE.

Ris tant que tu voudras. Je suis pour le bon sens, et ne saurais souffrir les ébullitions du cerveau de nos marquis de Mascarille. J'enrage de voir de ces gens qui se traduisent en ridicules malgré leur qualité ; de ces gens qui décident toujours, et parlent hardiment de toutes choses sans s'y connaître ; qui, dans une comédie, se récrieront aux méchans endroits, et ne branleront pas à ceux qui sont bons ; qui, voyant un tableau, ou écoutant un concert de musique, blâment de même, et louent tout à contre-sens, prennent par où ils peuvent les termes de l'art qu'ils attrapent, et ne manquent jamais de les estropier et de les mettre hors de place. Hé ! morbleu ! messieurs, taisez-vous. Quand Dieu ne vous a pas donné la connaissance d'une chose, n'apprêtez point à rire à ceux qui vous entendent parler ; et songez qu'en ne disant mot on croira peut-être que vous êtes d'habiles gens.

LE MARQUIS.

Parbleu ! chevalier, tu le prends là...

DORANTE.

Mon dieu ! marquis, ce n'est pas à toi que je parle; c'est à une douzaine de messieurs qui déshonorent les gens de cour par leurs manières extravagantes, et font croire parmi le peuple que nous nous ressemblons tous. Pour moi, je m'en veux justifier le plus qu'il me sera possible ; et je les dauberai tant en toutes rencontres, qu'à la fin ils se rendront sages.

LE MARQUIS.

Dis-moi un peu, chevalier, crois-tu que Lysandre ait de l'esprit ?

DORANTE.

Oui, sans doute, et beaucoup.

URANIE.

C'est une chose qu'on ne peut pas nier.

LE MARQUIS.

Demande-lui ce qu'il lui semble de l'École des Femmes, tu verras qu'il te dira qu'elle ne lui plaît pas.

DORANTE.

Hé ! mon dieu ! il y en a beaucoup que le trop d'esprit gâte, qui voient mal les choses à force de lumières, et même qui seraient bien fâchés d'être de l'avis des autres, pour avoir la gloire de décider.

URANIE.

Il est vrai. Notre ami est de ces gens-là, sans doute. Il veut être le premier de son opinion, et qu'on attende par respect son jugement. Toute approbation qui marche avant la sienne est un attentat sur ses lumières, dont il se venge hautement en prenant le contraire parti. Il veut qu'on le consulte sur toutes les affaires d'esprit ; et je suis sûre que si l'auteur lui eût montré sa comédie avant que de la faire voir au public, il l'eût trouvé la plus belle du monde.

LE MARQUIS.

Et que direz-vous de la marquise Araminte, qui la publie partout pour épouvantable, et dit qu'elle n'a pu jamais souffrir les ordures dont elle est pleine?

DORANTE.

Je dirai que cela est digne du caractère qu'elle a pris, et qu'il y a des personnes qui se rendent ridicules pour vouloir avoir trop d'honneur. Bien qu'elle ait de l'esprit, elle a suivi le mauvais exemple de celles qui, étant sur le retour de l'âge, veulent remplacer de quelque chose ce qu'elles voient qu'elles perdent, et prétendent que les grimaces d'une pruderie scrupuleuse leur tiendront lieu de jeunesse et de beauté. Celle-ci pousse l'affaire plus avant qu'aucune; et l'habileté de son scrupule découvre des saletés où jamais personne n'en avait vu. On tient qu'il va, ce scrupule, jusques à défigurer notre langue, et qu'il n'y a presque point de mots dont la sévérité de cette dame ne veuille retrancher ou la tête ou la queue pour les syllabes déshonnêtes qu'elle y trouve.

URANIE.

Vous êtes bien fou, chevalier.

LE MARQUIS.

Enfin, chevalier, tu crois défendre ta comédie en faisant la satire de ceux qui la condamnent.

DORANTE.

Non pas; mais je tiens que cette dame se scandalise à tort...

ÉLISE.

Tout beau, monsieur le chevalier! il pourrait y en avoir d'autres qu'elle qui seraient dans les mêmes sentiments.

DORANTE.

Je sais bien que ce n'est pas vous, au moins; et que lorsque vous avez vu cette représentation...

ÉLISE.

Il est vrai, mais j'ai changé d'avis; et madame

(*montrant Climène*) sait appuyer le sien par des raisons si convaincantes, qu'elle m'a entraînée de son côté.

DORANTE, *à Climène.*

Eh! madame, je vous demande pardon; et, si vous le voulez, je me dédirai, pour l'amour de vous, de tout ce que j'ai dit.

CLIMÈNE.

Je ne veux pas que ce soit pour l'amour de moi, mais pour l'amour de la raison : car enfin cette pièce, à le bien prendre, est tout-à-fait indéfendable, et je ne conçois pas...

URANIE.

Ah! voici l'auteur monsieur Lysidas. Il vient tout à propos pour cette matière. Monsieur Lysidas, prenez un siège vous même, et vous mettez là.

SCÈNE VII.

LYSIDAS, CLIMÈNE, URANIE, ÉLISE, DORANTE, LE MARQUIS.

LYSIDAS.

MADAME, je viens un peu tard : mais il m'a fallu lire ma pièce chez madame la marquise dont je vous avais parlé; et les louanges qui lui ont été données m'ont retenu une heure de plus que je ne croyais.

ÉLISE.

C'est un grand charme que les louanges pour arrêter un auteur.

URANIE.

Asséiez-vous donc, monsieur Lysidas; nous lirons votre pièce après souper.

LYSIDAS.

Tous ceux qui étaient là doivent venir à sa première représentation, et m'ont promis de faire leur devoir comme il faut.

URANIE.

Je le crois. Mais, encore une fois, asséiez-vous,

s'il vous plaît. Nous sommes ici sur une matière que je serai bien aise que nous poussions.

LYSIDAS.

Je pense, madame, que vous retiendrez aussi une loge pour ce jour-là.

URANIE.

Nous verrons. Poursuivons de grace notre discours.

LYSIDAS.

Je vous donne avis, madame, qu'elles sont presque toutes retenues.

URANIE.

Voilà qui est bien. Enfin j'avais besoin de vous, lorsque vous êtes venu, et tout le monde était ici contre moi.

ÉLISE, à Uranie.

(*montrant Dorante.*) Il s'est mis d'abord de votre côté : mais maintenant qu'il sait que madame (*montrant Climène*) est à la tête du parti contraire, je pense que vous n'avez qu'à chercher un autre secours.

CLIMÈNE.

Non, non, je ne voudrais pas qu'il fît mal sa cour auprès de madame votre cousine, et je permets à son esprit d'être du parti de son cœur.

DORANTE.

Avec cette permission, madame, je prendrai la hardiesse de me défendre.

URANIE.

Mais, auparavant, sachons un peu les sentimens de monsieur Lysidas.

LYSIDAS.

Sur quoi, madame ?

URANIE.

Sur le sujet de l'Ecole des Femmes.

LYSIDAS.

Ah ! ah !

DORANTE.

Que vous en semble ?

LYSIDAS.

Je n'ai rien à dire là-dessus ; et vous savez qu'entre nous autres auteurs nous devons parler des ouvrages les uns des autres avec beaucoup de circonspection.

DORANTE.

Mais encore, entre nous, que pensez-vous de cette comédie ?

LYSIDAS.

Moi, monsieur ?

URANIE.

De bonne foi, dites-nous votre avis.

LYSIDAS.

Je la trouve fort belle.

DORANTE.

Assurément ?

LYSIDAS.

Assurément. Pourquoi non ! n'est-elle pas en effet la plus belle du monde ?

DORANTE.

Hon, hon, vous êtes un méchant diable, monsieur Lysidas ; vous ne dites pas ce que vous pensez.

LYSIDAS.

Pardonnez-moi.

DORANTE.

Mon dieu ! je vous connais. Ne dissimulons point.

LYSIDAS.

Moi, monsieur ?

DORANTE.

Je vois bien que le bien que vous dites de cette pièce n'est que par honnêteté, et que, dans le fond du cœur, vous êtes de l'avis de beaucoup de gens qui la trouvent mauvaise.

LYSIDAS.

Hai ! hai, hai.

DORANTE.

Avouez, ma foi, que c'est une méchante chose que cette comédie.

LYSIDAS.

Il est vrai qu'elle n'est pas approuvée par les connaisseurs.

LE MARQUIS.

Ma foi, chevalier, tu en tiens, et te voilà payé de ta raillerie. Ah, ah, ah, ah, ah.

DORANTE.

Pousse, mon cher marquis, pousse.

LE MARQUIS.

Tu vois que nous avons les savans de notre côté.

DORANTE.

Il est vrai, le jugement de monsieur Lysidas est quelque chose de considérable : mais monsieur Lysidas veut bien que je ne me rende pas pour cela ; et puisque j'ai bien l'audace de me défendre contre les sentimens de madame (*montrant Climène*), il ne trouvera pas mauvais que je combatte les siens.

ÉLISE.

Quoi ! vous voyez contre vous madame, monsieur le marquis et monsieur Lysidas, et vous osez résister encore ! Fi ! que cela est de mauvaise grace !

CLIMÈNE.

Voilà qui me confond, pour moi, que des personnes raisonnables se puissent mettre en tête de donner protection aux sottises de cette pièce.

LE MARQUIS.

Dieu me damne ! madame, elle est misérable depuis le commencement jusqu'à la fin.

DORANTE.

Cela est bientôt dit, marquis. Il n'est rien plus aisé que de trancher ainsi ; et je ne vois aucune chose qui puisse être à couvert de la souveraineté de tes décisions.

LE MARQUIS.

Parbleu ! tous les autres comédiens qui étaient là pour la voir en out dit tout les maux du monde.

DORANTE.

Ah! je ne dis plus mot; tu as raison, marquis. Puisque les autres comédiens en disent du mal, il faut les en croire assurément : ce sont tous gens éclairés et qui parlent sans intérêt. Il n'y a plus rien à dire, je me rends.

CLIMÈNE.

Rendez-vous, ou ne vous rendez pas, je sais fort bien que vous ne me persuaderez point de souffrir les immodesties de cette pièce, non plus que les satires désobligeantes qu'on y voit contre les femmes.

URANIE.

Pour moi, je me garderai bien de m'en offenser, et de prendre rien sur mon compte de tout ce qui s'y dit. Ces sortes de satires tombent directement sur les mœurs, et ne frappent les personnes que par réflexion. N'allons point nous appliquer à nous-mêmes les traits d'une censure générale; et profitons de la leçon, si nous pouvons, sans faire semblant qu'on parle à nous. Toutes les peintures ridicules qu'on expose sur les théâtres doivent être regardées sans chagrin de tout le monde. Ce sont miroirs publics où il ne faut jamais témoigner qu'on se voie ; et c'est se taxer hautement d'un défaut que se scandaliser qu'on le reprenne.

CLIMÈNE.

Pour moi, je ne parle pas de ces choses par la part que j'y puisse avoir, et je pense que je vis d'un air dans le monde à ne pas craindre d'être cherchée dans les peintures qu'on fait là des femmes qui se gouvernent mal.

ÉLISE.

Assurément, madame, on ne vous y cherchera point. Votre conduite est assez connue, et ce sont de ces sortes de choses qui ne sont contestées de personne.

URANIE, *à Climène.*

Aussi, madame, n'ai-je rien dit qui aille à vous; et mes paroles, comme les satires de la comédie, demeurent dans la thèse générale.

CLIMÈNE.

Je n'en doute pas, madame. Mais enfin passons sur ce chapitre. Je ne sais pas de quelle façon vous recevez les injures qu'on dit à notre sexe dans un certain endroit de la pièce; et pour moi, je vous avoue que je suis dans une colère épouvantable de voir que cet auteur impertinent nous appelle *des animaux*.

URANIE.

Ne voyez-vous pas que c'est un ridicule qu'il fait parler ?

DORANTE.

Et puis, madame, ne savez-vous pas que les injures des amans n'offensent jamais; qu'il est des amours emportés aussi-bien que doucereux; et qu'en de pareilles occasions les paroles les plus étranges, et quelque chose de pis encore, se prennent bien souvent pour des marques d'affection par celles mêmes qui les reçoivent ?

ÉLISE.

Dites tout ce que voudrez, je ne saurais digérer cela, non plus que *le potage* et *la tarte à la créme* dont madame a parlé tantôt.

LE MARQUIS.

Ah ! ma foi, oui, *tarte à la créme* ! Voilà ce que j'avais remarqué tantôt : *tarte à la créme* ! Que je vous suis obligé, madame, de m'avoir fait souvenir de *tarte à la créme* ! Y a-t-il assez de pommes en Normandie pour *tarte à la créme* ? *Tarte à la créme* ! morbleu, *tarte à la créme* !

DORANTE.

Hé bien ? que veux-tu dire ? *tarte à la créme* ?

LE MARQUIS.

Parbleu ! *tarte à la créme*, chevalier.

DORANTE.

Mais encore ?

LE MARQUIS.

Tarte à la créme.

DORANTE.

Dis-nous un peu tes raisons.

LE MARQUIS.

Tarte à la crême.

URANIE.

Mais il faut expliquer sa pensée, ce me semble.

LE MARQUIS.

Tarte à la crême, madame.

URANIE.

Que trouvez-vous là à redire?

LE MARQUIS.

Moi? rien. *Tarte à la crême.*

URANIE.

Ah! je le quitte.

ÉLISE.

Monsieur le marquis s'y prend bien, et vous bourre de belle manière. Mais je voudrais bien que monsieur Lysidas voulût les achever, et leur donner quelques petits coups de sa façon.

LYSIDAS.

Ce n'est pas ma coutume de rien blâmer, et je suis assez indulgent pour les ouvrages des autres. Mais enfin, sans choquer l'amitié que monsieur le chevalier témoigne pour l'auteur, on m'avouera que ces sortes de comédies ne sont pas proprement des comédies, et qu'il y a une grande différence de toutes ces bagatelles à la beauté des pièces sérieuses. Cependant tout le monde donne là-dedans aujourd'hui; on ne court plus qu'à cela; et l'on voit une solitude effroyable aux grands ouvrages, lorsque des sottises ont tout Paris. Je vous avoue que le cœur m'en saigne quelquefois, et cela est honteux pour la France.

CLIMÈNE.

Il est vrai que le goût des gens est étrangement gâté là-dessus, et que le siècle s'encanaille furieusement.

ÉLISE.

Celui-là est joli encore, *s'encanaille* ! Est-ce vous qui l'avez inventé, Madame ?

CLIMÈNE.

Hé !

ÉLISE.

Je m'en suis bien doutée.

DORANTE.

Vous croyez donc, monsieur Lysidas, que tout l'esprit et toute la beauté sont dans les poëmes sérieux, et que les pièces comiques sont des niaiseries qui ne méritent aucune louange ?

URANIE.

Ce n'est pas mon sentiment, pour moi. La tragédie, sans doute, est quelque chose de beau quand elle est bien touchée ; mais la comédie a ses charmes, et je tiens que l'une n'est pas moins difficile que l'autre.

DORANTE.

Assurément, madame ; et quand, pour la difficulté, vous mettriez un peu plus du côté de la comédie, peut-être que vous ne vous abuseriez pas ; car enfin je trouve qu'il est bien plus aisé de se guinder sur de grands sentimens, de braver en vers la fortune, accuser les destins, et dire des injures aux dieux, que d'entrer comme il faut dans le ridicule des hommes, et de rendre agréablement sur le théâtre les défauts de tout le monde. Lorsque vous peignez des héros, vous faites ce que vous voulez ; ce sont des portraits à plaisir, où l'on ne cherche point de ressemblance, et vous n'avez qu'à suivre les traits d'une imagination qui se donne l'essor, et qui souvent laisse le vrai pour attraper le merveilleux. Mais, lorsque vous peignez les hommes, il faut peindre d'après la nature : on veut que ces portraits ressemblent ; et vous n'avez rien fait, si vous n'y faites reconnaître les gens de votre siècle. En un mot, dans les pièces sérieuses, il suffit, pour n'être point blâmé, de dire des choses qui soient de bon sens et bien écrites : mais ce n'est pas assez dans les autres ; il y faut plaisanter ; et c'est une étrange entreprise que celle de faire rire les honnêtes gens.

CLIMÈNE.

Je crois être du nombre des honnêtes gens; et cependant je n'ai pas trouvé le mot pour rire dans tout ce que j'ai vu.

LE MARQUIS.

Ma foi, ni moi non plus.

DORANTE.

Pour toi, marquis, je ne m'en étonne pas : c'est que tu n'y as point trouvé de turlupinades.

LYSIDAS.

Ma foi, monsieur, ce qu'on y rencontre ne vaut guère mieux ; et toutes les plaisanteries y sont assez froides, à mon avis.

DORANTE.

La cour n'a pas trouvé cela....

LYSIDAS.

Ah ! monsieur, la cour !

DORANTE.

Achevez, monsieur Lysidas. Je vois bien que vous voulez dire que la cour ne se connaît pas à ces choses ; et c'est le refuge ordinaire de vous autres messieurs les auteurs, dans le mauvais succès de vos ouvrages, que d'accuser l'injustice du siècle, et le peu de lumières des courtisans. Sachez, s'il vous plaît, monsieur Lysidas, que les courtisans ont d'aussi bons yeux que d'autres ; qu'on peut être habile avec un point de Venise et des plumes aussi bien qu'avec une perruque courte et un petit rabat uni ; que la grande épreuve de toutes vos comédies, c'est le jugement de la cour ; que c'est un goût qu'il faut étudier pour trouver l'art de réussir ; qu'il n'y a point de lieu où les décisions soient si justes ; et, sans mettre en ligne de compte tous les gens savans qui y sont ; que, du simple bon sens turel et du commerce de tout le beau monde, on s'y fait une manière d'esprit qui, sans comparaison, juge plus finement des choses, que tout le savoir enrouillé des pédans.

URANIE.

Il est vrai que, pour peu qu'on y demeure, il vous passe là tous les jours assez de choses devant les yeux pour acquérir quelque habitude de les connaître, et surtout pour ce qui est de la bonne ou mauvaise plaisanterie.

DORANTE.

La cour a quelques ridicules, j'en demeure d'accord, et je suis, comme on voit, le premier à les fronder ; mais, ma foi, il y en a un grand nombre parmi les beaux esprits de profession ; et, si l'on joue quelques marquis, je trouve qu'il y a bien plus de quoi jouer les auteurs, et que ce serait une chose plaisante à mettre sur le théâtre, que leurs grimaces savantes et leurs raffinemens ridicules, leur vicieuse coutume d'assassiner les gens de leurs ouvrages, leur friandise de louanges, leurs ménagemens de pensées, leur trafic de réputation, et leurs ligues offensives et défensives, aussi-bien que leurs guerres d'esprit et leurs combats de prose et de vers.

LYSIDAS.

Molière est bien heureux, monsieur, d'avoir un protecteur aussi chaud que vous. Mais enfin, pour venir au fait, il est question de savoir si sa pièce est bonne ; et je m'offre d'y montrer partout cent défauts visibles.

URANIE.

C'est une étrange chose de vous autres messieurs les poëtes, que vous condamniez toujours les pièces où tout le monde court, et ne disiez jamais du bien que de celles où personne ne va. Vous montrez pour les unes une haine invincible, et pour les autres une tendrese qui n'est pas concevable.

DORANTE.

C'est qu'il est généreux de se ranger du côté des affligés.

URANIE.

Mais de grace, monsieur Lysidas, faites-nous voir ces défauts dont je ne me suis point aperçue.

LYSIDAS.

Ceux qui possèdent Aristote et Horace voient d'abord, madame, que cette comédie pèche contre toutes les règles de l'art.

URANIE.

Je vous avoue que je n'ai aucune habitude avec ces messieurs-là, et que je ne sais point les règles de l'art.

DORANTE.

Vous êtes de plaisantes gens avec vos règles, dont vous embarrassez les ignorans et nous étourdissez tous les jours ! Il semble, à vous ouïr parler, que ces règles de l'art soient les plus grands mystères du monde; et cependant ce ne sont que quelques observations aisées que le bon sens a faites sur ce qui peut ôter le plaisir que l'on prend à ces sortes de poëmes ; et le même bon sens qui a fait autrefois ces observations les fait fort aisément tous les jours sans le secours d'Horace et d'Aristote. Je voudrais bien savoir si la grande règle de toutes les règles n'est pas de plaire, et si une pièce de théâtre qui a attrapé son but n'a pas suivi un bon chemin. Veut-on que tout un public s'abuse sur ces sortes de choses, et que chacun n'y soit pas juge du plaisir qu'il y prend?

URANIE.

J'ai remarqué une chose de ces messieurs-là ; c'est que ceux qui parlent le plus des règles, et qui les savent mieux que les autres, font des comédies que personne ne trouve belles.

DORANTE.

Et c'est ce qui marque, madame, comme on doit s'arrêter peu à leurs disputes embarrassées. Car enfin, si les pièces qui sont selon les règles ne plaisent pas, et que celles qui plaisent ne soient pas selon les règles, il faudrait de nécessité que les règles eussent été mal faites. Moquons-nous donc de cette chicane où ils veulent assujettir le goût du public, et ne consultons dans une comédie que l'effet qu'elle fait sur nous. Laissons-nous aller de bonne foi aux choses qui nous prennent par les entrailles, et ne cherchons point de raisonnemens pour nous empêcher d'avoir du plaisir.

URANIE.

Pour moi, quand je vois une comédie, je regarde seulement si les choses me touchent; et, lorsque je m'y suis bien divertie, je ne vais point demander si j'ai eu tort, et si les règles d'Aristote me défendaient de rire.

DORANTE.

C'est justement comme un homme qui aurait trouvé une sauce excellente, et qui voudrait examiner si elle est bonne, sur les préceptes du Cuisinier Français.

URANIE.

Il est vrai; et j'admire les raffinemens de certaines gens sur des choses que nous devons sentir nous-mêmes.

DORANTE.

Vous avez raison, madame, de les trouver étranges, tous ces raffinemens mystérieux. Car enfin, s'ils ont lieu, nous voilà réduits à ne nous plus croire : nos propres sens seront esclaves en toutes choses; et, jusqu'au manger et au boire, nous n'oserons plus trouver rien de bon sans le congé de messieurs les experts.

LYSIDAS.

Enfin, monsieur, toute votre raison, c'est que l'École des Femmes a plu; et vous ne vous souciez point qu'elle ne soit pas dans les règles, pourvu.....

DORANTE.

Tout beau, monsieur Lysidas; je ne vous accorde pas cela. Je dis bien que le grand art est de plaire; et que, cette comédie ayant plu à ceux pour qui elle est faite, je trouve que c'est assez pour elle, et qu'elle doit peu se soucier du reste. Mais avec cela je soutiens qu'elle ne pèche contre aucune des règles dont vous parlez : je les ai lues, dieu merci, autant qu'un autre ; et je ferais voir aisément que peut-être n'avons-nous point de pièce au théâtre plus régulière que celle-là.

ÉLISE.

Courage, monsieur Lysidas ! nous sommes perdus si vous reculez.

LYSIDAS.

Quoi ! monsieur, la protase, l'épitase, et la péripétie...

DORANTE.

Ah ! monsieur Lysidas, vous nous assommez avec vos grands mots. Ne paraissez pas si savant, de grace ; humanisez votre discours, et parlez pour être entendu. Pensez-vous qu'un nom grec donne plus de poids à vos raisons ? Et ne trouveriez-vous pas qu'il fût aussi beau de dire l'exposition du sujet, que la protase ; le nœud, que l'épitase ; et le dénoûment, que la péripétie ?

LYSIDAS.

Ce sont termes de l'art, dont il est permis de se servir. Mais, puisque ces mots blessent vos oreilles, je m'expliquerai d'une autre façon, et je vous prie de répondre positivement à trois ou quatre choses que je vais dire. Peut-on souffrir une pièce qui pèche contre le nom propre des pièces de théâtre ? Car enfin, le nom de poëme dramatique vient d'un mot grec qui signifie *agir*, pour montrer que la nature de ce poëme consiste dans l'action ; et, dans cette comédie-ci, il ne se passe point d'actions, et tout consiste en des récits que vient faire ou Agnès ou Horace.

LE MARQUIS.

Ah ! ah ! chevalier.

CLIMÈNE.

Voilà qui est spirituellement remarqué, et c'est prendre le fin des choses.

LYSIDAS.

Est-il rien de si peu spirituel, ou, pour mieux

dire, rien de si bas, que quelques mots où tout le monde rit, et sur-tout celui *des enfans par l'oreille ?*

CLIMÈNE.

Fort bien.

ÉLISE.

Ah !

LYSIDAS.

La scène du valet et de la servante au-dedans de la maison n'est-elle pas d'une longueur ennuyeuse et tout-à-fait impertinente ?

LE MARQUIS.

Cela est vrai.

CLIMÈNE.

Assurément.

ÉLISE.

Il a raison.

LYSIDAS.

Arnolphe ne donne-t-il pas trop librement son argent à Horace ? Et puisque c'est le personnage ridicule de la pièce, fallait-il lui faire faire l'action d'un honnête homme ?

LE MARQUIS.

Bon. La remarque est encore bonne.

CLIMÈNE.

Admirable.

ÉLISE.

Merveilleuse.

LYSIDAS.

Le sermon et les maximes ne sont-elles pas des choses ridicules, et qui choquent même le respect que l'on doit à nos mystères ?

LE MARQUIS.

C'est bien dit.

CLIMÈNE.

Voilà parler comme il faut.

ÉLISE.

Il ne se peut rien de mieux.

LYSIDAS.

Et ce monsieur de La Souche, enfin, qu'on nous fait un homme d'esprit, et qui paraît si sérieux en tant d'endroits ; ne descend-il point dans quelque chose de trop comique et de trop outré au cinquième acte, lorsqu'il explique à Agnès la violence de son amour avec ces roulemens d'yeux extravagans, ces soupirs ridicules et ces larmes niaises qui font rire tout le monde?

LE MARQUIS.

Morbleu ! merveille !

CLIMÈNE.

Miracle !

ELISE.

Vivat monsieur Lysidas !

LYSIDAS.

Je laisse cent mille autres choses, de peur d'être ennuyeux.

LE MARQUIS.

Parbleu ! chevalier, te voila mal ajusté.

DORANTE.

Il faut voir.

LE MARQUIS.

Tu as trouvé ton homme.

DORANTE.

Peut-être.

LE MARQUIS.

Reponds, réponds, réponds, réponds.

DORANTE.

Volontiers. Il...

LE MARQUIS.

Réponds donc, je te prie.

DORANTE.

Laisse-moi donc faire. Si...

LE MARQUIS,

Parbleu ! je te défie de répondre.

DORANTE.

Oui, si tu parles toujours.

CLIMÈNE.

De grace, écoutons ses raisons.

DORANTE.

Premièrement, il n'est pas vrai de dire que toute la pièce n'est qu'en récit. On y voit beaucoup d'actions qui se passent sur la scène : et les récits eux-mêmes y sont des actions, suivant la constitution du sujet ; d'autant qu'ils sont tous faits innocemment, ces récits, à la personne intéressée, qui, par-là, entre à tous coups dans une confusion à réjouir les spectateurs, et prend à chaque nouvelle, toutes les mesures qu'il peut pour se parer du malheur qu'il craint.

URANIE.

Pour moi, je trouve que la beauté du sujet de l'École des Femmes consiste dans cette confidence perpétuelle ; et ce qui me paraît assez plaisant, c'est qu'un homme qui a de l'esprit, et qui est averti de tout par une innocente, qui est sa maîtresse, et par un étourdi qui est son rival, ne puisse avec cela éviter ce qui lui arrive.

LE MARQUIS.

Bagatelle, bagatelle.

CLIMÈNE.

Faible réponse.

ÉLISE.

Mauvaises raisons.

DORANTE.

Pour ce qui est des *enfans par l'oreille*, ils ne sont plaisans que par réflexion à Arnolphe ; et l'auteur n'a pas mis cela pour être de soi un bon mot, mais seulement pour une chose qui caractérise l'homme, et peint d'autant mieux son extravagance ; puisqu'il rapporte une sottise triviale qu'a dite Agnès, comme la chose la plus belle du monde et qui lui donne une joie inconcevable.

LE MARQUIS.

C'est mal répondre.

CLIMÈNE.

Cela ne satisfait point.

ÉLISE.

C'est ne rien dire.

DORANTE.

Quant à l'argent qu'il donne librement, outre que la lettre de son meilleur ami lui est une caution suffisante, il n'est pas incompatible qu'une personne soit ridicule en de certaines choses et honnête homme en d'autres. Et, pour la scène d'Alain et de Georgette dans le logis, que quelques-uns ont trouvée longue et froide, il est certain qu'elle n'est pas sans raison; et de même qu'Arnolphe se trouve attrapé pendant son voyage par la pure innocence de sa maîtresse, il demeure au retour long-temps à sa porte par l'innocence de ses valets, afin qu'il soit partout puni par les choses qu'il a cru faire la sûreté de ses précautions.

LE MARQUIS.

Voilà des raisons qui ne valent rien.

CLIMÈNE.

Tout cela ne fait que blanchir.

ÉLISE.

Cela fait pitié.

DORANTE.

Pour le discours moral que vous appelez un sermon, il est certain que de vrais dévots qui l'ont ouï n'ont pas trouvé qu'il choquât ce que vous dites; et sans doute que ces paroles d'*enfer* et de *chaudières bouillantes* sont assez justifiées par l'extravagance d'Arnolphe et par l'innocence de celle à qui il parle. Et quand au transport amoureux du cinquième acte, qu'on accuse d'être trop outré et trop comique, je voudrais bien savoir si ce n'est pas faire la satire des amans, et si les honnêtes gens même et les plus sérieux, en de pareilles occasions, ne font pas ces choses.

LE MARQUIS.

Ma foi, chevalier, tu ferais mieux de te taire.

DORANTE.

Fort bien. Mais enfin si nous nous regardions nous-mêmes, quand nous sommes bien amoureux...

LE MARQUIS.

Je ne veux pas seulement t'écouter.

DORANTE.

Écoute-moi si tu veux. Est-ce que dans la violence de la passion...?

LE MARQUIS.

La, la, la, lare, la, la, la, la, la.
(*Il chante.*)

DORANTE.

Quoi!...

LE MARQUIS.

La, la, la, la, lare, la, la, la, la, la, la.

DORANTE.

Je ne sais pas si...

LE MARQUIS.

La, la, la, la, lare, la, la, la, la, la, la.

URANIE.

Il me semble que...

LE MARQUIS.

La, la, la, lare, la, la, la, la, la, la, la, la, la.

URANIE.

Il se passe des choses assez plaisantes dans notre dispute. Je trouve qu'on en pourrait bien faire une petite comédie, et que cela ne serait pas trop mal à la queue de l'Ecole des Femmes.

DORANTE.

Vous avez raison.

LE MARQUIS.

Parbleu! chevalier, tu jouerais là-dedans un rôle qui ne te serait pas avantageux.

DORANTE.

Il est vrai, marquis.

CLIMÈNE.

Pour moi, je souhaiterais que cela se fît, pourvu qu'on traitât l'affaire comme elle s'est passée.

ÉLISE.

Et moi, je fournirais de bon cœur mon personnage.

LYSIDAS.

Je ne refuserais pas le mien, que je pense.

URANIE.

Puisque chacun en serait content, chevalier, faites un mémoire de tout, et le donnez à Molière, que vous connaissez, pour le mettre en comédie.

CLIMÈNE.

Il n'aurait garde, sans doute, et ce ne serait pas des vers à sa louange.

URANIE.

Point, point : je connais son humeur ; il ne se soucie pas qu'on fronde ses pièces, pourvu qu'il y vienne du monde.

DORANTE.

Oui. Mais quel dénoûment pourrait-il trouver à ceci? car il ne saurait y avoir ni mariage ni reconnaissance; et je ne sais point par où l'on pourrait faire finir la dispute.

URANIE.

Il faudrait rêver à quelque incident pour cela.

SCÈNE VIII.
CLIMÈNE, URANIE, ÉLISE, DORANTE, LE MARQUIS, LYSIDAS, GALOPIN.

GALOPIN.

Madame, on a servi sur table.

DORANTE.

Ah ! voilà justement ce qu'il faut pour le dénoûment que nous cherchions, et l'on ne peut rien trouver de plus naturel. On disputera fort et ferme de part et d'autre, comme nous avons fait, sans que personne se rende ; un petit laquais viendra dire qu'on a servi, on se lèvera, et chacun ira souper.

URANIE.

La comédie ne peut pas mieux finir, et nous ferons bien d'en demeurer là.

FIN DE LA CRITIQUE DE L'ÉCOLE DES FEMMES.

L'IMPROMPTU
DE VERSAILLES,

COMÉDIE EN UN ACTE,

Représentée à Versailles le 14 octobre, et à Paris, sur le théâtre du Palais-Royal, le 4 novembre 1663.

REMERCIMENT

AU ROI.

Votre paresse enfin me scandalise,
    Ma muse obéissez-moi :
Il faut ce matin, sans remise,
    Aller au lever du roi :
        Vous savez bien pourquoi;
    Et ce vous est une honte
    De n'avoir pas été plus prompte
A le remercier de ses fameux bienfaits.
    Mais vaut mieux tard que jamais :
        Faites donc votre compte
    D'aller au Louvre accomplir mes souhaits.
Gardez-vous bien d'être en muse bâtie ;
Un air de muse est choquant en ces lieux :
On y veut des objets à réjouir les yeux ;
    Vous en devez être avertie ;
    Et vous ferez votre cour beaucoup mieux
    Lorsqu'en marquis vous serez travestie.
Vous savez ce qu'il faut pour paraître marquis ;
    N'oubliez rien de l'air ni des habits ;
Arborez un chapeau chargé de trente plumes
        Sur une perruque de prix ;
    Que le rabat soit des plus grands volumes,
    Et le pourpoint des plus petits :

Mais surtout je vous recommande
Le manteau d'un ruban sur le dos retroussé :
La galanterie en est grande ;
Et parmi les marquis de la plus haute bande
C'est pour être placé.
Avec vos brillantes hardes
Et votre ajustement,
Faites tout le trajet de la salle des gardes :
Et, vous peignant galamment,
Portez de tous côtés vos regards brusquement ;
Et ceux que vous pourrez connaître,
Ne manquez pas, d'un haut ton,
De les saluer par leur nom,
De quelque rang qu'ils puissent être.
Cette familiarité
Donne à quiconque en use un air de qualité.
Grattez du peigne à la porte
De la chambre du roi ;
Ou si, comme je prévoi,
La presse s'y trouve forte,
Montrez de loin votre chapeau,
Ou montez sur quelque chose
Pour faire voir votre museau ;
Et criez, sans aucune pause,
D'un ton rien moins que naturel :
Monsieur l'huissier, pour le marquis un tel.
Jetez-vous dans la foule, et tranchez du notable ;
Coudoyez un chacun, point du tout de quartier ;
Pressez, poussez, faites le diable
Pour vous mettre le premier ;
Et quand même l'huissier,
A vos désirs inexorable,
Vous trouverait en face un marquis repoussable,
Ne démordez point pour cela,
Tenez toujours ferme là :
A déboucher la porte il irait trop du vôtre ;

Faites qu'aucun n'y puisse pénétrer,
Et qu'on soit obligé de vous laisser entrer
    Pour faire entrer quelque autre.
Quand vous serez entré, ne vous relâchez pas ;
Pour assiéger la chaise il faut d'autres combats :
    Tâchez d'en être des plus proches,
    En y gagnant le terrain pas à pas ;
Et, si des assiégeans le prévenant amas
    En bouche toutes les approches,
    Prenez le parti doucement
    D'attendre le prince au passage ;
    Il connaîtra votre visage
    Malgré votre déguisement ;
    Et lors, sans tarder davantage,
    Faites-lui votre compliment.
    Vous pourriez aisément l'étendre,
Et parler des transports qu'en vous font éclater
Les surprenans bienfaits que, sans les mériter,
Sa libérale main sur vous daigne répandre,
Et des nouveaux efforts où s'en va vous porter
L'excès de cet honneur où vous n'osiez prétendre :
    Lui dire comme vos désirs
Sont, après ses bontés qui n'ont point de pareilles,
D'employer à sa gloire, ainsi qu'à ses plaisirs,
    Tout votre art et toutes vos veilles,
    Et là-dessus lui promettre merveilles.
    Sur ce chapitre on n'est jamais à sec :
    Les muses sont de grandes prometteuses ;
    Et comme vos sœurs les causeuses,
Vous ne manquerez pas, sans doute, par le bec :
    Mais les grands princes n'aiment guères
    Que les complimens qui sont courts ;
Et le nôtre sur-tout a bien d'autres affaires
    Que d'écouter tous vos discours.
La louange et l'encens n'est pas ce qui le touche :
    Dès que vous ouvrirez la bouche

Pour lui parler de grace et de bienfait,
Il comprendra d'abord ce que vous voulez dire ;
Et, se mettant doucement à sourire
D'un air qui sur les cœurs fait un charmant effet,
Il passera comme un trait,
Et cela vous doit suffire.
Voilà votre compliment fait.

PERSONNAGES.

MOLIÈRE, marquis ridicule.
BRÉCOURT, homme de qualité.
LA GRANGE, marquis ridicule.
DU CROISY, poëte.
Mademoiselle DU PARC, marquise façonnière.
Mademoiselle BÉJART, prude.
Mademoiselle DE BRIE, sage coquette.
Mademoiselle MOLIÈRE, satyrique spirituelle.
Mademoiselle DU CROISY, peste doucereuse.
Mademoiselle HERVÉ, servante précieuse.
LA THORILLIÈRE, marquis fâcheux.
BÉJART, homme qui fait le nécessaire.
QUATRE NÉCESSAIRES.

La scène est à Versailles, dans l'antichambre du roi.

L'IMPROMPTU DE VERSAILLES.

SCÈNE I.

MOLIÈRE, BRÉCOURT, LA GRANGE, DU CROISY, MESDEMOISELLES DUPARC, BÉJART, DE BRIE, MOLIÈRE, DU CROISY, HERVÉ.

MOLIÈRE *seul, parlant à ses camarades qui sont derrière le théâtre.*

Allons donc, messieurs et mesdames ; vous moquez-vous avec votre longueur ? et ne voulez-vous pas tous venir ici ? La peste soit des gens ! Holà, ho, monsieur de Brécourt !

BRÉCOURT, *derrière le théâtre.*

Quoi ?

MOLIÈRE.

Monsieur de La Grange.

LA GRANGE, *derrière le théâtre.*

Qu'est-ce ?

MOLIÈRE.

Monsieur du Croisy.

DU CROISY, *derrière le théâtre.*

Plaît-il ?

MOLIÈRE.

Mademoiselle du Parc.

MADEMOISELLE DU PARC, *derrière le théâtre.*

Hé bien ?

MOLIÈRE.

Mademoiselle Béjart.

L'IMPROMPTU DE VERSAILLES.

MADEMOISELLE BÉJART, *derrière le théâtre.*

Qu'y a-t-il ?

MOLIÈRE.

Mademoiselle de Brie.

MADEMOISELLE DE BRIE, *derrière le théâtre.*

Que veut-on !

MOLIÈRE.

Mademoiselle du Croisy.

MADEMOISELLE DU CROISY, *derrière le théâtre.*

Qu'est-ce que c'est ?

MOLIÈRE.

Mademoiselle Hervé.

MADEMOISELLE HERVÉ, *derrière le théâtre.*

On y va.

MOLIÈRE.

Je crois que je deviendrai fou avec tous ces gens-ci. Hé !

(*Brécourt, La Grange, du Croisy entrent.*)

Têtebleu ! messieurs, me voulez-vous faire enrager aujourd'hui ?

BRÉCOURT.

Que voulez-vous qu'on fasse ? Nous ne savons pas nos rôles ; et c'est nous faire enrager vous-même que de nous obliger à jouer de la sorte.

MOLIÈRE.

Ah ! les étranges animaux à conduire que des comédiens !

(*Mesdemoiselles Béjart, du Parc, de Brie, Molière, du Croisy et Hervé, arrivent.*)

MADEMOISELLE BÉJART.

Hé bien ! nous voilà. Que prétendez-vous faire ?

MADEMOISELLE DU PARC.

Quelle est votre pensée ?

MADEMOISELLE DE BRIE.

De quoi est-il question ?

SCÈNE I.

MOLIÈRE.

De grace, mettons-nous ici ; et puisque nous voilà tous habilés, et que le roi ne doit venir de deux heures, employons ce temps à répéter notre affaire, et voir la manière dont il faut jouer les choses.

LA GRANGE.

Le moyen de jouer ce qu'on ne sait pas ?

MADEMOISELLE DU PARC.

Pour moi, je vous déclare que je ne me souviens pas d'un mot de mon personnage.

MADEMOISELLE DE BRIE.

Je sais bien qu'il me faudra souffler le mien d'un bout à l'autre.

MADEMOISELLE BÉJART.

Et moi, je me prépare fort à tenir mon rôle à la main.

MADEMOISELLE MOLIÈRE.

Et moi aussi.

MADEMOISELLE HERVÉ.

Pour moi, je n'ai pas grand'chose à dire.

MADEMOISELLE DU CROISY.

Ni moi non plus ; mais, avec cela, je ne répondrais pas de ne point manquer.

DU CROISY.

J'en voudrais être quitte pour dix pistoles.

BRÉCOURT.

Et moi, pour vingt bons coups de fouet, je vous assure.

MOLIÈRE.

Vous voilà tous bien malades d'avoir un méchant rôle à jouer ! Et que feriez-vous donc si vous étiez à ma place ?

MADEMOISELLE BÉJART.

Qui ? vous ? Vous n'êtes pas à plaindre ; car ayant fait la pièce, vous n'avez pas peur d'y manquer.

MOLIÈRE.

Et n'ai-je à craindre que le manquement de mémoire? Ne comptez-vous pour rien l'inquiétude d'un succès qui ne regarde que moi seul? Et pensez-vous que ce soit une petite affaire que d'exposer quelque chose de comique devant une assemblée comme celle-ci, que d'entreprendre de faire rire des personnes qui nous impriment le respect, et ne rient que quand elles veulent? Est-il auteur qui ne doive trembler lorsqu'il en vient à cette épreuve? Et n'est-ce pas à moi de dire que je voudrais en être quitte pour toutes les choses du monde!

MADEMOISELLE BÉJART.

Si cela vous faisait trembler, vous prendriez mieux vos précautions, et n'auriez pas entrepris en huit jours ce que vous avez fait.

MOLIÈRE.

Le moyen de m'en défendre quand un roi me l'a commandé?

MADEMOISELLE BÉJART.

Le moyen? une respectueuse excuse fondée sur l'impossibilité de la chose dans le peu de temps qu'on vous donne; et tout autre en votre place ménagerait mieux sa réputation, et se serait bien gardé de se commettre comme vous faites. Où en serez-vous, je vous prie, si l'affaire réussit mal? et quel avantage pensez-vous qu'en prendront tous vos ennemis?

MADEMOISELLE DE BRIE.

En effet, il fallait s'excuser avec respect envers le roi, ou demander du temps davantage.

MOLIÈRE.

Mon dieu! mademoiselle, les rois n'aiment rien tant qu'une prompte obéissance, et ne se plaisent point du tout à trouver des obstacles. Les choses ne sont bonnes que dans les temps qu'ils les souhaitent; et leur en vouloir reculer le divertissement est en ôter pour eux toute la grace. Ils veulent des plaisirs qui ne se fassent point attendre, et les moins préparés leur sont toujours les plus agréables. Nous ne devons jamais nous regarder dans ce qu'ils désirent de nous ; nous ne sommes que pour leur plaire ; et lorsqu'ils nous ordonnent quelque chose, c'est à nous à profiter vite de l'envie où ils sont. Il vaut mieux s'acquitter mal de ce qu'ils nous demandent, que de ne s'en acquitter pas assez tôt ; et, si l'on a la honte de n'avoir pas bien réussi, on a toujours la gloire d'avoir obéi vite à leurs commandemens. Mais songeons à répéter, s'il vous plaît.

MADEMOISELLE BÉJART.

Comment prétendez-vous que nous fassions, si nous ne savons pas nos rôles ?

MOLIÈRE.

Vous les saurez, vous dis-je ; et, quand même vous ne les sauriez pas tout-à-fait, pouvez-vous pas y suppléer de votre esprit, puisque c'est de la prose, et que vous savez votre sujet ?

MADEMOISELLE BÉJART.

Je suis votre servante : la prose est pis encore que les vers.

MADEMOISELLE MOLIÈRE.

Voulez-vous que je vous dise ? vous deviez faire une comédie où vous auriez joué tout seul.

MOLIÈRE.

Taisez-vous, ma femme, vous êtes une bête.

MADEMOISELLE MOLIÈRE.

Grand merci, monsieur mon mari. Voilà ce que c'est ! Le mariage change bien les gens ; et vous ne m'auriez pas dit cela il y a dix-huit mois.

MOLIÈRE.

Taisez-vous, je vous prie.

MADEMOISELLE MOLIÈRE.

C'est une chose étrange qu'une petite cérémonie soit capable de nous ôter toutes nos belles qualités, et qu'un mari et un galant regardent la même personne avec des yeux si différens !

MOLIÈRE.

Que de discours !

MADEMOISELLE MOLIÈRE.

Ma foi, si je faisais une comédie, je la ferais sur ce sujet. Je justifierais les femmes de bien des choses dont on les accuse; et je ferais craindre aux maris la différence qu'il y a de leurs manières brusques aux civilités des galans.

MOLIÈRE.

Hai! laissons cela. Il n'est pas question de causer maintenant, nous avons autre chose à faire.

MADEMOISELLE BÉJART.

Mais, puisqu'on vous a commandé de travailler sur le sujet de la critique qu'on a faite contre vous, que n'avez-vous fait cette comédie des comédiens dont vous nous avez parlé il y a long-temps? C'était une affaire toute trouvée, et qui venait fort bien à la chose; et d'autant mieux, qu'ayant entrepris de vous peindre, ils vous ouvraient l'occasion de les peindre aussi, et que cela aurait pu s'appeler leur portrait, à bien plus juste titre que tout ce qu'ils ont fait ne peut être appelé le vôtre : car vouloir contrefaire un comédien dans un rôle comique, ce n'est pas le peindre lui-même, c'est peindre d'après lui les personnages qu'il représente, et se servir des mêmes traits et des mêmes couleurs qu'il est obligé d'employer aux différens tableaux des caractères ridicules qu'il imite d'après nature; mais contrefaire un comédien dans des rôles sérieux, c'est le peindre par des défauts qui sont entièrement de lui, puisque ces sortes de personnages ne veulent ni les gestes ni les tons de voix ridicules dans lesquels on le reconnaît.

MOLIÈRE

Il est vrai : mais j'ai mes raisons pour ne le pas faire; et je n'ai pas cru, entre nous, que la chose en valût la peine. Et puis, il fallait plus de temps pour exécuter cette idée. Comme leurs jours de comédie sont les mêmes que les nôtres, à peine ai-je été les voir trois ou quatre fois depuis que nous sommes à

SCÈNE I.

Paris : je n'ai attrapé de leur manière de réciter que ce qui m'a d'abord sauté aux yeux ; et j'aurais eu besoin de les étudier davantage pour faire des portraits bien ressemblans.

MADEMOISELLE DU PARC.

Pour moi, j'en ai reconnu quelques-uns dans votre bouche.

MADEMOISELLE DE BRIE.

Je n'ai jamais ouï parler de cela.

MOLIÈRE.

C'est une idée qui m'avait passé une fois par la tête, et que j'ai laissée là comme une bagatelle, une badinerie, qui peut-être n'aurait pas fait rire.

MADEMOISELLE DE BRIE.

Dites-la-moi un peu, puisque vous l'avez dite aux autres.

MOLIÈRE.

Nous n'avons pas le temps maintenant.

MADEMOISELLE DE BRIE.

Seulement deux mots.

MOLIÈRE.

J'avais songé une comédie où il y aurait eu un poëte, que j'aurais représenté moi-même, qui serait venu pour offrir une pièce à une troupe de comédiens nouvellement arrivés de campagne. Avez-vous, aurait-il dit, des acteurs et des actrices qui soient capables de bien faire valoir un ouvrage ? car ma pièce est une pièce.... Hé ! monsieur, auraient répondu les comédiens, nous avons des hommes et des femmes qui ont été trouvés raisonnables partout où nous avons passé. Et qui fait les rois parmi vous ? Voilà un acteur qui s'en démêle parfois. Qui ? ce jeune homme bien fait ? Vous moquez-vous ? il faut un roi qui soit gros et gras comme quatre ; un roi, morbleu, qui soit entripaillé comme il faut ; un roi d'une vaste circonférence, et qui puisse remplir un trône de la belle manière. La belle chose qu'un roi d'une taille galante ! Voilà déjà un grand défaut. Mais que je l'entende un peu réciter une douzaine de vers. Là-dessus le comédien aurait récité, par exemple, quelques vers du roi de Nicomède :

    Te le dirai-je, Araspe ? il m'a trop bien servi,
    Augmentant mon pouvoir...

le plus naturellement qu'il lui aurait été possible. Et le poëte : Comment ! vous appelez cela réciter ? C'est se railler, il faut dire les choses avec emphase. Écoutez-moi.

  (*Il contrefait Montfleury, comédien de l'hôtel de Bourgogne.*)

    Te le dirais-je, Araspe ?... etc.

Voyez-vous cette posture ? Remarquez bien cela. Là, appuyez comme il faut le dernier vers. Voilà ce qui attire l'approbation et fait faire le brouhaha. Mais, monsieur, aurait répondu le comédien, il me semble qu'un roi qui s'entretient tout seul avec son capitaine des gardes parle un peu plus humainement, et ne prend guère ce ton de démoniaque. Vous ne savez ce que c'est : allez-vous-en réciter comme vous faites, vous verrez si vous ferez faire aucun ah ! Voyons un peu une scène d'amant et d'amante. Là-dessus une comédienne et un comédien auraient fait une scène ensemble, qui est celle de Camille et de Curiace :

    Iras-tu, ma chère ame ? et ce funeste honneur
    Te plaît-il aux dépens de tout notre bonheur ?
    Hélas ! je vois trop bien... etc.

tout de même que l'autre, et le plus naturellement qu'ils auraient pu. Et le poëte aussitôt : Vous vous moquez, vous ne faites rien qui vaille ; et voici comme il faut réciter cela.

  (*Il imite mademoiselle de Beauchâteau, comédienne de l'hôtel de Bourgogne.*)

    Iras-tu, ma chère ame ?...
    Non, je te connais mieux... etc.

SCÈNE I.

Voyez-vous comme cela est naturel et passionné? Admirez ce visage riant qu'elle conserve dans les plus grandes afflictions. Enfin voilà l'idée. Et il aurait parcouru de même tous les acteurs et toutes les actrices.

MADEMOISELLE DE BRIE.

Je trouve cette idée assez plaisante, et j'en ai reconnu là dès le premier vers. Continuez, je vous prie.

MOLIÈRE, *imitant Beauchâteau, comédien de l'hôtel de Bourgogne dans les stances du Cid.*

Percé jusques au fond du cœur, etc.

Et celui-ci, le reconnaîtrez-vous bien, dans Pompée de Sertorius?

(*Il contrefait Hauteroche, comédien de l'hôtel de Bourgogne.*)

L'inimitié qui règne entre les deux partis.
N'y rend pas de l'honneur, etc.

MADEMOISELLE DE BRIE.

Je le reconnais un peu, je pense.

MOLIÈRE.

Et celui-ci?

(*imitant de Villiers, comédien de l'hôtel de Bourgogne.*)

Seigneur, Polybe est mort, etc.

MADEMOISELLE DE BRIE.

Oui, je sais qui c'est. Mais il y en a quelques-uns d'entre eux, je crois, que vous auriez peine à contrefaire.

MOLIÈRE.

Mon dieu! il n'y en a point qu'on ne pût attraper par quelque endroit, si je les avais bien étudiés. Mais vous me faites perdre un temps qui nous est cher: songeons à nous, de grâce, et ne nous amusons pas davantage à discourir. Vous (*à la Grange*), prenez garde à bien représenter avez moi votre rôle de marquis.

MADEMOISELLE MOLIÈRE.

Toujours des marquis!

MOLIÈRE.

Oui, toujours des marquis. Que diable voulez-vous qu'on prenne pour un caractère agréable de théâtre! Le marquis aujourd'hui est le plaisant de la comédie: et comme, dans toutes les comédies anciennes, on voit toujours un ballet bouffon qui fait rire les auditeurs, de même, dans toutes nos pièces de maintenant il faut toujours un marquis ridicule qui divertisse la compagnie.

MADEMOISELLE BÉJART.

Il est vrai, on ne s'en saurait passer.

MOLIÈRE.

Pour vous, mademoiselle..

MADEMOISELLE DU PARC.

Mon dieu! pour moi, je m'acquitterai fort mal de mon personnage, et je ne sais pas pourquoi vous m'avez donné ce rôle de façonnière.

MOLIÈRE.

Mon dieu! mademoiselle, voilà comme vous disiez lorsque l'on vous donna celui de la Critique de l'École des Femmes : cependant vous vous en êtes acquittée à merveille; et tout le monde est demeuré d'accord qu'on ne peut pas mieux faire que vous avez fait. Croyez-moi, celui-ci sera de même, et vous le jouerez mieux que vous ne pensez.

MADEMOISELLE DU PARC.

Comment cela se pourrait-il faire ? car il n'y a point de personne au monde qui soit moins façonnière que moi.

MOLIÈRE.

Cela est vrai; et c'est en quoi vous faites mieux voir que vous êtes une excellente comédienne, de bien représenter un personnage qui est si contraire à votre humeur. Tâchez donc de bien prendre tous le caractère de vos rôles, et de vous figurer que vous êtes ce que vous représentez.

(*à du Croisy.*)

Vous faites le poëte, vous ; et vous devez vous rem-

SCÈNE I.

plir de ce personnage, marquer cet air pédant qui se conserve parmi le commerce du beau monde, ce ton de voix sentencieux, et cette exactitude de prononciation qui appuie sur toutes les syllabes et ne laisse échapper aucune lettre de la plus sévère orthographe.

(*à Brécourt.*)

Pour vous, vous faites un honnête homme de cour, comme vous avez déjà fait dans la Critique de l'École des Femmes ; c'est-à-dire que vous devez prendre un air posé, un ton de voix naturel, et gesticuler le moins qu'il vous sera possible.

(*à la Grange.*)

Pour vous, je n'ai rien à vous dire.

(*à mademoiselle Béjart.*)

Vous, vous représentez une de ces femmes qui, pourvu qu'elles ne fassent point l'amour, croient que tout le reste leur est permis ; de ces femmes qui se retranchent toujours fièrement sur leur pruderie, regardent un chacun de haut en bas, et veulent que toutes les plus belles qualités que possèdent les autres ne soient rien en comparaison d'un misérable honneur dont personne ne se soucie. Ayez toujours ce caractère devant les yeux pour en bien faire les grimaces.

(*à mademoiselle de Brie.*)

Pour vous, vous faites une de ces femmes qui pensent être les plus vertueuses personnes du monde, pourvu qu'elles sauvent les apparences ; de ces femmes qui croient que le péché n'est que dans le scandale, qui veulent conduire doucement les affaires qu'elles ont sur le pied d'attachement honnête, et appellent amis ce que les autres nomment galans. Entrez bien dans ce caractère.

(*à mademoiselle Molière.*)

Vous, vous faites le même personnage que dans la Critique, et je n'ai rien à vous dire, non plus qu'à mademoiselle du Parc.

(*à mademoiselle du Croisy.*)

Pour usov, vous représentez une de ces personnes qui

prêtent doucement des charités à tout le monde, de ces femmes qui donnent toujours le petit coup de langue en passant, et seraient bien fâchées d'avoir souffert qu'on eût dit du bien du prochain. Je crois que vous ne vous acquitterez pas mal de ce rôle.

(*à mademoiselle Hervé.*)

Et pour vous, vous êtes la soubrette de la précieuse, qui se mêle de temps en temps dans la conversation, et attrape, comme elle peut, tous les termes de sa maîtresse. Je vous dis tous vos caractères, afin que vous vous les imprimiez fortement dans l'esprit. Commençons maintenant à répéter, et voyons comme cela ira. Ah! voici justement un fâcheux! Il ne nous fallait plus que cela.

SCÈNE II.

LA THORILLIÈRE, MOLIÈRE, BRÉCOURT, LA GRANGE, DU CROISY, MESDEMOISELLE DU PARC, BÉJART, DE BRIE, MOLIÈRE DU CROISY, HERVÉ.

LA THORILLIÈRE.

Bonjour, monsieur Molière.

MOLIÈRE.

Monsieur, votre serviteur. (*à part.*) La peste soit de l'homme.

LA THORILLIÈRE.

Comment vous en va?

MOLIÈRE.

Fort bien pour vous servir. (*aux actrices.*) Mesdemoiselles, ne...

LA THORILLIÈRE.

Je viens d'un lieu où j'ai bien dit du bien de vous.

MOLIÈRE.

Je vous suis obligé. (*à part*). Que le diable t'emporte (*aux acteurs.*) Ayez un peu soin...

LA THORILLIÈRE.

Vous jouez une pièce nouvelle aujourd'hui?

SCÈNE II.

MOLIÈRE.

Oui, monsieur. (*aux actrices.*) N'oubliez pas...

LA THORILLIÈRE.

C'est le roi qui vous l'a fait faire?

MOLIÈRE.

Oui, monsieur. (*aux acteurs.*) De grace, songez....

LA THORILLIÈRE.

Comment l'appelez-vous?

MOLIÈRE.

Oui, monsieur.

LA THORILLIÈRE.

Je vous demande comment vous la nommez.

MOLIÈRE.

Ah! ma foi, je ne sais. (*aux actrices.*) Il faut, s'il vous plaît, que vous...

LA THORILLIÈRE.

Comment serez-vous habillés?

MOLIÈRE.

Comme vous voyez. (*aux acteurs.*) Je vous prie....

LA THORILLIÈRE.

Quand commencerez-vous?

MOLIÈRE.

Quand le roi sera venu. (*à part.*) Au diantre le questionneur!

LA THORILLIÈRE.

Quand croyez-vous qu'il vienne?

MOLIÈRE.

La peste m'étouffe, monsieur, si je le sais!

LA THORILLIÈRE.

Savez-vous-point...?

MOLIÈRE.

Tenez, monsieur, je suis le plus ignorant homme du monde. Je ne sais rien de tout ce que vous pourrez me demander, je vous jure. (*à part.*) J'enrage! Ce bourreau vient avec un air tranquille vous faire des questions, et ne se soucie pas qu'on ait en tête d'autres affaires.

LA THORILLIÈRE.

Mesdemoiselles, votre serviteur.

MOLIÈRE.

Ah ! bon ! le voilà d'un autre côté.

LA THORILLIÈRE, *à mademoiselle du Croisy.*

Vous voilà belle comme un petit ange. Jouez-vous toutes deux aujourd'hui ? (*en regardant mademoiselle Hervé.*)

MADEMOISELLE DU CROISY.

Oui, monsieur.

LA THORILLIÈRE.

Sans vous la comédie ne vaudrait pas grand'chose.

MOLIÈRE, *bas, aux actrices.*

Vous ne voulez pas faire en aller cet homme-là ?

MADEMOISELLE DE BRIE, *à la Thorillière.*

Monsieur, nous avons ici quelque chose à répéter ensemble.

LA THORILLIÈRE.

Ah ! parbleu ! je ne veux pas vous empêcher ; vous n'avez qu'à poursuivre.

MADEMOISELLE DE BRIE.

Mais...

LA THORILLIÈRE.

Non, non ; je serais fâché d'incommoder personne. Faites librement ce que vous avez à faire.

MADEMOISELLE DE BRIE.

Oui ; mais...

LA THORILLIÈRE.

Je suis un homme sans cérémonie, vous dis-je ; et vous pouvez répéter ce qu'il vous plaira.

MOLIÈRE.

Monsieur, ces demoiselles ont peine à vous dire qu'elles souhaiteraient fort que personne ne fût ici pendant cette répétition.

LA THORILLIÈRE.

Pourquoi ? il n'y a point de danger pour moi.

MOLIÈRE.

Monsieur, c'est une coutume qu'elles observent, et

SCÈNE III.

vous aurez plus de plaisir quand les choses vous surprendront.

LA THORILLIÈRE.

Je m'en vais donc dire que vous êtes prêts.

MOLIÈRE.

Point du tout, monsieur ; ne vous hâtez pas, de grace.

SCÈNE III.

MOLIÈRE, BRÉCOURT, LA GRANGE, DU CROISY, MESDEMOISELLES DU PARC, BÉJART, DE BRIE, MOLIÈRE, DU CROISY, HERVÉ.

MOLIÈRE.

Ah que le monde est plein d'impertinens ! Or sus, commençons. Figurez-vous donc premièrement que la scène est dans l'antichambre du roi ; car c'est un lieu où il se passe tous les jours des choses assez plaisantes. Il est aisé de faire venir là toutes les personnes qu'on veut, et on peut trouver des raisons même pour y autoriser la venue des femmes que j'introduis. La comédie s'ouvre par deux marquis qui se rencontrent.

(*à la Grange.*)

Souvenez-vous bien, vous, de venir, comme je vous ai dit, là, avec cet air qu'on nomme le bel air, peignant votre perruque, et grondant une petite chanson entre vos dents. La, la, la, la, la, la, la. Rangez-vous donc, vous autres ; car il faut du terrain à deux marquis, et ils ne sont pas gens à tenir leur personne dans un petit espace.

(*à la Grange.*)

Allons, parlez.

LA GRANGE.

« Bonjour, marquis. »

MOLIÈRE.

Mon dieu ! ce n'est point là le ton d'un marquis : il faut le prendre un peu plus haut ; et la plupart de ces messieurs affectent une manière de parler particulière pour se distinguer du commun. « Bonjour, marquis. » Recommencez donc.

LA GRANGE.

« Bonjour, marquis. »

MOLIÈRE.

« Ah ! marquis, ton serviteur. »

LA GRANGE.

« Que fais-tu là ? »

MOLIÈRE.

« Parbleu ! tu vois ; j'attends que tous ces messieurs aient débouché la porte, pour présenter là mon visage. »

LA GRANGE.

« Têtebleu ! quelle foule ! Je n'ai garde de m'y aller frotter, et j'aime bien mieux entrer des derniers. »

MOLIÈRE.

« Il y a là vingt gens qui sont fort assurés de n'entrer point, et qui ne laissent pas de se presser et d'occuper toutes les avenues de la porte. »

LA GRANGE.

« Crions nos deux noms à l'huissier, afin qu'il nous appelle. »

MOLIÈRE.

« Cela est bon pour toi ; mais, pour moi, je ne veux pas être joué par Molière. »

LA GRANGE.

« Je pense, pourtant, marquis, que c'est toi qu'il joue dans la Critique. »

MOLIÈRE.

« Moi ? Je suis ton valet ; c'est toi-même en propre personne. »

LA GRANGE.

« Ah ! ma foi, tu es bon de m'appliquer ton personnage. »

MOLIÈRE.

« Parbleu ! je te trouve plaisant de me donner ce qui t'appartient. »

SCÈNE III.

LA GRANGE, *riant.*

« Ah, ah, ah! Cela est drôle. »

MOLIÈRE, *riant.*

« Ah, ah, ah! Cela est bouffon. »

LA GRANGE.

« Quoi! tu veux soutenir que ce n'est pas toi qu'on joue dans le marquis de la Critique? »

MOLIÈRE.

« Il est vrai : c'est moi. *Détestable, morbleu! détestable; tarte à la crème.* C'est moi, c'est moi; assurément, c'est moi. »

LA GRANGE.

« Oui, parbleu! c'est toi, tu n'as que faire de railler; et, si tu veux nous gagerons, et verrons qui a raison des deux. »

MOLIÈRE.

« Et que veux-tu gager encore? »

LA GRANGE.

« Je gage cent pistoles que c'est toi. »

MOLIÈRE.

« Et moi, cent pistoles que c'est toi. »

LA GRANGE.

« Cent pistoles comptant. »

MOLIÈRE.

« Comptant. Quatre-vingt-dix pistoles sur Amyntas, et dix pistoles comptant. »

LA GRANGE.

« Je le veux. »

MOLIÈRE.

« Cela est fait. »

LA GRANGE.

« Ton argent court grand risque. »

MOLIÈRE.

« Le tien est bien aventuré. »

LA GRANGE.

« A qui nous en rapporter? »

MOLIÈRE.

« Voici un homme qui nous jugera. (*à Brécourt.*) « Chevalier! »

BRÉCOURT.

« Quoi ? »

MOLIÈRE.

Bon, voilà l'autre qui prend le ton de marquis ! Vous ai-je pas dit que vous faites un rôle où l'on doit parler naturellement ?

BRÉCOURT.

Il est vrai.

MOLIÈRE.

Allons donc. « Chevalier. »

BRÉCOURT.

« Quoi. »

MOLIÈRE.

« Juge-nous un peu sur une gageure que nous » avons faite. »

BRÉCOURT.

« Et quelle ? »

MOLIÈRE.

« Nous disputons qui est le marquis de la Critique » de Molière : Il gage que c'est moi, et moi je gage » que c'est lui. »

BRÉCOURT.

» Et moi, je juge que ce n'est ni l'un ni l'autre.
» Vous êtes fous tous deux de vouloir vous appliquer
» ces sortes de choses ; et voilà de quoi j'ouïs l'autre
» jour se plaindre Molière, parlant à des personnes
» qui le chargeaient de même chose que vous. Il disait
» que rien ne lui donnait du déplaisir comme d'être
» accusé de regarder quelqu'un dans les portraits qu'il
» fait ; que son dessein est de peindre les mœurs
» sans vouloir toucher aux personnes, et que tous
» les personnages qu'il représente sont des per-
» sonnages en l'air, et des fantômes proprement,
» qu'il habille à sa fantaisie pour réjouir les
» spectateurs ; qu'il serait bien fâché d'y avoir ja-
» mais marqué qui que ce soit ; et que, si quelque
» chose était capable de le dégoûter de faire des co-
» médies, c'était les ressemblances qu'on y voulait

SCÈNE III.

» toujours trouver, et dont ses ennemis tâchaient
» malicieusement d'appuyer la pensée pour lui rendre
» de mauvais offices auprès de certaines personnes à
» qui il n'a jamais pensé. En effet, je trouve qu'il
» a raison; car pourquoi vouloir, je vous prie,
» appliquer tous ses gestes et toutes ses paroles, et
» chercher à lui faire des affaires, en disant haute-
» ment : Il joue un tel, lorsque se sont des choses
» qui peuvent convenir à cent personnes? Comme l'af-
» faire de la comédie est de représenter en général
» tous les défauts des hommes, et principalement des
» hommes de notre siècle, il est impossible à Molière
» de faire aucun caractère qui ne rencontre quelqu'un
» dans le monde ; et, s'il faut qu'on l'accuse d'avoir
» songé à toutes les personnes où l'on peut trouver les
» défauts qu'il peint, il faut, sans doute, qu'il ne
» fasse plus de comédies. »

MOLIÈRE.

« Ma foi, chevalier, tu veux justifier Molière,
» et épargner notre ami que voilà. »

LA GRANGE.

« Point du tout, c'est toi qu'il épargne ; et nous
» trouverons d'autres juges. »

MOLIÈRE.

» Soit. Mais dis-moi, chevalier, crois-tu pas que
» ton Molière est épuisé maintenant, et qu'il ne
» trouvera plus de matière pour...? »

BRÉCOURT.

« Plus de matière ! Hé ! mon pauvre marquis, nous
» lui en fournirons toujours assez ; et nous ne prenons
» guère le chemin de nous rendre sages, pour tout ce
» qu'il fait et tout ce qu'il dit. »

MOLIÈRE.

Attendez. Il faut marquer davantage tout cet endroit. Ecoutez-le-moi dire un peu... « et qu'il ne
» trouvera plus de matière pour... Plus de matière !
» Hé ! mon pauvre marquis, nous lui en fournirons
» toujours assez ; et nous ne prenons guère le chemin

» de nous rendre sages, pour tout ce qu'il fait et
» tout ce qu'il dit. Crois-tu qu'il ait épuisé dans ses
» comédies tout le ridicule des hommes ? Eh ! sans
» sortir de la cour, n'a-t-il pas encore vingt carac-
» tères de gens où il n'a point touché ? N'a-t-il pas,
» par exemple, ceux qui se font les plus grandes
» amitiés du monde, et qui, le dos tourné, font
» galanterie de se déchirer l'un l'autre ? N'a-t-il pas
» ces adulateurs à outrance, ces flatteurs insipides
» qui n'assaisonnent d'aucun sel les louanges qu'ils
» donnent, et dont toutes les flatteries ont une
» douceur fade qui fait mal au cœur à ceux qui
» les écoutent ? N'a-t-il pas ces lâches courti-
» sans de la faveur, ces perfides adorateurs de la
» fortune, qui vous encensent dans la prospérité, et
» vous accablent dans la disgrace ? N'a-t-il pas
» ceux qui sont toujours mécontens de la cour, ces
» suivans inutiles, ces incommodes assidus, ces
» gens, dis-je, qui, pour services, ne peuvent comp-
» ter que des importunités, et qui veulent qu'on les
» récompense d'avoir obsédé le prince dix ans du-
» rant ! N'a-t-il pas ceux qui caressent également
» tout le monde, qui promènent leurs civilités à
» droite et à gauche, et courent à tous ceux qu'ils
» voient avec les mêmes embrassades et les mêmes
» protestations d'amitiés ? Monsieur, votre très-
» humble serviteur. Monsieur, je suis tout à votre
» service. Tenez-moi des vôtres, mon cher. Faites
» état de moi, monsieur, comme du plus chaud de
» vos amis. Monsieur, je suis ravi de vous embrasser.
» Ah ! monsieur, je ne vous voyais pas. Faites-moi la
» grace de m'employer ; soyez persuadé que je suis en-
» tièrement à vous. Vous êtes l'homme du monde que
» je révère le plus. Il n'y a personne que j'honore à
» l'égal de vous. Je vous conjure de le croire. Je vous
» supplie de n'en point douter. Serviteur. Très-humble
» valet. Va, va, marquis, Molière aura toujours plus
» de sujets qu'il n'en voudra ; et tout ce qu'il a touché

SCÈNE III.

» jusqu'ici n'est rien que bagatelle au prix de ce qui
» reste. »

Voilà à peu près comme cela doit être joué.

BRÉCOURT.

C'est assez.

MOLIÈRE.

Poursuivez.

BRÉCOURT.

« Voici Climène et Élise. »

MOLIÈRE,
(à mesdemoiselles du Parc et Molière.)

Là-dessus, vous arriverez toutes deux.

(à mademoiselle du Parc.)

Prenez bien garde, vous, à vous déhancher comme il faut et à faire bien des façons. Cela vous contraindra un peu; mais qu'y faire ! Il faut parfois se faire violence.

MADEMOISELLE MOLIÈRE.

« Certes, madame, je vous ai reconnue de loin et
» j'ai bien vu, à votre air, que ce ne pouvait être une
» autre que vous. »

MADEMOISELLE DU PARC.

« Vous voyez, je viens attendre ici la sortie d'un
» homme avec qui j'ai une affaire à démêler. »

MADEMOISELLE MOLIÈRE.

« Et moi de même. »

MOLIÈRE.

Mesdames, voilà des coffres qui vous serviront de fauteuils.

MADEMOISELLE DU PARC.

« Allons, madame, prenez place, s'il vous plaît. »

MADEMOISELLE MOLIÈRE.

« Après vous, madame. »

MOLIÈRE.

Bon. Après ces petites cérémonies muettes, chacun prendra place, et parlera assis, hors les marquis, qui tantôt se lèveront et tantôt s'asseoiront, suivant leur inquiétude naturelle. « Parbleu ! chevalier, tu devrais
« faire prendre médecine à tes canons. »

BRÉCOURT

« Comment ? »

MOLIÈRE.

« Ils se portent fort mal. »

BRÉCOURT.

« Serviteur à la turlupinade. »

MADEMOISELLE MOLIÈRE.

« Mon dieu ! madame, que je vous trouve le teint
» d'une blancheur éblouissante, et les lèvres d'une
» couleur de feu surprenante ! »

MADEMOISELLE DU PARC.

« Ah ! que dites-vous là, madame ? ne me regardez
» point, je suis du dernier laid aujourd'hui. »

MADEMOISELLE MOLIÈRE.

« Hé ! madame, levez un peu votre coiffe. »

MADEMOISELLE DU PARC.

« Fi ! je suis épouvantable, vous dis-je ; et je me
» fais peur à moi-même. »

MADEMOISELLE MOLIÈRE.

« Vous êtes si belle ! »

MADEMOISELLE DU PARC.

« Point, point. »

MADEMOISELLE MOLIÈRE.

« Montrez-vous. »

MADEMOISELLE DU PARC.

« Ah ! fi donc, je vous prie ! »

MADEMOISELLE MOLIÈRE.

« De grace. »

MADEMOISELLE DU PARC.

« Mon dieu ! non. »

MADEMOISELLE MOLIÈRE.

« Si fait. »

MADEMOISELLE DU PARC.

« Vous me désespérez. »

MADEMOISELLE MOLIÈRE.

« Un moment. »

MADEMOISELLE DU PARC.

« Hai. »

SCÈNE III.

MADEMOISELLE MOLIÈRE.

« Résolûment, vous vous montrerez. On ne peut
» point se passer de vous voir. »

MADEMOISELLE DU PARC.

» Mon dieu ! que vous êtes une étrange personne !
» Vous voulez furieusement ce que vous voulez. »

MADEMOISELLE MOLIÈRE.

« Ah ! madame, vous n'avez aucun désavantage à
» paraître au grand jour, je vous jure. Les méchantes
» gens, qui assuraient que vous mettiez quelque chose!
» Vraiment ! je les démentirai bien maintenant. »

MADEMOISELLE DU PARC.

« Hélas ! je ne sais pas seulement ce qu'on appelle
» mettre quelque chose. Mais où vont ces dames ? »

MADEMOISELLE DE BRIE.

« Vous voulez bien, mesdames, que nous vous
» donnions en passant la plus agréable nouvelle du
» monde. Voilà monsieur Lysidas qui vient de nous
» avertir qu'on a fait une pièce contre Molière, que
» les grands comédiens vont jouer. »

MOLIÈRE.

« Il est vrai ; on me l'a voulu lire. C'est un nommé
» Br... Brou... Brossaut qui l'a faite. »

DU CROISY.

« Monsieur, elle est affichée sous le nom de Boursaut;
» mais, à vous dire le secret, bien des gens ont mis
» la main à cet ouvrage, et l'on en doit concevoir une
» assez haute attente. Comme tous les auteurs et tous
» les comédiens regardent Molière comme leur plus
» grand ennemi, nous nous sommes tous unis pour
» le desservir. Chacun de nous a donné un coup de
» pinceau à son portrait ; mais nous nous sommes bien
» gardés d'y mettre nos noms : il lui aurait été trop
» glorieux de succomber, aux yeux du monde, sous
» les efforts de tout le Parnasse ; et, pour rendre
» sa défaite plus ignominieuse, nous avons voulu
» choisir tout exprès un auteur sans réputation. »

MADEMOISELLE DU PARC.

« Pour moi, je vous avoue que j'en ai toutes les joies imaginables. »

MOLIÈRE.

« Et moi aussi. Par la sang-bleu ! le railleur sera raillé ; il aura sur les doigts, ma foi. »

MADEMOISELLE DU PARC.

« Cela lui apprendra à vouloir satiriser tout. Comment ! cet impertinent ne veut pas que les femmes aient de l'esprit ! Il condamne toutes nos expressions élevées, et prétend que nous parlions toujours terre à terre ! »

MADEMOISELLE DE BRIE.

« Le langage n'est rien : mais il censure tous nos attachemens, quelques innocens qu'ils puissent être ; et, de la façon qu'il en parle, c'est être criminelle que d'avoir du mérite. »

MADEMOISELLE DU CROISY.

« Cela est insupportable. Il n'y a pas une femme qui puisse plus rien faire. Que ne laisse-t-il en repos nos maris, sans leur ouvrir les yeux, et leur faire prendre garde à des choses dont ils ne s'avisent pas ? »

MADEMOISELLE BÉJART.

« Passe pour tout cela ; mais il satirise même les femmes de bien, et ce méchant plaisant leur donne le titre d'honnêtes diablesses. »

MADEMOISELLE MOLIÈRE.

« C'est un impertinent. Il faut qu'il en ait tout le soûl. »

DU CROISY.

« La représentation de cette comédie, madame, aura besoin d'être appuyée ; et les comédiens de l'hôtel... »

MADEMOISELLE DU PARC.

« Mon dieu ! qu'ils n'appréhendent rien ; je leur garantis le succès de leur pièce, corps pour corps. »

MADEMOISELLE MOLIÈRE.

« Vous avez raison, madame. Trop de gens sont

» intéressés à la trouver belle. Je vous laisse à penser
» si tous ceux qui se croient satirisés par Molière ne
» prendront point l'occasion de se venger de lui en
» applaudissant à cette comédie. »

BRÉCOURT, *ironiquement.*

« Sans doute ; et pour moi je réponds de douze
» marquis, de six précieuses, de vingt coquettes, et
» de trente cocus, qui ne manqueront pas d'y battre
» des mains. »

MADEMOISELLE MOLIÈRE.

« En effet, pourquoi aller offenser toutes ces per-
» sonnes-là, et particulièrement les cocus, qui sont
» les meilleures gens du monde ? »

MOLIÈRE.

« Par la sang-bleu ! on m'a dit qu'on va le dauber,
» lui et toutes ses comédies, de la belle manière, et
» que les comédiens et les auteurs, depuis le cèdre
» jusqu'à l'hyssope, sont diablement animés contre lui. »

MADEMOISELLE MOLIÈRE.

« Cela lui sied fort bien. Pourquoi fait-il de mé-
» chantes pièces que tout Paris va voir, et où il
» peint si bien les gens que chacun s'y connaît ? Que
» ne fait-il des comédies, comme celle de monsieur
» Lysidas ! il n'aurait personne contre lui, et tous
» les auteurs en diraient du bien. Il est vrai que de
» semblables comédies n'ont pas ce grand concours
» de monde : mais, en revanche, elles sont toujours
» bien écrites, personne n'écrit contre elles, et tous
» ceux qui les voient meurent d'envie de les trouver
» belles. »

DU CROISY.

« Il est vrai que j'ai l'avantage de ne me point
» faire d'ennemis, et que tous mes ouvrages ont l'ap-
» probation des savans. »

MADEMOISELLE MOLIÈRE.

« Vous faites bien d'être content de vous : cela
» vaut mieux que tous les applaudissemens du pu-

» blic, et que tout l'argent qu'on saurait gagner aux
» pièces de Molière. Que vous importe qu'il vienne
» du monde à vos comédies, pourvu qu'elles soient
» approuvées par messieurs vos confrères? »

LA GRANGE.

« Mais quand jouera-t-on le Portrait du Peintre? »

DU CROISY.

« Je ne sais, mais je me prépare fort à paraître des
» premiers sur les rangs, pour crier : Voilà qui est
» beau ! »

MOLIÈRE.

« Et moi de même, parbleu ! »

LA GRANGE.

« Et moi aussi, dieu me sauve ! »

MADEMOISELLE DU PARC.

« Pour moi, j'y paierai de ma personne comme il
» faut ; et je réponds d'une bravoure d'approbation
» qui mettra en déroute tous les jugemens ennemis.
» C'est bien la moindre chose que nous devions faire,
» que d'épauler de nos louanges le vengeur de nos in-
» térêts. »

MADEMOISELLE MOLIÈRE.

« C'est fort bien dit. »

MADEMOISELLE DE BRIE.

« Et ce qu'il nous faut faire toutes. »

MADEMOISELLE BÉJART.

« Assurément. »

MADEMOISELLE DU CROISY.

« Sans doute. »

MADEMOISELLE HERVÉ.

« Point de quartier à ce contrefaiseur de gens. »

MOLIÈRE.

« Ma foi chevalier, mon ami, il faudra que ton
» Molière se cache. »

BRÉCOURT.

« Qui ? lui ? Je te promets, marquis, qu'il fait
» dessein d'aller sur le théâtre rire, avec tous les
» autres, du portrait qu'on a fait de lui. »

SCÈNE III.

MOLIÈRE.

« Parbleu ! ce sera donc du bout des dents qu'il y
» rira.

BRÉCOURT.

« Va, va, peut-être qu'il y trouvera plus de sujets
» de rire que tu ne penses. On m'a montré la pièce ;
» et comme tout ce qu'il y a d'agréable sont effecti-
» vement les idées qui ont été prises de Molière, la
» joie que cela pourra donner n'aura pas lieu de lui
» déplaire, sans doute ; car, pour l'endroit où l'on
» s'efforce de le noircir, je suis le plus trompé du
» monde, si cela est approuvé de personne. Et quant à
» tous les gens qu'ils ont tâché d'animer contre lui,
» sur ce qu'il fait, dit-on, des portraits trop ressem-
» blants, outre que cela est de fort mauvaise grace,
» je ne vois rien de plus ridicule et de plus mal pris ;
» et je n'avais pas cru jusqu'ici que ce fût un sujet de
» blâme pour un comédien, que de peindre trop bien
» les hommes. »

LA GRANGE.

« Les comédiens m'ont dit qu'ils l'attendaient sur
» la réponse, et que... »

BRÉCOURT.

« Sur la réponse ? Ma foi, je le trouverais un
» grand fou s'il se mettait en peine de répondre à
» leurs invectives. Tout le monde sait assez de quel
» motif elles peuvent partir ; et la meilleure réponse
» qu'il leur puisse faire, c'est une comédie qui réus-
» sisse comme toutes ses autres : voilà le vrai moyen
» de se venger d'eux comme il faut. Et de l'humeur
» dont je les connais, je suis fort assuré qu'une pièce
» nouvelle qui leur enlèvera le monde les fâchera bien
» plus que toutes les satires qu'on pourrait faire de
» leurs personnes. »

MOLIÈRE.

« Mais, chevalier... ? »

MADEMOISELLE BÉJART.

Souffrez que j'interrompe pour un peu la répétition. (*à Molière.*) Voulez-vous que je vous die ? Si j'avais été en votre place, j'aurais poussé les choses autrement. Tout le monde attend de vous une réponse vigoureuse ; et, après la manière dont on m'a dit que vous étiez traité dans cette comédie, vous étiez en droit de tout dire contre les comédiens, et vous deviez n'en épargner aucun.

MOLIÈRE.

J'enrage de vous ouïr parler de la sorte. Et voilà votre manie à vous autres femmes : vous voudriez que je prisse feu d'abord contre eux, et qu'à leur exemple j'allasse éclater promptement en invectives et en injures. Le bel honneur que j'en pourrais tirer ! et le grand dépit que je leur ferais ! Ne se sont-ils pas préparés de bonne volonté à ces sortes de choses? et, lorsqu'ils ont délibéré s'ils joueraient le Portrait du Peintre, sur la crainte d'une riposte, quelques-uns d'entre eux n'ont-ils pas répondu : Qu'il nous rende toutes les injures qu'il voudra, pourvu que nous gagnions de l'argent ? N'est-ce pas là la marque d'une ame fort sensible à la honte ? et ne me vengerais-je pas bien d'eux en leur donnant ce qu'ils veulent bien recevoir ?

MADEMOISELLE DE BRIE.

Ils se sont fort plaints toutefois de trois ou quatre mots que vous avez dits d'eux dans la Critique et dans vos Précieuses.

MOLIÈRE.

Il est vrai, ces trois ou quatre mots sont fort offensans, et ils ont grande raison de les citer ! Allez, allez, ce n'est pas cela. Le plus grand mal que je leur aie fait, c'est que j'ai eu le bonheur de plaire un peu plus qu'ils n'auraient voulu ; et tout leur procédé, depuis que nous sommes venus à Paris, a trop marqué ce qui les touche. Mais laissons-les faire tant qu'ils voudront ; toutes leurs entreprises ne doivent point m'inquiéter. Ils critiquent mes pièces, tant mieux ; et dieu me garde d'en faire jamais qui leur plaisent ! ce serait une mauvaise affaire pour moi.

MADEMOISELLE DE BRIE.

Il n'y a pas grand plaisir pourtant à voir déchirer ses ouvrages.

MOLIÈRE.

Et qu'est-ce que cela me fait ? N'ai-je pas obtenu de ma comédie tout ce que j'en voulais obtenir, puisqu'elle a eu le bonheur d'agréer aux augustes personnes a qui particulièrement je m'efforce de plaire ? N'ai-je pas lieu d'être satisfait de sa destinée ? et toutes leurs censures ne viennent-elles pas trop tard ? Est-ce moi, je vous prie, que cela regarde maintenant ? et lorsqu'on attaque une pièce qui a eu du succès, n'est-ce pas attaquer plutôt le jugement de ceux qui l'ont approuvée, que l'art de celui qui l'a faite.

MADEMOISELLE DE BRIE.

Ma foi, j'aurais joué ce petit monsieur l'auteur, qui se mêle d'écrire contre des gens qui ne songent pas à lui.

MOLIÈRE.

Vous êtes folle. Le beau sujet à divertir la cour que monsieur Boursaut ! Je voudrais bien savoir de quelle façon on pourrait l'ajuster pour le rendre plaisant, et si, quand on le bernerait sur le théâtre, il serait assez heureux pour faire rire le monde. Ce lui serait trop d'honneur que d'être joué devant une auguste assemblée; il ne demanderait pas mieux, et il m'attaque de gaieté de cœur pour se faire connaître de quelque façon que ce soit. C'est un homme qui n'a rien a perdre ; et les comédiens ne me l'ont déchaîné que pour m'engager à une sotte guerre, et me détourner, par cet artifice, des autres ouvrages que j'ai à faire : et cependant vous êtes assez simples pour donner toutes dans ce panneau ! Mais enfin j'en ferai ma déclaration publiquement : je ne prétends faire aucune réponse à toutes leurs critiques et leurs contre-critiques. Qu'ils disent tous les maux du monde de mes pièces, j'en suis d'accord. Qu'ils s'en saisissent après nous; qu'ils les retournent comme un habit pour les mettre sur leur théâtre, et tâchent de profiter de quelque agrément qu'on y trouve et d'un peu de bonheur que j'ai, j'y consens, ils en ont besoin; et je serai bien aise de contribuer à les faire subsister, pourvu qu'ils se contentent de ce que je puis leur accorder avec bienséance. La courtoisie doit avoir des bornes; et il y a des choses qui ne font rire ni les spectateurs ni celui dont on parle. Je leur abandonne de bon cœur mes ouvrages, ma figure, mes gestes, mes paroles, mon ton de voix et ma façon de réciter, pour en faire et dire tout ce qu'il leur plaira, s'ils en peuvent tirer quelque avantage. Je ne m'oppose point à toutes ces choses, et je serai ravi que cela puisse réjouir le monde; mais, en leur abandonnant tout cela, ils me doivent faire la grace de me laisser le reste, et de ne point toucher à des matières de la nature de celles sur lesquelles on m'a dit qu'ils m'attaquaient dans leurs comédies. C'est de quoi je prierai civilement cet honnête monsieur qui se mêle d'écrire pour eux; et voilà toute la réponse qu'ils auront de moi.

MADEMOISELLE BÉJART.

Mais enfin...

MOLIÈRE.

Mais enfin vous me feriez devenir fou. Ne parlons point de cela davantage; nous nous amusons à faire des discours au lieu de répéter notre comédie. Où en étions-nous? je ne m'en souviens plus.

MADEMOISELLE DE BRIE.

Vous en étiez à l'endroit...

MOLIÈRE.

Mon dieu! j'entends du bruit: c'est le roi qui arrive, assurément; et je vois bien que nous n'aurons pas le temps de passer outre. Voilà ce que c'est de s'amuser. Oh bien! faites donc, pour le reste, du mieux qu'il vous sera possible.

SCÈNE IV.

MADEMOISELLE BÉJART.

Par ma foi! la frayeur me prend; et je ne saurais aller jouer mon rôle, si je ne le répète tout entier.

MOLIÈRE.

Comment! vous ne sauriez aller jouer votre rôle?

MADEMOISELLE BÉJART.

Non.

MADEMOISELLE DU PARC.

Ni moi le mien.

MADEMOISELLE DE BRIE.

Ni moi non plus.

MADEMOISELLE MOLIÈRE.

Ni moi.

MADEMOISELLE HERVÉ.

Ni moi.

MADEMOISELLE DU CROISY.

Ni moi.

MOLIÈRE.

Que pensez-vous donc faire? Vous moquez-vous toutes de moi?

SCÈNE IV.

BÉJART, MOLIÈRE, LA GRANGE, DU CROISY, MESDEMOISELLES DU PARC, BÉJART, DE BRIE, MOLIÈRE, DU CROISY, HERVÉ.

BÉJART.

Messieurs, je viens vous avertir que le roi est venu, et qu'il attend que vous commenciez.

MOLIÈRE.

Ah! monsieur, vous me voyez dans la plus grande peine du monde; je suis désespéré à l'heure que je vous parle. Voici des femmes qui s'effraient et qui disent qu'il leur faut répéter leurs rôles avant que d'aller commencer. Nous demandons, de grace, encore un moment. Le roi a de la bonté, et il sait bien que la chose a été précipitée.

SCÈNE V.

MOLIÈRE, *et les mêmes acteurs, à l'exception de* Béjart.

MOLIÈRE.

Hé! de grace, tâchez de vous remettre; prenez courage, je vous prie.

MADEMOISELLE DU PARC.

Vous devez vous aller excuser.

MOLIÈRE.

Comment m'excuser?

SCÈNE VI.

MOLIÈRE, *et les mêmes acteurs.*
UN NÉCESSAIRE.

LE NÉCESSAIRE.

Messieurs, commencez donc.

MOLIÈRE.

Tout à l'heure, monsieur. Je crois que je perdrai l'esprit de cette affaire-ci, et...

SCÈNE VII.

MOLIÈRE, *et les mêmes acteurs.*
UN SECOND NÉCESSAIRE.

LE SECOND NÉCESSAIRE.

Messieurs, commencez donc.

MOLIÈRE.

Dans un moment, monsieur. (*à ses camarades*) Hé quoi donc! voulez-vous que j'aie l'affront...?

SCÈNE VIII.

MOLIÈRE, *et les mêmes acteurs,*
UN TROISIÈME NÉCESSAIRE.

LE TROISIÈME NÉCESSAIRE.

Messieurs, commencez donc.

MOLIÈRE.

Oui, monsieur, nous y allons. Hé! que de gens se font fête, et viennent dire : Commencez donc, à qui le roi ne l'a pas commandé!

SCÈNE IX.

MOLIÈRE, *et les mêmes acteurs,*
UN QUATRIÈME NÉCESSAIRE.

LE QUATRIÈME NÉCESSAIRE.

Messieurs, commencez donc.

MOLIÈRE.

Voilà qui est fait, monsieur. (*à ses camarades.*) Quoi donc! recevrai-je la confusion...?

SCÈNE X.

BÉJART, MOLIÈRE, *et les mêmes acteurs.*

MOLIÈRE.

Monsieur, vous venez pour nous dire de commencer, mais...

BÉJART.

Non, messieurs; je viens pour vous dire qu'on a dit au roi l'embarras où vous vous trouviez, et que, par une bonté toute particulière, il remet votre nouvelle comédie à une autre fois, il se contente, pour aujourd'hui, de la première que vous pourrez donner.

MOLIÈRE.

Ah ! monsieur, vous me redonnez la vie. Le roi nous fait la plus grande grace du monde de nous donner du temps pour ce qu'il a souhaité ; et nous allons tous le remercier des extrêmes bontés qu'il nous fait paraître.

FIN DE L'IMPROMPTU DE VERSAILLES.

LA PRINCESSE D'ÉLIDE,

COMÉDIE-BALLET EN CINQ ACTES,

Représentée à Versailles le 8 mai ; et à Paris, sur le théâtre du Palais-Royal, le 9 novembre 1664.

PERSONNAGES DU PROLOGUE.

L'AURORE.
LYCISCAS, valet de chiens.
TROIS VALETS DE CHIENS, chantans.
VALETS DE CHIENS, dansans.

PERSONNAGES DE LA COMÉDIE.

IPHITAS, prince d'Élide, père de la princesse.
LA PRINCESSE D'ÉLIDE.
EURYALE, prince d'Itaque.
ARISTOMÈNE, prince de Messène.
THÉOCLE, prince de Pyle.
AGLANTE, cousine de la princesse.
CYNTHIE, cousine de la princesse.
ARBATE, gouverneur du prince d'Itaque.
PHILIS, suivante de la princesse.
MORON, plaisant de la princesse.
LYCAS, suivant d'Iphitas.

PERSONNAGES DES INTERMÈDES.

PREMIER INTERMÈDE.

MORON
CHASSEURS, dansans.

PERSONNAGES.

SECOND INTERMÈDE.

PHILIS.
MORON.
UN SATYRE, chantant.
SATYRES, dansans.

TROISIÈME INTERMÈDE.

PHILIS.
TIRCIS, berger chantant.
MORON.

QUATRIÈME INTERMÈDE.

LA PRINCESSE.
PHILIS.
CLIMÈNE.

CINQUIÈME INTERMÈDE.

BERGERS et BERGÈRES, chantans.
BERGERS et BERGÈRES, dansans.

La scène est en Élide.

PROLOGUE.

SCÈNE I.

L'AURORE, LYCISCAS ET PLUSIEURS AUTRES VALETS DE CHIENS ENDORMIS ET COUCHÉS SUR L'HERBE.

L'AURORE *chante*.

Quand l'amour à vos yeux offre un choix agréable,
    Jeunes beautés, laissez-vous enflammer ;
Moquez-vous d'affecter cet orgueil indomptable
    Dont on vous dit qu'il est beau de s'armer :
        Dans l'âge où l'on est aimable,
        Rien n'est si beau que d'aimer.
Soupirez librement pour un amant fidèle,
    Et bravez ceux qui voudraient vous blâmer.
Un cœur tendre est aimable, et le nom de cruelle
    N'est pas un nom à se faire estimer.
        Dans le temps où l'on est belle
        Rien n'est si beau que d'aimer.

SCÈNE II.

LYCISCAS, ET PLUSIEURS VALETS DE CHIENS, ENDORMIS, TROIS VALETS DE CHIENS, CHANTANS, RÉVEILLÉS PAR LE RÉCIT DE L'AURORE.

TOUS TROIS ENSEMBLE *chantent*.

Hola ! hola ! Debout, debout, debout.
Pour la chasse ordonnée il faut préparer tout.
    Holà ho ! debout, vite debout.

PREMIER.

Jusqu'aux plus sombres lieux le jour se communique.

DEUXIÈME.

L'air sur les fleurs en perles se résout.

PROLOGUE.

TROISIÈME.

Les rossignols commencent leur musique,
Et leurs petits concerts retentissent partout.

TOUS TROIS ENSEMBLE.

Sus, sus, debout, vite debout.
(à *Lyciscas endormi.*)
Qu'est ceci, Lyciscas! Quoi? tu ronfles encore,
Toi, qui promettais tant de devancer l'aurore!
Allons, debout, vite debout.
Pour la chasse ordonnée il faut préparer tout.
Debout, vite debout; dépêchons, ho, debout.

LYCISCAS, *en s'éveillant.*

Par la morbleu! vous êtes de grands braillards, vous autres, et vous avez la gueule ouverte de bon matin.

TOUS TROIS ENSEMBLE.

Ne vois-tu pas le jour qui se répand partout?
Allons, debout; Lyciscas, debout.

LYCISCAS.

Hé! laissez-moi dormir encore un peu, je vous conjure.

TOUS TROIS ENSEMBLE.

Non, non, debout; Lyciscas debout.

LYCISCAS.

Je ne vous demande plus qu'un petit quart d'heure.

TOUS TROIS ENSEMBLE.

Point, point, debout, vite debout.

LYCISCAS.

Hé, je vous prie.

TOUS TROIS ENSEMBLE.

Debout.

LYCISCAS.

Un moment.

TOUS TROIS ENSEMBLE.

Debout.

LYCISCAS.

De grace.

TOUS TROIS ENSEMBLE.

Debout.

PROLOGUE.

LYCISCAS.

Hé.

TOUS TROIS ENSEMBLE.
Debout.

LYCISCAS.

Je...

TOUS TROIS ENSEMBLE.
Debout.

LYCISCAS.

J'aurai fait incontinent.

TOUS TROIS ENSEMBLE.

Non, non, debout; Lyciscas, debout;
Pour la chasse ordonnée il faut préparer tout.
Vite debout, dépêchons, debout.

LYCISCAS.

Hé bien ! laissez-moi, je vais me lever. Vous êtes d'étranges gens de me tourmenter comme cela ! Vous serez cause que je ne me porterai pas bien de toute la journée : car, voyez-vous, le sommeil est nécessaire à l'homme ; et lorsque l'on ne dort pas sa réfection, il arrive que.... on n'est...

(*Il se rendort.*)

PREMIER.

Lyciscas.

DEUXIÈME.

Lyciscas.

TROISIÈME.

Lyciscas.

TOUS TROIS ENSEMBLE.

Lyciscas.

LYCISCAS.

Diable soit les brailleurs ! Je voudrais que vous eussiez la gueule pleine de bouillie bien chaude.

TOUS TROIS ENSEMBLE.

Debout, debout.
Vite debout, dépêchons, debout.

LYCISCAS.

Ah ! quelle fatigue de ne pas dormir son soûl !

PROLOGUE.

PREMIER.

Holà ! ho !

DEUXIÈME.

Holà ! ho !

TROISIÈME.

Holà ! ho !

TOUS TROIS ENSEMBLE.

Ho ! ho ! ho !

LYCISCAS.

Ho ! ho ! La peste soit des gens avec leurs chiens de hurlemens ! je me donne au diable si je ne vous assomme. Mais voyez un peu quel diable d'enthousiasme il leur prend, de me venir chanter aux oreilles comme cela. Je.

TOUS TROIS ENSEMBLE.

Debout.

LYCISCAS.

Encore.

TOUS TROIS ENSEMBLE.

Debout.

LYCISCAS.

Le diable vous emporte !

TOUS TROIS ENSEMBLE.

Debout.

LYCISCAS, *en se levant.*

Quoi ! toujours ! a-t-on jamais vu une pareille furie de chanter ? Par la sang-bleu ! j'enrage. Puisque me voilà éveillé, il faut que j'éveille les autres, et que je les tourmente comme on m'a fait. Allons, ho, messieurs, debout, debout, vite ; c'est trop dormir. Je vais faire un bruit du diable partout. (*Il crie de toute sa force.*) Debout, debout. Allons vite, ho, ho, ho, debout, debout. Pour la chasse ordonnée il faut préparer tout. Debout, debout, Lyciscas, debout. Ho, ho, ho, ho, ho.

(*Plusieurs cors et trompes de chasse se font entendre ; les valets de chiens que Lyciscas a réveillés dansent une entrée.*)

FIN DU PROLOGUE.

LA PRINCESSE D'ÉLIDE.

ACTE PREMIER.

SCÈNE I.

EURYALE, ARBATE.

ARBATE.

Ce silence rêveur dont la sombre habitude
Vous fait à tous momens chercher la solitude,
Ces longs soupirs que laisse échapper votre cœur,
Et ces fixes regards si chargés de langueur,
Disent beaucoup sans doute à des gens de mon âge,
Et je pense, seigneur, entendre ce langage :
Mais, sans votre congé, de peur de trop risquer,
Je n'ose m'enhardir jusques à l'expliquer.

EURYALE.

Explique, explique, Arbate, avec toute licence
Ces soupirs, ces regards, et ce morne silence.
Je te permets ici de dire que l'amour
M'a rangé sous ses lois, et me brave à son tour;
Et je consens encore que tu me fasses honte
Des faiblesses d'un cœur qui souffre qu'on le domte.

ARBATE.

Moi, vous blâmer, seigneur, des tendres mouvemens
Où je vois qu'aujourd'hui penchent vos sentimens !
Le chagrin des vieux jours ne peut aigrir mon ame

Contre les doux transports de l'amoureuse flamme;
Et, bien que mon sort touche à ses derniers soleils,
Je dirai que l'amour sied bien à vos pareils,
Que ce tribut qu'on rend aux traits d'un beau visage
De la beauté d'une ame est un clair témoignage,
Et qu'il est malaisé que, sans être amoureux,
Un jeune prince soit et grand et généreux.
C'est une qualité que j'aime en un monarque :
La tendresse du cœur est une grande marque
Que d'un prince à votre age on peut tout présumer,
Dès qu'on voit que son ame est capable d'aimer.
Oui, cette passion, de toutes la plus belle,
Traîne dans un esprit cent vertus après elle;
Aux nobles actions elle pousse les cœurs,
Et tous les grands héros ont senti ses ardeurs.
Devant mes yeux, seigneur, a passé votre enfance,
Et j'ai de vos vertus vu fleurir l'espérance;
Mes regards observaient en vous des qualités
Où je reconnaissais le sang dont vous sortez;
J'y découvrais un fonds d'esprit et de lumière;
Je vous trouvais bien fait, l'air grand, et l'ame fière;
Votre cœur, votre adresse, éclataient chaque jour;
Mais je m'inquiétais de ne point voir d'amour.
Et, puisque les langueurs d'une plaie invincible
Nous montrent que votre ame à ses traits est sensible,
Je triomphe; et mon cœur d'allégresse rempli,
Vous regarde à présent comme un prince accompli.

EURYALE.

Si de l'amour un temps j'ai bravé la puissance,
Hélas ! mon cher Arbate, il en prend bien vengeance;
Et, sachant dans quels maux mon cœur s'est abîmé,
Toi-même tu voudrais qu'il n'eût jamais aimé.
Car enfin, vois le sort où mon astre me guide,
J'aime, j'aime ardemment la princesse d'Elide,
Et tu sais quel orgueil, sous des traits si charmans,
Arme contre l'amour ses jeunes sentimens,
Et comment elle fuit en cette illustre fête

ACTE I, SCÈNE I.

Cette foule d'amans qui briguent sa conquête.
Ah! qu'il est bien peu vrai que ce qu'on doit aimer,
Aussitôt qu'on le voit, prend droit de nous charmer,
Et qu'un premier coup d'œil allume en nous les flammes
Où le ciel en naissant a destiné nos ames!
A mon retour d'Argos je passai dans ces lieux,
Et ce passage offrit la princesse à mes yeux ;
Je vis tous les appas dont elle est revêtue,
Mais de l'œil dont on voit une belle statue :
Leur brillante jeunesse observée à loisir
Ne porta dans mon ame aucun secret désir ;
Et d'Ithaque en repos je revis le rivage,
Sans m'en être en deux ans rappelé nulle image.
Un bruit vient cependant à répandre à ma cour
Le célèbre mépris qu'elle fait de l'amour :
On publie en tout lieux que son ame hautaine
Garde pour l'hyménée une invincible haine,
Et qu'un arc à la main, sur l'épaule un carquois,
Comme une autre Diane elle hante les bois,
N'aime rien que la chasse, et de toute la Grèce
Fait soupirer en vain l'héroïque jeunesse.
Admire nos esprits, et la fatalité !
Ce que n'avaient point fait sa vue et sa beauté,
Le bruit de ses fiertés en mon ame fit naître
Un transport inconnu dont je ne fus point maître :
Ce dédain si fameux eut des charmes secrets
A me faire avec soin rappeler tous ses traits ;
Et mon esprit, jetant de nouveaux yeux sur elle,
M'en refit une image et si noble et si belle,
Me peignit tant de gloire et de telles douceurs
A pouvoir triompher de toutes ses froideurs,
Que mon cœur, aux brillants d'une telle victoire,
Vit de sa liberté s'évanouir la gloire :
Contre une telle amorce il eut beau s'indigner,
Sa douceur sur mes sens prit tel droit de régner
Qu'entraîné par l'effort d'une occulte puissance
J'ai d'Ithaque en ces lieux fait voile en diligence ;

Et je couvre un effet de mes vœux enflammés
Du désir de paraître à ces jeux renommés,
Où l'illustre Iphitas, père de la princesse,
Assemble la plupart des princes de la Grèce.

ARBATE.

Mais à quoi bon, seigneur, les soins que vous prenez?
Et pourquoi ce secret où vous vous obstinez?
Vous aimez, dites-vous, cette illustre princesse,
Et venez à ses yeux signaler votre adresse ;
Et nuls empressemens, paroles ni soupirs,
Ne l'ont instruite encore de vos brûlans désirs!
Pour moi, je n'entends rien à cette politique
Qui ne veut point souffrir que votre cœur s'explique;
Et je ne sais quel fruit peut prétendre un amour
Qui fuit tous les moyens de se produire au jour.

EURYALE.

Et que ferai-je, Arbate, en déclarant ma peine,
Qu'attirer les dédains de cette ame hautaine,
Et me jeter au rang de ces princes soumis
Que le titre d'amans lui peint en ennemis?
Tu vois les souverains de Messène et de Pyle
Lui faire de leur cœur un hommage inutile,
Et de l'éclat pompeux des plus hautes vertus
En appuyer en vain les respects assidus :
Ce rebut de leurs soins sous un triste silence
Retient de mon amour toute la violence ;
Je me tiens condamné dans ces rivaux fameux,
Et je lis mon arrêt au mépris qu'on fait d'eux.

ARBATE.

Et c'est dans ce mépris et dans cette humeur fière,
Que votre ame à ses vœux doit voir plus de lumière,
Puisque le sort vous donne à conquérir un cœur
Que défend seulement une simple froideur,
Et qui n'oppose point à l'ardeur qui vous presse
De quelque attachement l'invincible tendresse.
Un cœur préoccupé résiste puissamment :
Mais quand une ame est libre on la force aisément ;

ACTE I, SCÈNE I.

Et toute la fierté de son indifférence
N'a rien dont ne triomphe un peu de patience.
Ne lui cachez donc plus le pouvoir de ses yeux ;
Faites de votre flamme un éclat glorieux ;
Et, bien loin de trembler de l'exemple des autres,
Du rebut de leurs vœux enflez l'espoir des vôtres.
Peut-être pour toucher ses sévères appas,
Aurez-vous des secrets que ces princes n'ont pas ;
Et, si de ses fiertés l'impérieux caprice
Ne vous fait éprouver un destin plus propice,
Au moins est-ce un bonheur, en ces extrémités,
Que de voir avec soi ses rivaux rebutés.

EURYALE.

J'aime à te voir presser cet aveu de ma flamme ;
Combattant mes raisons, tu chatouilles mon ame ;
Et par ce que j'ai dit, je voulais pressentir
Si de ce que j'ai fait tu pourrais m'applaudir.
Car enfin, puisqu'il faut t'en faire confidence,
On doit à la princesse expliquer mon silence ;
Et peut-être, au moment où je t'en parle ici,
Le secret de mon cœur, Arbate, est éclairci.
Cette chasse où, pour fuir la foule qui l'adore,
Tu sais qu'elle est allée au lever de l'aurore,
Est le temps que Moron, pour déclarer mon feu,
A pris.

ARBATE.

Moron, seigneur !

EURYALE.

Ce choix t'étonne un peu,
Par son titre de fou tu crois le bien connaître :
Mais sache qu'il l'est moins qu'il ne le veut paraître,
Et que, malgré l'emploi qu'il exerce aujourd'hui,
Il a plus de bon sens que tel qui rit de lui.
La princesse se plaît à ses bouffonneries :
Il s'en est fait aimer par cent plaisanteries,
Et peut, dans cet accès, dire et persuader
Ce que d'autres que lui n'oseraient hasarder.

Je le vois propre enfin à ce que j'en souhaite ;
Il a pour moi, dit-il une amitié parfaite,
Et veut, dans mes états ayant reçu le jour,
Contre tous mes rivaux appuyer mon amour.
Quelque argent mis en main pour soutenir ce zèle...

SCÈNE II.

EURYALE, ARBATE, MORON.

MORON, *derrière le théâtre.*

Au secours ! sauvez-moi de la bête cruelle !

EURYALE.

Je pense ouïr sa voix.

MORON, *derrière le théâtre.*

A moi, de grace, à moi !

EURYALE.

C'est lui-même. Où court-il avec un tel effroi ?

MORON, *entrant sans voir personne.*

Où pourrai-je éviter ce sanglier redoutable ?
Grands dieux, préservez-moi de sa dent effroyable !
Je vous promets, pourvu qu'il ne m'attrape pas,
Quatre livres d'encens et deux veaux des plus gras.
(*rencontrant Euryale, que dans sa frayeur il prend
pour le sanglier qu'il évite.*)
Ah ! je suis mort.

EURYALE.

Qu'as-tu ?

MORON.

Je vous croyais la bête
Dont à me diffamer j'ai vu la gueule prête,
Seigneur ; et je ne puis revenir de ma peur.

EURYALE.

Qu'est-ce ?

MORON.

Oh ! que la princesse est d'une étrange humeur,
Et qu'à suivre la chasse et ses extravagances

Il nous faut essuyer de sotte complaisance !
Quel diable de plaisir trouvent tous les chasseurs
De se voir exposés à mille et mille peurs ?
Encore si c'était qu'on ne fût qu'à la chasse
Des lièvres, des lapins, et des jeunes daims, passe ;
Ce sont des animaux d'un naturel fort doux,
Et qui prennent toujours la fuite devant nous.
Mais d'aller attaquer de ces bêtes vilaines
Qui n'ont aucun respect pour les faces humaines,
Et qui courent les gens qui les veulent courir,
C'est un sot passe-temps que je ne puis souffrir.

EURYALE.

Dis-nous donc ce que c'est.

MORON.

Le pénible exercice.
Où de notre princesse a volé le caprice !
J'en aurais bien juré qu'elle aurait fait le tour ;
Et la course des chars se faisant en ce jour,
Il fallait affecter ce contre-temps de chasse
Pour mépriser ces jeux avec meilleure grace,
Et faire voir... Mais chut. Achevons mon récit,
Et reprenons le fil de ce que j'avais dit.
Qu'ai-je dit ?

EURYALE.

Tu parlais d'exercice pénible.

MORON.

Ah ! oui. Succombant donc à ce travail horrible,
Car en chasseur fameux j'étais enharnaché,
Et dès le point du jour je m'étais découché ;
Je me suis écarté de tous en galant homme ;
Et, trouvant un lieu propre à dormir d'un bon somme,
J'essayais ma posture, et, m'ajustant bientôt,
Prenais déjà mon ton pour ronfler comme il faut,
Lorsqu'un murmure affreux m'a fait lever la vue ;
Et j'ai, d'un vieux buisson de la forêt touffue,
Vu sortir un sanglier d'une énorme grandeur
Pour...

24*

EURYALE.

Qu'est-ce ?

MORON.

Ce n'est rien. N'ayez point de frayeur :
Mais laissez-moi passer entre vous deux pour cause,
Je serai mieux en main pour vous conter la chose.
J'ai donc vu ce sanglier qui, par nos gens chassé,
Avait d'un air affreux, tout son poil hérissé,
Ses deux yeux flamboyans ne lançaient que menace,
Et sa gueule faisait une laide grimace ;
Qui, parmi de l'écume à qui l'osait presser
Montrait de certains crocs... je vous laisse à penser.
A ce terrible aspect, j'ai ramassé mes armes ;
Mais le faux animal, sans en prendre d'alarmes,
Est venu droit à moi qui ne lui disais mot.

ARBATE.

Et tu l'as de pied ferme attendu ?

MORON.

Quelque sot...
J'ai jeté tout par terre, et couru comme quatre.

ARBATE.

Fuir devant un sanglier, ayant de quoi l'abattre !
Ce trait, Moron, n'est pas généreux.

MORON.

J'y consens ;
Il n'est pas généreux, mais il est de bon sens.

ARBATE.

Mais par quelques exploits si l'on ne s'éternise...

MORON.

Je suis votre valet. J'aime mieux que l'on dise,
C'est ici qu'en fuyant sans se faire prier
Moron sauva ses jours des fureurs d'un sanglier ;
Que si l'on y disait : Voilà l'illustre place,
Où le brave Moron, d'une héroïque audace
Affrontant d'un sanglier l'impétueux effort,
Par un coup de ses dents vit terminer son sort.

EURYALE.

Fort bien.

ACTE I, SCÈNE II.

MORON.

Oui, j'aime mieux, n'en déplaise à la gloire,
Vivre au monde deux jours que mille ans dans l'histoire.

EURYALE.

En effet, ton trépas fâcherait tes amis.
Mais, si de ta frayeur ton esprit est remis,
Puis-je te demander si du feu qui me brûle...?

MORON.

Il ne faut pas seigneur que je vous dissimule ;
Je n'ai rien fait encore, et n'ai point rencontré
De temps pour lui parler qui fût selon mon gré,
L'office de bouffon a des prérogatives ;
Mais souvent on rabat nos libres tentatives.
Le discours de vos feux est un peu délicat,
Et c'est chez la princesse une affaire d'état.
Vous savez de quel titre elle se glorifie,
Et qu'elle a dans la tête une philosophie
Qui déclare la guerre au conjugal lien,
Et vous traite l'amour de déité de rien.
Pour n'effaroucher point son humeur de tigresse,
Il me faut manier la chose avec adresse :
Car on doit regarder comme l'on parle aux grands,
Et vous êtes parfois d'assez fâcheuses gens.
Laissez-moi doucement conduire cette trame.
Je me sens là pour vous un zèle tout de flamme.
Vous êtes né mon prince, et quelques autres nœuds
Pourrait contribuer au bien que je vous veux :
Ma mère dans son temps passait pour assez belle,
Et naturellement n'était pas fort cruelle ;
Feu votre père alors, ce prince généreux,
Sur la galanterie était fort dangereux ;
Et je sais qu'Elpénor, qu'on appelait mon père
A cause qu'il était le mari de ma mère,
Contait pour grand honneur aux pasteurs d'aujourd'hui
Que le prince autrefois était venu chez lui,
Et que, durant ce temps, il avait l'avantage
De se voir salué de tous ceux du village.

Baste. Quoi qu'il en soit, je veux par mes travaux,...
Mais voici la princesse et deux de nos rivaux.

SCÈNE III.

LA PRINCESSE, AGLANTE, CYNTHIE, ARISTOMÈNE, THÉOCLE, EURIALE, PHILIS, ARBATE, MORON.

ARISTOMÈNE.

Reprochez-vous, madame, à nos justes alarmes
Ce péril dont tous deux avons sauvé vos charmes ?
J'aurais pensé, pour moi, qu'abattre sous nos coups
Ce sanglier qui portait sa fureur jusqu'à vous
Etait une aventure, ignorant votre chasse,
Dont à nos bons destins nous dussions rendre grace ;
Mais à cette froideur je connais clairement
Que je dois concevoir un autre sentiment,
Et quereller du sort la fatale puissance
Qui me fait avoir part à ce qui vous offense.

THÉOCLE.

Pour moi, je tiens, madame, à sensible bonheur
L'action où pour vous a volé tout mon cœur,
Et ne puis consentir, malgré votre murmure,
A quereller le sort d'une telle aventure.
D'un objet odieux je sais que tout déplaît ;
Mais, dût votre courroux être plus grand qu'il n'est,
C'est extrême plaisir, quand l'amour est extrême,
De pouvoir d'un péril affranchir ce qu'on aime.

LA PRINCESSE.

Et pensez-vous seigneur, puisqu'il me faut parler,
Qu'il eût eu, ce péril, de quoi tant m'ébranler ;
Que l'arc et que le dard, pour moi si pleins de charmes,
Ne soient entre mes mains que d'inutiles armes ;
Et que je fasse enfin mes plus fréquens emplois
De parcourir nos monts, nos plaines et nos bois,
Pour n'oser en chassant concevoir l'espérance
De suffire moi seule à ma propre défense ?
Certes, avec le temps j'aurais bien profité

ACTE I, SCÈNE IV.

Des ces soins assidus dont je fais vanité,
S'il fallait que mon bras, dans une telle quête,
Ne pût pas triompher d'une chétive bête !
Du moins, si, pour prétendre à de sensibles coups,
Le commun de mon sexe est trop mal avec vous,
D'un étage plus haut accordez-moi la gloire,
Et me faites tous deux cette grace de croire,
Seigneurs, que, quel que fût le sanglier d'aujourd'hui,
J'en ai mis bas, sans vous, de plus méchans que lui.

THÉOCLE.

Mais, madame...

LA PRINCESSE.

Hé bien ! soit. Je vois que votre envie
Est de persuader que je vous dois la vie ;
J'y consens. Oui, sans vous c'était fait de mes jours.
Je rends de tout mon cœur grace à ce grand secours,
Et je vais de ce pas au prince pour lui dire
Les bontés que pour moi votre amour vous inspire.

SCÈNE IV.

EURYALE, ARBATE, MORON.

MORON.

Eu ! a-t-on jamais vu de plus farouche esprit ?
De ce vilain sanglier l'heureux trépas l'aigrit.
Oh ! comme volontiers j'aurais d'un beau salaire
Récompensé tantôt qui m'en eût su défaire !

ARBATE, *à Euryale.*

Je vous vois tout pensif, seigneur, de ses dédains ;
Mais ils n'ont rien qui doivent empêcher vos desseins.
Son heure doit venir ; et c'est à vous, possible,
Qu'est réservé l'honneur de la rendre sensible.

MORON.

Il faut qu'avant la course elle apprenne vos feux :
Et je...

EURYALE.

Non, ce n'est plus Moron, ce que je veux ;

Garde-toi de rien dire, et me laisse un peu faire :
J'ai résolu de prendre un chemin tout contraire.
Je vois trop que son cœur s'obstine à dédaigner
Tous ces profonds respects qui pensent la gagner ;
Et le dieu qui m'engage à soupirer pour elle
M'inspire pour la vaincre une adresse nouvelle.
Oui, c'est lui d'où me vient ce soudain mouvement ;
Et j'en attends de lui l'heureux événement.

ARBATE.

Peut-on savoir, seigneur, par où votre espérance...?

EURYALE.

Tu le vas voir. Allons, et garde le silence.

MORON.

Jusqu'au revoir.

FIN DU PREMIER ACTE.

PREMIER INTERMÈDE.

SCÈNE I.

MORON.

Pour moi je reste ici, et j'ai une petite conversation à faire avec ces arbres et ces rochers.

Bois, prés, fontaines, fleurs, qui voyez mon teint blême,
Si vous ne le savez, je vous apprends que j'aime.
  Philis est l'objet charmant
  Qui tient mon cœur à l'attache;
  Et je devins son amant,
  La voyant traire une vache.
Ses doigts, tout pleins de lait, et plus blancs mille fois,
Pressaient les bouts du pis d'une grace admirable.
  Ouf! cette idée est capable
  De me réduire aux abois.
  Ah! Philis! Philis! Philis!

SCÈNE II.

MORON, UN ÉCHO.

L'ÉCHO.

Philis!

MORON.

Ah!

L'ÉCHO,

Ah!

MORON,

Hem!

LA PRINCESSE D'ÉLIDE.

L'ÉCHO.

Hem.

MORON.

Ha, ha.

L'ÉCHO.

Ha.

MORON.

Hi, hi.

L'ÉCHO.

Hi.

MORON.

Oh.

L'ÉCHO.

Oh.

MORON.

Oh.

L'ÉCHO.

Oh.

MORON.

Voilà un écho qui est bouffon.

L'ÉCHO.

On.

MORON.

Hon.

L'ÉCHO.

Hon.

MORON.

Ha.

L'ÉCHO.

Ha.

MORON.

Hu.

L'ÉCHO.

Hu.

MORON.

Voilà un écho qui est bouffon.

SCÈNE III.

MORON, *apercevant un ours qui vient à lui.*

Ah! monsieur l'ours, je suis votre serviteur de tout mon cœur. De grace, épargnez-moi; je vous assure que je ne vaux rien du tout à manger, je n'ai que la peau et les os, et je vois de certaines gens là-bas qui seraient bien mieux votre affaire. Hé, hé, hé, monseigneur, tout doux, s'il vous plaît.

(*Il caresse l'ours, et tremble de frayeur.*)

La, la, la, la. Ah! monseigneur; que votre altesse est jolie et bien faite! Elle a tout-à-fait l'air galant et la taille la plus mignonne du monde. Ah! beau poil! belle tête! beaux yeux brillans et bien fendus! Ah! beau petit nez! belle petite bouche! petites quenottes jolies! Ah! belle gorge! belles petites menottes! petits ongles bien faits!

(*L'ours se lève sur ses pattes de derrière,*)

A l'aide! au secours! je suis mort! Miséricorde! Pauvre Moron! Ah! mon dieu! Hé! vite à moi! je suis perdu!

(*Moron monte sur un arbre.*)

SCÈNE IV.
MORON, CHASSEURS.

MORON, *monté sur un arbre, aux chasseurs.*

Hé! messieurs, ayez pitié de moi.

(*Les chasseurs combattent l'ours.*)

Bon, messieurs! tuez-moi ce vilain animal-là. O ciel, daigne les assister! Bon! le voilà qui fuit. Le voilà qui s'arrête, et qui se jette sur eux. Bon! en voilà un qui vient de lui donner un coup dans la gueule. Les voilà tous à l'entour de lui. Courage, ferme, allons, mes amis! Bon! poussez fort! Encore! Ah! le voilà qui est à terre; c'en est fait, il est mort. Descendons maintenant pour lui donner cent coups.

(*Moron descend de l'arbre.*)

Serviteur, messieurs ; je vous rends grace de m'avoir délivré de cette bête. Maintenant que vous l'avez tuée, je m'en vais l'achever, et en triompher avec vous.

(*Moron donne mille coups à l'ours qui est mort.*)

ENTRÉE DE BALLET.

Les chasseurs dansent pour témoigner leur joie d'avoir remporté la victoire.

FIN DU PREMIER INTERMÈDE.

ACTE SECOND.

SCÈNE I.
LA PRINCESSE, AGLANTE, CYNTHIE, PHILIS.

LA PRINCESSE.

Oui, j'aime à demeurer dans ces paisibles lieux ;
On n'y découvre rien qui n'enchante les yeux,
Et de tous nos palais la savante structure
Cède aux simples beautés qu'y forme la nature.
Ces arbres, ces rochers, cette eau, ces gazons frais,
Ont pour moi des appas à ne lasser jamais.

AGLANTE.

Je chéris comme vous ces retraites tranquilles
Où l'on se vient sauver de l'embarras des villes :
De mille objets charmans ces lieux sont embellis ;
Et ce qui doit surprendre est qu'aux portes d'Élis
La douce passion de fuir la multitude
Rencontre une si belle et vaste solitude.
Mais, à vous dire vrai, dans ces jours éclatans,
Vos retraites ici me semblent hors de temps :
Et c'est fort mal traiter l'appareil magnifique
Que chaque prince a fait pour la fête publique.
Ce spectacle pompeux de la course des chars
Devrait bien mériter l'honneur de vos regards.

LA PRINCESSE.

Quel droit ont-ils chacun d'y vouloir ma présence ?
Et que dois-je, après tout, à leur magnificence ?
Ce sont soins que produit l'ardeur de m'acquérir,
Et mon cœur est le prix qu'ils veulent tous courir.
Mais, quelque espoir qui flatte un projet de la sorte,
Je me tromperais fort si pas un d'eux l'emporte.

CYNTHIE.

Jusques à quand ce cœur veut-il s'effaroucher
Des innocens desseins qu'on a de le toucher,

Et regarder les soins que pour vous on se donne
Comme autant d'attentats contre votre personne ?
Je sais qu'en défendant le parti de l'amour,
On s'expose chez vous à faire mal sa cour :
Mais ce que par le sang j'ai l'honneur de vous être,
S'oppose aux duretés que vous faites paraître ;
Et je ne puis nourrir d'un flatteur entretien
Vos résolutions de n'aimer jamais rien.
Est-il rien de plus beau que l'innocente flamme
Qu'un mérite éclatant allume dans une ame ?
Et serait-ce un bonheur de respirer le jour,
Si d'entre les mortels on bannissait l'amour ?
Non, non, tous les plaisirs se goûtent à le suivre ;
Et vivre sans l'amour n'est pas proprement vivre.

AGLANTE.

Pour moi, je tiens que cette passion est la plus agréable affaire de la vie ; qu'il est nécessaire d'aimer pour vivre heureusement ; et que tous les plaisirs sont fades, s'il ne s'y mêle un peu d'amour.

LA PRINCESSE.

Pouvez-vous bien toutes deux, étant ce que vous êtes, prononcer ces paroles ? et ne devez-vous pas rougir d'appuyer une passion qui n'est qu'erreur, que faiblesse et qu'emportement, et dont tous les désordres ont tant de répugnance avec la gloire de notre sexe ? J'en prétends soutenir l'honneur jusqu'au dernier moment de ma vie, et ne veux point du tout me commettre à ces gens qui font les esclaves auprès de nous pour devenir un jour nos tyrans. Toutes ces larmes, tous ces soupirs, tous ces hommages, tous ces respects, sont des embûches qu'on tend à notre cœur, et qui souvent l'engagent à commettre des lâchetés. Pour moi, quand je regarde certains exemples et les

---

Le dessein de l'auteur était de traiter toute la comédie en vers ; mais vu commandement du roi, qui pressa cette affaire, l'obligea d'achever le reste en prose, et de passer légèrement sur plusieurs scènes, qu'il aurait étendues davantage s'il avait eu plus de loisir.

bassesses épouvantables où cette passion ravale les personnes sur qui elle étend sa puissance, je sens tout mon cœur qui s'émeut; et je ne puis souffrir qu'une ame qui fait profession d'un peu de fierté ne trouve pas une honte horrible à de telles faiblesses.

CYNTHIE.

Hé! madame, il est de certaines faiblesses qui ne sont point honteuses, et qu'il est beau même d'avoir dans les plus hauts degrés de gloire. J'espère que vous changerez un jour de pensée; et, s'il plaît au ciel, nous verrons votre cœur, avant qu'il soit peu...

LA PRINCESSE.

Arrêtez, n'achevez pas ce souhait étrange: j'ai une horreur trop invincible pour ces sortes d'abaissemens; et, si jamais j'étais capable d'y descendre, je serais personne, sans doute, à ne me le point pardonner.

AGLANTE.

Prenez garde, madame: l'Amour sait se venger des mépris que l'on fait de lui; et peut-être...

LA PRINCESSE.

Non, non: je brave tous ses traits; et le grand pouvoir qu'on lui donne n'est rien qu'une chimère et qu'une excuse des faibles cœurs, qui le font invincible pour autoriser leur faiblesse.

CYNTHIE.

Mais enfin toute la terre reconnaît sa puissance, et vous voyez que les dieux mêmes sont assujettis à son empire. On nous fait voir que Jupiter n'a pas aimé pour une fois, et que Diane même, dont vous affectez tant l'exemple, n'a pas rougi de pousser des soupirs d'amour.

LA PRINCESSE.

Les croyances publiques sont toujours mêlées d'erreur. Les dieux ne sont point faits comme se les fait le vulgaire: et c'est leur manquer de respect que de leur attribuer les faiblesses des hommes.

SCÈNE II.

LA PRINCESSE, AGLANTE, CYNTHIE, PHILIS, MORON.

AGLANTE.

Viens, approche, Moron; viens nous aider à défendre l'amour contre les sentimens de la princesse.

LA PRINCESSE.

Voilà votre parti fortifié d'un grand défenseur !

MORON.

Ma foi, madame, je crois qu'après mon exemple, il n'y a plus rien à dire, et qu'il ne faut plus mettre en doute le pouvoir de l'amour. J'ai bravé ses armes assez long-temps, et fait de mon drôle comme un autre : mais enfin ma fierté a baissé l'oreille, et vous avez une traîtresse (*Il montre Philis.*) qui m'a rendu plus doux qu'un agneau. Après cela on ne doit plus faire aucun scrupule d'aimer ; et puisque j'ai bien passé par-là, il peut bien y en passer d'autres.

CYNTHIE.

Quoi ! Moron se mêle d'aimer !

MORON.

Fort bien.

CYNTHIE.

Et de vouloir être aimé !

MORON.

Et pourquoi non ? Est-ce qu'on n'est pas assez bien fait pour cela ? Je pense que ce visage est assez passable, et que, pour le bel air, dieu merci, nous ne le cédons à personne.

CYNTHIE.

Sans doute, on aurait tort...

SCÈNE III.

LA PRINCESSE, AGLANTE, CYNTHIE, PHILIS, MORON, LYCAS.

LYCAS.

Madame, le prince votre père vient vous trouver

ACTE II, SCENE IV

ici, et conduit avec lui les princes de Pyle et d'Ithaque et celui de Messène.

LA PRINCESSE.

O ciel! que prétend-il faire en me les amenant? Aurait-il résolu ma perte? et voudrait-il bien me forcer au choix de quelqu'un d'eux?

SCÈNE IV.

IPHITAS, EURYALE, ARISTOMÈNE, THÉOCLE, LA PRINCESSE, AGLANTE, CYNTHIE, PHILIS, MORON.

LA PRINCESSE, *à Iphitas.*

Seigneur, je vous demande la licence de prévenir par deux paroles la déclaration des pensées que vous pouvez avoir. Il y a deux vérités, seigneur, aussi constantes l'une que l'autre, et dont je puis vous assurer également : l'une, que vous avez un absolu pouvoir sur moi, et que vous ne sauriez m'ordonner rien où je ne réponde aussitôt par une obéissance aveugle; l'autre, que je regarde l'hyménée ainsi que le trépas, et qu'il m'est impossible de forcer cette aversion naturelle. Me donner un mari, et me donner la mort, c'est une même chose; mais votre volonté va la première, et mon obéissance m'est bien plus chère que ma vie. Après cela, parlez, seigneur; prononcez librement ce que vous voulez.

IPHITAS.

Ma fille, tu as tort de prendre de telles alarmes; et je me plains de toi, qui peux mettre dans ta pensée que je sois assez mauvais père pour vouloir faire violence à tes sentimens et me servir tyranniquement de la puissance que le ciel me donne sur toi. Je souhaite, à la vérité, que ton cœur puisse aimer quelqu'un. Tous mes vœux seraient satisfaits, si cela pouvait arriver; et je n'ai proposé les fêtes et les jeux que je fais célébrer ici, qu'afin d'y pouvoir attirer tout ce que la Grèce a d'illustre, et que parmi cette noble jeunesse tu puisse enfin rencontrer où arrêter tes yeux et déterminer tes pensées. Je ne demande, dis-je, au ciel autre bonheur que celui de te voir un époux. J'ai, pour obtenir cette grace, fait encore ce matin un sacrifice à Vénus; et, si je sais bien expliquer le langage des dieux, elle m'a promis un miracle. Mais, quoiqu'il en soit, je veux en user avec toi en père qui chérit sa fille. Si tu trouves où attacher tes vœux, ton choix sera le mien, et je ne considérerai ni intérêt d'état, ni avantage d'alliance; si ton cœur demeure insensible, je n'entreprendrai point de le forcer : mais au moins sois complaisante aux civilités qu'on te rend, et ne m'oblige point à faire les excuses de ta froideur; traite ces princes avec l'estime que tu leur dois; reçois avec reconnaissance les témoignages de leur zèle, et viens voir cette course où leur adresse va paraître.

THÉOCLE, *à la princesse.*

Tout le monde va faire des efforts pour remporter le prix de cette course; mais, à vous dire vrai, j'ai peu d'ardeur pour la victoire, puisque ce n'est pas votre cœur qu'on y doit disputer.

ARISTOMÈNE.

Pour moi, madame, vous êtes le seul prix que je me propose partout. C'est vous que je crois disputer dans ces combats d'adresse; et je n'aspire maintenant à remporter l'honneur de cette course que pour obtenir un degré de gloire qui m'approche de votre cœur.

EURYALE.

Pour moi, madame, je n'y vais point du tout avec cette pensée. Comme j'ai fait toute ma vie profession de ne rien aimer, tous les soins que je prends ne vont point où tendent les autres. Je n'ai aucune prétention sur votre cœur, et le seul honneur de la course est tout l'avantage où j'aspire.

SCÈNE V.
LA PRINCESSE, AGLANTE, CYNTHIE, PHILIS, MORON.

LA PRINCESSE.

D'où sort cette fierté où l'on ne s'attendait point? Princesse, que dites-vous de ce jeune prince? Avez-vous remarqué de quel ton il l'a pris?

AGLANTE.

Il est vrai que cela est un peu fier.

MORON, *à part.*

Ah! quelle brave botte il vient là de lui porter!

LA PRINCESSE.

Ne trouvez-vous pas qu'il y aurait plaisir d'abaisser son orgueil, et de soumettre un peu ce cœur qui tranche tant du brave!

CYNTHIE.

Comme vous êtes accoutumée à ne jamais recevoir que des hommages et des adorations de tout le monde, un compliment pareil au sien doit vous surprendre, à la vérité.

LA PRINCESSE.

Je vous avoue que cela m'a donné de l'émotion, et que je souhaiterais fort de trouver les moyens de châtier cette hauteur. Je n'avais pas beaucoup d'envie de me trouver à cette course; mais j'y veux aller exprès, et employer toute chose pour lui donner de l'amour.

CYNTHIE.

Prenez garde, madame: l'entreprise est périlleuse, et lorsqu'on veut donner de l'amour, on court risque d'en recevoir.

LA PRINCESSE.

Ah! n'appréhendez rien, je vous prie. Allons, je vous réponds de moi.

FIN DU SECOND ACTE.

SECOND INTERMÈDE.

SCÈNE I.

PHILIS, MORON.

MORON.

Philis, demeure ici.

PHILIS.

Non, laisse-moi suivre les autres.

MORON.

Ah ! cruelle, si c'était Tircis qui t'en priât, tu demeurerais bien vite.

PHILIS.

Cela se pourrait faire ; et je demeure d'accord que je trouve bien mieux mon compte avec l'un qu'avec l'autre ; car il me divertit avec sa voix, et toi, tu m'étourdis de ton caquet. Lorsque tu chanteras aussi bien que lui, je te promets de t'écouter.

MORON.

Hé ! demeure un peu.

PHILIS.

Je ne saurais.

MORON.

De grace !

PHILIS.

Point, te dis-je.

MORON, *retenant Philis.*

Je ne te laisserai point aller.

PHILIS.

Ah ! que de façons !

MORON.

Je ne demande qu'un moment à être avec toi.

PHILIS.

Hé bien ! oui, j'y demeurerai, pourvu que tu me promettes une chose.

MORON.

Et quelle ?

PHILIS.

De ne me parler point du tout.

MORON.

Hé ! Philis !

PHILIS.

A moins que de cela, je ne demeurerai point avec toi.

MORON.

Veux-tu me... ?

PHILIS.

Laisse-moi aller.

MORON.

Hé bien ! oui, demeure : je ne te dirai mot.

PHILIS

Prends-y bien garde au moins ; car, à la moindre parole, je prends la fuite.

MORON.

Soit.

(après avoir fait une scène de gestes.)

Ah ! Philis !... Hé !...

SCÈNE II.
MORON.

Elle s'enfuit, et je ne saurais l'attraper. Voilà ce que c'est : si je savais chanter, j'en ferais bien mieux mes affaires. La plupart des femmes aujourd'hui se laissent prendre par les oreilles : elles sont cause que tout le monde se mêle de musique, et l'on ne réussit auprès d'elles que par les petites chansons et les petits vers qu'on leur fait entendre. Il faut que j'apprenne à chanter, pour faire comme les autres. Bon ! voici justement mon homme.

SCÈNE III.
UN SATYRE, MORON.
LE SATYRE *chante.*

La, la, la.

MORON.

Ah ! satyre mon ami, tu sais bien ce que tu m'as promis il y a long-temps : apprends-moi à chanter je te prie.

LE SATYRE, *en chantant.*

Je le veux. Mais auparavant écoute une chanson que je viens de faire.

MORON, *bas à part.*

Il est si accoutumé à chanter, qu'il ne saurait parler d'autre façon. (*haut.*) Allons, chante j'écoute.

LE SATYRE *chante.*

Je portais....

MORON.

Une chanson, dis-tu ?

LE SATYRE.

Je por....

MORON.

Une chanson à chanter ?

LE SATYRE.

Je port...

MORON.

Chanson amoureuse ? Peste !

LE SATYRE.

 Je portais dans une cage
 Deux moineaux que j'avais pris,
 Lorsque la jeune Chloris
 Fit, dans un sombre bocage,
 Briller à mes yeux surpris
 Les fleurs de son beau visage.
Hélas, dis-je aux moineaux en recevant les coups
De ces yeux si savans à faire des conquêtes,
 Consolez-vous, pauvres petites bêtes,
Celui qui vous a pris est bien plus pris que vous.

MORON *demande au satyre une chanson plus passionnée, et le prie de lui dire celle qu'il lui avait à chanter quelques jours auparavant.*

SECOND INTERMÈDE, SCÈNE III.

LE SATYRE *chante:*

Dans vos chants si doux
 Chantez à ma belle,
Oiseaux, chantez tous
Ma peine mortelle :
Mais si la cruelle
Se met en courroux
Au récit fidèle
Des maux que je sens pour elle,
 Oiseaux, taisez-vous.

MORON.

Ah ! qu'elle est belle ! Apprends-la moi.

LE SATYRE.

La, la, la, la.

MORON.

La, là, la, la.

LE SATYRE.

Fa, fa, fa, fa,

MORON.

Fat toi-même.

ENTRÉE DE BALLET.

Le satyre en colère menace Moron, et plusieurs satyres dansent une entrée plaisante.

FIN DU SECOND INTERMÈDE.

ACTE TROISIÈME.

SCÈNE I.

LA PRINCESSE, AGLANTE, CYNTHIE, PHILIS.

CYNTHIE.

Il est vrai, madame, que ce jeune prince a fait voir une adresse non commune, et que l'air dont il a paru a été quelque chose de surprenant. Il sort vainqueur de cette course : mais je doute fort qu'il en sorte avec le même cœur qui l'y a porté ; car enfin vous lui avez tiré des traits dont il est difficile de se défendre ; et, sans parler de tout le reste, la grace de votre danse et la douceur de votre voix ont eu des charmes aujourd'hui a toucher les plus insensibles.

LA PRINCESSE.

Le voici qui s'entretient avec Moron, nous saurons un peu de quoi il lui parle. Ne rompons point encore leur entretien, et prenons cette route pour revenir à leur rencontre.

SCÈNE II.

EURYALE, ARBATE, MORON.

EURYALE.

Ah! Moron, je te l'avoue, j'ai été enchanté, et jamais tant de charmes n'ont frappé tout ensemble mes yeux et mes oreilles. Elle est adorable en tout temps, il est vrai ; mais ce moment l'a emporté sur tous les autres, et des graces nouvelles ont redoublé l'éclat de ses beautés. Jamais son visage ne s'est paré de plus vives couleurs, ni ses yeux ne se sont armés de traits plus vifs et plus perçans. La douceur de sa voix a voulu se faire paraître dans un air tout charmant qu'elle a daigné chanter ; et les sons merveilleux qu'elle formait passaient jusqu'au fond de mon ame, et tenaient tous mes sens dans un ravissement à ne pouvoir en revenir. Elle a fait éclater ensuite une disposition toute divine ; et ses pieds amoureux, sur l'émail d'un tendre gazon, traçaient d'aimables caractères qui m'enlevaient hors de moi-même, et m'attachaient par des nœuds invincibles aux doux et justes mouvemens dont tout son corps suivait les mouvemens de l'harmonie. Enfin jamais ame n'a eu de plus puissantes émotions que la mienne ; et j'ai pensé plus de vingt fois oublier ma résolution pour me jeter à ses pieds, et lui faire un aveu sincère de l'ardeur que je sens pour elle.

MORON.

Donnez-vous-en bien de garde, seigneur, si vous m'en voulez croire. Vous avez trouvé la meilleure invention du monde ; et je me trompe fort si elle ne vous réussit. Les femmes sont des animaux d'un naturel bizarre ; nous les gâtons par nos douceurs ; et je crois tout de bon que nous les verrions nous courir, sans tous ces respects et ces soumissions où les hommes les acoquinent.

ABBATE.

Seigneur, voici la princesse qui s'est un peu éloignée de sa suite.

MORON.

Demeurez ferme au moins dans le chemin que vous avez pris ; je m'en vais voir ce qu'elle me dira. Cependant promenez-vous ici dans ces petites routes sans faire aucun semblant d'avoir envie de la joindre ; et, si vous l'abordez, demeurez avec elle le moins qu'il vous sera possible.

SCÈNE III.
LA PRINCESSE, MORON.
LA PRINCESSE.

Tu as donc familiarité, Moron, avec le prince d'Ithaque ?

MORON.

Ah! madame, il y a long-temps que nous nous connaissons.

LA PRINCESSE.

D'où vient qu'il n'est pas venu jusqu'ici, et qu'il a pris cette autre route quand il m'a vue?

MORON.

C'est un homme bizarre, qui ne se plaît qu'à entretenir ses pensées.

LA PRINCESSE.

Étais-tu tantôt au compliment qu'il m'a fait?

MORON.

Oui, madame, j'y étais, et je l'ai trouvé un peu impertinent, n'en déplaise à sa principauté.

LA PRINCESSE.

Pour moi, je le confesse, Moron, cette fuite m'a choquée; et j'ai toutes les envies du monde de l'engager, pour rabattre son orgueil.

MORON.

Ma foi, madame, vous ne feriez pas mal, il le mériterait bien: mais, à vous dire vrai, je doute fort que vous y puissiez réussir.

LA PRINCESSE.

Comment!

MORON.

Comment! c'est le plus orgueilleux petit vilain que vous ayez jamais vu. Il lui semble qu'il n'y a personne au monde qui le mérite, et que la terre n'est pas digne de le porter.

LA PRINCESSE.

Mais encore, ne t'a-t-il point parlé de moi?

MORON.

Lui? non.

LA PRINCESSE.

Il ne t'a rien dit de ma voix et de ma danse?

MORON.

Pas le moindre mot.

ACTE III, SCÈNE IV.
LA PRINCESSE.
Certes, ce mépris est choquant, et je ne puis souffrir cette hauteur étrange de ne rien estimer.
MORON.
Il n'estime et n'aime que lui.
LA PRINCESSE.
Il n'y a rien que je ne fasse pour le soumettre comme il faut.
MORON.
Nous n'avons point de marbre dans nos montagnes qui soit plus dur et plus insensible que lui.
LA PRINCESSE.
Le voilà.
MORON.
Voyez-vous comme il passe sans prendre garde à vous ?
LA PRINCESSE.
De grace, Moron, va le faire aviser que je suis ici, et l'oblige à me venir aborder.

SCÈNE IV.
LA PRINCESSE, EURYALE, ARBATE, MORON.

MORON, *allant au-devant d'Euryale et lui parlant bas.*

Seigneur, je vous donne avis que tout va bien. La princesse souhaite que vous l'abordiez : mais songez bien à continuer votre rôle ; et, de peur de l'oublier, ne soyez pas long-temps avec elle.

LA PRINCESSE.
Vous êtes bien solitaire, seigneur ; et c'est une humeur bien extraordinaire que la vôtre de renoncer ainsi à notre sexe, et de fuir, à votre âge, cette galanterie dont se piquent tous vos pareils.

EURYALE.
Cette humeur, madame, n'est pas si extraordinaire qu'on n'en trouvât des exemples sans aller loin d'ici ; et vous ne sauriez condamner la résolution que j'ai

prise de n'aimer jamais rien, sans condamner aussi vos sentimens.

LA PRINCESSE.

Il y a grande différence; et ce qui sied bien à un sexe ne sied pas bien à l'autre. Il est beau qu'une femme soit insensible, et conserve son cœur exempt des flammes de l'amour : mais ce qui est vertu en elle devient un crime dans un homme; et comme la beauté est le partage de notre sexe, vous ne sauriez ne nous point aimer sans nous dérober les hommages qui nous sont dûs, et commettre une offense dont nous devons toutes nous ressentir.

EURYALE.

Je ne vois pas, madame, que celles qui ne veulent point aimer doivent prendre aucun intérêt à ces sortes d'offenses.

LA PRINCESSE.

Ce n'est pas une raison, seigneur; et, sans vouloir aimer, on est toujours bien aise d'être aimée.

EURYALE.

Pour moi, je ne suis pas de même; et, dans le dessein où je suis de ne rien aimer, je serais fâché d'être aimé.

LA PRINCESSE.

Et la raison?

EURYALE.

C'est qu'on a obligation à ceux qui nous aiment, et que je serais fâché d'être ingrat.

LA PRINCESSE.

Si bien donc que, pour fuir l'ingratitude, vous aimeriez qui vous aimerait.

EURYALE.

Moi, madame? point du tout. Je dis bien que je serais fâché d'être ingrat; mais je me résoudrais plutôt de l'être que d'aimer.

LA PRINCESSE.

Telle personne vous aimerait peut-être, que votre cœur...

EURYALE.

Non, madame, rien n'est capable de toucher mon cœur. Ma liberté est la seule maîtresse à qui je consacre mes vœux ; et quand le ciel emploierait ses soins à composer une beauté parfaite, quand il assemblerait en elle tous les dons les plus merveilleux et du corps et de l'ame, enfin, quand il exposerait à mes yeux un miracle d'esprit, d'adresse et de beauté, et que cette personne m'aimerait avec toutes les tendresses imaginables, je vous l'avoue franchement, je ne l'aimerais pas.

LA PRINCESSE, *à part.*

A-t-on jamais rien vu de tel !

MORON, *à la princesse.*

Peste soit du petit brutal ! J'aurais bien envie de lui bailler un coup de poing.

LA PRINCESSE, *à part.*

Cet orgueil me confond ; et j'ai un tel dépit, que je ne me sens pas.

MORON, *bas, au prince.*

Bon ! Courage, seigneur ! Voilà qui va le mieux du monde.

EURYALE, *bas, à Moron.*

Ah ! Moron, je n'en puis plus, et je me suis fait des efforts étranges.

LA PRINCESSE, *à Euryale.*

C'est avoir une insensibilité bien grande, que de parler comme vous faites.

EURYALE.

Le ciel ne m'a pas fait d'une autre humeur. Mais, madame, j'interromps votre promenade, et mon respect doit m'avertir que vous aimez la solitude.

SCÈNE V.
LA PRINCESSE, MORON.

MORON.

Il ne vous en doit rien, madame, en dureté de cœur.

LA PRINCESSE.

Je donnerais volontiers tout ce que j'ai au monde pour avoir l'avantage d'en triompher.

MORON.

Je le crois.

LA PRINCESSE.

Ne pourrais-tu, Moron, me servir dans un tel dessein ?

MORON.

Vous savez bien, madame, que je suis tout à votre service.

LA PRINCESSE.

Parle-lui de moi dans tes entretiens, vante-lui adroitement ma personne et les avantages de ma naissance, et tâche d'ébranler ses sentimens par la douceur de quelque espoir. Je te permets de dire tout ce que tu voudras pour tâcher à me l'engager.

MORON.

Laissez-moi faire.

LA PRINCESSE.

C'est une chose qui me tient au cœur. Je souhaite ardemment qu'il m'aime.

MORON.

Il est bien fait, oui, ce petit pendard-là ; il a bon air, bonne physionomie ; et je crois qu'il serait assez le fait d'une jeune princesse.

LA PRINCESSE.

Enfin tu peux tout esperer de moi, si tu trouves moyen d'enflammer pour moi son cœur.

MORON.

Il n'y a rien qui ne puisse se faire. Mais, madame, s'il venait à vous aimer, que f'riez-vous, s'il vous plaît?

LA PRINCESSE.

Ah ! ce serait lors que je prendrais plaisir à triompher pleinement de sa vanité, à punir son mépris par mes froideurs, et à exercer sur lui toutes les cruautés que je pourrais imaginer.

ACTE III, SCÈNE V.

MORON.

Il ne se rendra jamais.

LA PRINCESSE.

Ah! Moron, il faut faire en sorte qu'il se rende.

MORON.

Non, il n'en fera rien. Je le connais; ma peine serait inutile.

LA PRINCESSE.

Si faut-il pourtant tenter toute chose, et éprouver si son ame est entièrement insensible. Allons, je veux lui parler, et suivre une pensée qui vient de me venir.

FIN DU TROISIÈME ACTE.

TROISIÈME INTERMÈDE.

SCÈNE I.
PHILIS, TIRCIS.
PHILIS.

Viens, Tircis; laissons-les aller; et me dis un peu ton martyre de la façon que tu sais faire. Il y a long-temps que tes yeux me parlent; mais je suis plus aise d'ouïr ta voix.

TIRCIS *chante.*

Tu m'écoutes, hélas! dans ma triste langueur :
Mais je n'en suis pas mieux, ô beauté sans pareille;
    Et je touche ton oreille
    Sans que je touche ton cœur.

PHILIS.

Va, va, c'est déjà quelque chose que de toucher l'oreille; et le temps amène tout. Chante-moi cependant quelque plainte nouvelle que tu aies composée pour moi.

SCÈNE II.
MORON, PHILIS, TIRCIS.
MORON.

Ah! ah! je vous y prends, cruelle : vous vous écartez des autres pour ouïr mon rival!

PHILIS.

Oui, je m'écarte pour cela. Je te le dis encore, je me plais avec lui; et l'on écoute volontiers les amans lorsqu'ils se plaignent aussi agréablement qu'il fait. Que ne chantes-tu comme lui? je prendrais plaisir à t'écouter.

MORON.

Si je ne sais chanter, je sais faire autre chose, et quand...

PHILIS.

Tais-toi, je veux l'entendre. Dis, Tircis, ce que tu voudras.

MORON.

Ah! cruelle...

PHILIS.

Silence, dis-je, ou je me mettrai en colère.

TIRCIS *chante*.

Arbres épais, et vous, prés émaillés,
La beauté dont l'hiver vous avait dépouillés
    Par le printemps vous est rendue;
    vous reprenez tous vos appas :
    Mais mon ame ne reprend pas
    La joie, hélas! que j'ai perdue.

MORON.

Morbleu! que n'ai-je de la voix! Ah! nature marâtre, pourquoi ne m'as-tu pas donné de quoi chanter comme à un autre?

PHILIS.

En vérité, Tircis, il ne se peut rien de plus agréable, et tu l'emportes sur tous les rivaux que tu as.

MORON.

Mais pourquoi est-ce que je ne puis pas chanter? N'ai-je pas un estomac, un gozier, une langue, comme un autre? Oui, oui, allons; je veux chanter aussi, et te montrer que l'amour fait faire toutes choses. Voici une chanson que j'ai faite pour toi.

PHILIS.

Oui! dis. Je veux bien t'écouter pour la rareté du fait.

MORON.

Courage, Moron! Il n'y a qu'à avoir de la hardiesse. (*Il chante.*)

    Ton extrême rigueur
    S'acharne sur mon cœur.
    Ah! Philis, je trépasse :
    Daigne me secourir!
    En seras-tu plus grasse
    De m'avoir fait mourir?

Vivat Moron!

PHILIS.

Voilà qui est le mieux du monde. Mais, Moron, je souhaiterais bien d'avoir la gloire que quelque amant fût mort pour moi. C'est un avantage dont je n'ai pas encore joui ; et je trouve que j'aimerais de tout mon cœur une personne qui m'aimerait assez pour se donner la mort.

MORON.

Tu aimerais une personne qui se tuerait pour toi ?

PHILIS.

Oui.

MORON.

Il ne faut que cela pour te plaire ?

PHILIS.

Non.

MORON.

Voilà qui est fait. Je veux te montrer que je me sais tuer quand je veux.

TIRCIS, *chante.*

Ah ! quelle douceur extrême
De mourir pour ce qu'on aime !

MORON, *à Tircis.*

C'est un plaisir que vous aurez quand vous voudrez.

TIRCIS *chante.*

Courage, Moron ! meurs promptement
En généreux amant.

MORON, *à Tircis.*

Je vous prie de vous mêler de vos affaires, et de me laisser tuer à ma fantaisie. Allons, je vais faire honte à tous les amans.

(*à Philis.*)

Tiens, je ne suis pas homme à faire tant de façons. Vois ce poignard ; prends bien garde comme je vais me percer le cœur.... Je suis votre serviteur. Quelque niais....

PHILIS.

Allons, Tircis, viens-t'en me redire à l'écho ce que tu m'as chanté.

ACTE QUATRIÈME.

SCÈNE I.

LA PRINCESSE, EURYALE, MORON.

LA PRINCESSE.

Prince, comme jusqu'ici nous avons fait paraître une conformité de sentimens, et que le ciel a semblé mettre en nous mêmes attachemens pour notre liberté et même aversion pour l'amour, je suis bien aise de de vous ouvrir mon cœur, et de vous faire confidence d'un changement dont vous serez surpris. J'ai toujours regardé l'hymen comme une chose affreuse; et j'avais fait serment d'abandonner plutôt la vie que de me résoudre jamais à perdre cette liberté pour qui j'avais des tendresses si grandes : mais enfin un moment a dissipé toutes ces résolutions. Le mérite d'un prince m'a frappé aujourd'hui les yeux; et mon ame tout d'un coup, comme par un miracle, est devenue sensible aux traits de cette passion que j'avais toujours méprisée. J'ai trouvé d'abord des raisons pour autoriser ce changement, et je puis l'appuyer de ma volonté de répondre aux ardentes sollicitations d'un père et aux vœux de tout un état : mais, à vous dire vrai, je suis en peine du jugement que vous ferez de moi, et je voudrais savoir si vous condamnerez ou non le dessein que j'ai de me donner un époux.

EURYALE.

Vous pourriez faire un tel choix, madame, que je l'approuverais sans doute.

LA PRINCESSE.

Qui croyez-vous, à votre avis, que je veuille choisir?

EURYALE.

Si j'étais dans votre cœur, je pourrais vous le dire;

mais comme je n'y suis pas, je n'ai garde de vous répondre.

LA PRINCESSE.

Devinez, pour voir, et nommez quelqu'un.

EURYALE.

J'aurais trop peur de me tromper.

LA PRINCESSE.

Mais encore, pour qui souhaiteriez-vous que je me déclarasse ?

EURYALE.

Je sais bien, à vous dire vrai, pour qui je le souhaiterais : mais, avant que de m'expliquer, je dois savoir votre pensée.

LA PRINCESSE.

Hé bien ! prince, je veux bien vous la découvrir. Je suis sûre que vous allez approuver mon choix ; et, pour ne vous point tenir en suspens davantage, le prince de Messène est celui de qui le mérite s'est attiré mes vœux.

EURYALE, *à part.*

O ciel !

LA PRINCESSE, *bas, à Moron.*

Mon invention a réussi, Moron. Le voilà qui se trouble.

MORON, *à la princesse.*

Bon, madame. (*au prince.*) Courage, seigneur. (*à la princesse.*) Il en tient. (*au prince.*) Ne vous défaites pas.

LA PRINCESSE, *à Euryale.*

Ne trouvez-vous pas que j'ai raison, et que ce prince a tout le mérite qu'on peut avoir ?

MORON, *bas, au prince.*

Remettez-vous, et songez à répondre.

LA PRINCESSE.

D'où vient, prince, que vous ne dites mot, et semblez interdit ?

EURYALE.

Je le suis, à la vérité; et j'admire, madame, comme le ciel a pu former deux ames aussi semblables en tout que les nôtres, deux ames en qui l'on ait vu une plus grande conformité de sentimens, qui ait fait éclater dans le même temps une résolution à braver les traits de l'amour, et qui, dans le même moment, aient fait paraître une égale facilité à perdre le nom d'insensibles. Car enfin, madame, puisque votre exemple m'autorise, je ne feindrai point de vous dire que l'amour aujourd'hui s'est rendu maître de mon cœur, et qu'une des princesses vos cousines, l'aimable et belle Aglante, a renversé d'un coup-d'œil tous les projets de ma fierté. Je suis ravi, madame, que, par cette égalité de défaite, nous n'ayons rien à nous reprocher l'un et l'autre; et je ne doute point que comme je vous loue infiniment de votre choix, vous n'approuviez aussi le mien. Il faut que ce miracle éclate aux yeux de tout le monde, et nous ne devons point différer à nous rendre tous deux contens. Pour moi, madame, je vous sollicite de vos suffrages pour obtenir celle que je souhaite, et vous trouverez bon que j'aille de ce pas en faire la demande au prince votre père.

MORON, *bas*, *à Euryale*.

Ah! digne, ah! brave cœur!

SCÈNE II.
LA PRINCESSE, MORON.
LA PRINCESSE.

Ah! Moron, je n'en puis plus; et ce coup, que je n'attendais pas, triomphe absolument de toute ma fermeté.

MORON.

Il est vrai que le coup est surprenant, et j'avois cru d'abord que votre stratagème avait fait son effet.

LA PRINCESSE.

Ah! ce m'est un dépit à me desespérer, qu'une autre ait l'avantage de soumettre ce cœur que je voulais soumettre.

SCÈNE III.

LA PRINCESSE, AGLANTE, MORON.

LA PRINCESSE.

Princesse, j'ai à vous prier d'une chose qu'il faut absolument que vous m'accordiez. Le prince d'Ithaque vous aime, et veut vous demander au prince mon père.

AGLANTE.

Le prince d'Ithaque, madame !

LA PRINCESSE.

Oui. Il vient de m'en assurer lui-même, et m'a demandé mon suffrage pour vous obtenir ; mais je vous conjure de rejeter cette proposition, et de ne point prêter l'oreille à tout ce qu'il pourra vous dire.

AGLANTE.

Mais, madame, s'il était vrai que ce prince m'aimât effectivement, pourquoi, n'ayant aucun dessein de vous engager, ne voudriez-vous pas souffrir...?

LA PRINCESSE.

Non, Aglante, je vous le demande ; faites-moi ce plaisir, je vous prie ; et trouvez bon que, n'ayant pu avoir l'avantage de le soumettre, je lui dérobe la joie de vous obtenir.

AGLANTE.

Madame, il faut vous obéir ; mais je croirais que la conquête d'un tel cœur ne serait pas une victoire à dédaigner.

Non, non, il n'aura pas la joie de me braver entièrement.

SCÈNE IV.

LA PRINCESSE, ARISTOMÈNE, AGLANTE, MORON.

ARISTOMÈNE.

Madame, je viens à vos pieds rendre grace à l'amour de mes heureux destins, et vous témoigner avec transport le ressentiment où je suis des bontés surprenantes dont vous daignez favoriser le plus soumis de vos captifs.

LA PRINCESSE.

Comment !

ARISTOMÈNE.

Le prince d'Ithaque, madame, vient de m'assurer tout à l'heure que votre cœur avait eu la bonté de s'expliquer en ma faveur sur ce célèbre choix qu'attend toute la Grèce.

LA PRINCESSE.

Il vous a dis qu'il tenait cela de ma bouche ?

ARISTOMÈNE.

Oui, madame.

LA PRINCESSE.

C'est un étourdi; et vous êtes un peu trop crédule, prince, d'ajouter foi si promptement à ce qu'il vous a dit. Une pareille nouvelle mériterait bien ce me semble, qu'on en doutât un peu de temps; et c'est tout ce que vous pourriez faire de le croire, si je vous l'avais dit moi-même.

ARISTOMÈNE.

Madame, si j'ai été trop prompt à me persuader...

LA PRINCESSE.

De grace, prince, brisons là ce discours; et, si vous voulez m'obliger, souffrez que je puisse jouir de deux momens de solitude.

SCÈNE V.

LA PRINCESSE, AGLANTE, MORON.

LA PRINCESSE.

Ah ! qu'en cette aventure le ciel me traite avec une rigueur étrange ! Au moins, princesse, souvenez-vous de la prière que je vous ai faite.

AGLANTE.

Je vous l'ai dit déjà, madame, il faut vous obéir.

SCÈNE VI.
LA PRINCESSE, MORON.

MORON.

Mais, madame, s'il vous aimait, vous n'en voudriez point ; et cependant vous ne voulez pas qu'il soit à une autre. C'est faire justement comme le chien du jardinier.

LA PRINCESSE.

Non ; je ne puis souffrir qu'il soit heureux avec une autre ; et, si la chose était, je crois que j'en mourrais de déplaisir.

MORON.

Ma foi, madame, avouons la dette : vous voudriez qu'il fût à vous ; et dans toutes vos actions il est aisé de voir que vous aimez un peu ce jeune prince.

LA PRINCESSE.

Moi, je l'aime ! O ciel ! je l'aime ! Avez-vous l'insolence de prononcer ces paroles ? sortez de ma vue, impudent, et ne vous présentez jamais devant moi.

MORON.

Madame...

LA PRINCESSE.

Retirez-vous d'ici, vous dis-je, ou je vous en ferai retirer d'une autre manière.

MORON, *à part.*

Ma foi, son cœur en a sa provision, etc.
(*Il rencontre un regard de la princesse, qui l'oblige à se retirer.*)

SCÈNE VII.

LA PRINCESSE.

De quelle émotion inconnue sens-je mon cœur atteint ? et quelle inquiétude secrète est venue troubler tout d'un coup la tranquillité de mon ame ? Ne serait-ce point aussi ce qu'on vient de me dire ? et, sans en rien savoir, n'aimerais-je point ce jeune prince ? Ah ! si cela était je serais personne à me désespérer. Mais il est impossible que cela soit, et je vois bien que je ne puis pas l'aimer. Quoi! je serais capable de cette lâcheté! J'ai vu toute la terre à mes pieds avec la plus grande insensibilité du monde; les respects, les hommages et les soumissions n'ont jamais pu toucher mon ame: et la fierté et le dédain en auraient triomphé! J'ai méprisé tous ceux qui m'ont aimée; et j'aimerais le seul qui me méprise! Non, non, je sais bien que je ne l'aime pas. Il n'y a pas de raison à cela. Mais si ce n'est pas de l'amour que ce que je sens maintenant, qu'est-ce donc que ce peut être? et d'où vient ce poison qui me court par toutes les veines, et ne me laisse point en repos avec moi-même? Sors de mon cœur, qui que tu sois, ennemi qui te caches; attaque-moi visiblement, et deviens à mes yeux la plus affreuse bête de tous nos bois, afin que mon dard et mes flèches me puissent défaire de toi.

FIN DU QUATRIÈME ACTE.

QUATRIÈME INTERMÈDE.

SCÈNE I.

LA PRINCESSE.

O vous, admirables personnes qui, par la douceur de vos chants, avez l'art d'adoucir les plus fâcheuses inquiétudes, approchez-vous d'ici, de grace, et tâchez de charmer avec votre musique le chagrin où je suis.

SCÈNE II.

LA PRINCESSE, CLIMÈNE, PHILIS.

CLIMÈNE *chante*.

Chère Philis, dis-moi, que crois-tu de l'amour?

PHILIS *chante*.

Toi-même, que crois-tu, ma compagne fidèle?

CLIMÈNE.

On m'a dit que sa flamme est pire qu'un vautour,
Et qu'on souffre en aimant une peine cruelle.

PHILIS.

On m'a dit qu'il n'est point de passion plus belle,
Et que ne pas aimer c'est renoncer au jour.

CLIMÈNE.

A qui des deux donnerons-nous victoire?

PHILIS.

Qu'en croirons-nous, ou le mal, ou le bien?

TOUTES DEUX ENSEMBLE.

Aimons, c'est le vrai moyen
De savoir ce qu'on en doit croire.

PHILIS.

Chloris vante partout l'amour et ses ardeurs.

CLIMÈNE.

Amarante pour lui verse en tous lieux des larmes.

PHILIS.
Si de tant de tourmens il accable les cœurs,
D'où vient qu'on aime à lui rendre les armes?
CLIMÈNE.
Si sa flamme, Philis, est si pleine de charmes,
Pourquoi nous défend-on d'en goûter les douceurs?
PHILIS.
A qui des deux donnerons-nous victoire?
CLIMÈNE.
Qu'en croirons-nous, ou le mal, ou le bien?
TOUTES DEUX ENSEMBLE.
Aimons; c'est le vrai moyen
De savoir ce qu'on en doit croire.
LA PRINCESSE.
Achevez seules, si vous voulez. Je ne saurais demeurer en repos; et quelque douceur qu'aient vos chants, ils ne font que redoubler mon inquiétude.

FIN DU QUATRIÈME INTERMÈDE.

ACTE CINQUIÈME.

SCÈNE I.
IPHITAS, EURYALE, AGLANTE, CYNTHIE, MORON.

MORON, à *Iphitas.*

Oui, seigneur, ce n'est point raillerie ; j'en suis ce qu'on appelle disgracié. Il m'a fallu tirer mes chausses au plus vite, et jamais vous n'avez vu un emportement plus brusque que le sien.

IPHITAS à *Euryale.*

Ah ! prince, que je devrai de graces à ce stratagème amoureux, s'il faut qu'il ait trouvé le secret de toucher son cœur !

EURYALE.

Quelque chose, seigneur, que l'on vienne de vous en dire, je n'ose encore, pour moi, me flatter de ce doux espoir : mais enfin, si ce n'est pas à moi trop de témérité que d'oser aspirer à l'honneur de votre alliance, si ma personne et mes états...

IPHITAS.

Prince, n'entrons point dans ces complimens. Je trouve en vous de quoi remplir tous les souhaits d'un père ; et, si vous avez le cœur de ma fille, il ne vous manque rien.

SCÈNE II.
LA PRINCESSE, IPHITAS, EURYALE, AGLANTE, CYNTHIE, MORON.

LA PRINCESSE.

O ciel ! que vois-je ici ?

IPHITAS, à *Euryale.*

Oui, l'honneur de votre alliance m'est d'un prix

ACTE V, SCÈNE II.

très-considérable, et je souscris aisément de tous mes suffrages à la demande que vous me faites.

LA PRINCESSE, *à Iphitas*.

Seigneur, je me jette à vos pieds pour vous demander une grace. Vous m'avez toujours témoigné une tendresse extrême, et je crois vous devoir bien plus par les bontés que vous m'avez fait voir que par le jour que vous m'avez donné. Mais, si jamais vous avez eu de l'amitié pour moi, je vous en demande aujourd'hui la plus sensible preuve que vous me puissiez accorder; c'est de n'écouter point, seigneur, la demande de ce prince, et de ne pas souffrir que la princesse Aglante soit unie avec lui.

IPHITAS.

Et par quelle raison, ma fille, voudrais-tu t'opposer à cette union?

LA PRINCESSE.

Par la raison que je hais ce prince, et que je veux si je puis, traverser ses desseins.

IPHITAS.

Tu le hais, ma fille!

LA PRINCESSE.

Oui, et de tout mon cœur, je vous l'avoue.

IPHITAS.

Et que t'a-t-il fait?

LA PRINCESSE.

Il m'a méprisée.

IPHITAS.

Et comment?

LA PRINCESSE.

Il ne m'a pas trouvée assez bien faite pour m'adresser ses vœux.

IPHITAS.

Et quelle offense te fait cela? tu ne veux accepter personne.

LA PRINCESSE.

N'importe: il me devait aimer comme les autres, et

me laisser au moins la gloire de le refuser. Sa déclaration me fait un affront ; et ce m'est une honte sensible qu'à mes yeux et au milieu de votre cour il ait recherché une autre que moi.

IPHITAS.

Mais quel intérêt dois-tu prendre à lui ?

LA PRINCESSE.

J'en prends, seigneur, à me venger de son mépris; et comme je sais bien qu'il aime Aglante avec beaucoup d'ardeur ; je veux empêcher, s'il vous plaît, qu'il ne soit heureux avec elle.

IPHITAS.

Cela te tient donc bien au cœur ?

LA PRINCESSE.

Oui, seigneur, sans doute ; et, s'il obtient ce qu'il demande, vous me verrez expirer à vos yeux.

IPHITAS.

Va, va, ma fille, avoue franchement la chose; le mérite de ce prince t'a fait ouvrir les yeux, et tu l'aimes enfin, quoi que tu puisses dire.

LA PRINCESSE.

Moi, seigneur ?

IPHITAS.

Oui, tu l'aimes.

LA PRINCESSE.

Je l'aime, dites-vous, et vous m'imputez cette lâcheté ! O ciel ! quelle est mon infortune! Puis-je bien, sans mourir, entendre ces paroles ? et faut-il que je sois si malheureuse qu'on me soupçonne de l'aimer? Ah ! si c'était un autre que vous, seigneur, qui me tînt ce discours, je ne sais pas ce que je ne ferais point.

IPHITAS.

Hé bien ! oui, tu ne l'aimes pas : tu le hais, j'y consens ; et je veux bien, pour te contenter, qu'il n'épouse pas la princesse Aglante.

LA PRINCESSE.

Ah ! seigneur, vous me donnez la vie.

ACTE V, SCÈNE II.

IPHITAS.

Mais, afin d'empêcher qu'il ne puisse être jamais à elle, il faut que tu le prennes pour toi.

LA PRINCESSE.

Vous vous moquez, seigneur, et ce n'est pas ce qu'il demande.

EURYALE.

Pardonnez-moi, madame, je suis assez téméraire pour cela, et je prends à témoin le prince votre père si ce n'est pas vous que j'ai demandée. C'est trop vous tenir dans l'erreur, il faut lever le masque, et, dussiez-vous vous en prévaloir contre moi, découvrir à vos yeux les véritables sentimens de mon cœur. Je n'ai jamais aimé que vous, et jamais je n'aimerai que vous. C'est vous, madame, qui m'avez enlevé cette qualité d'insensible que j'avais toujours affectée; et tout ce que j'ai pu vous dire n'a été qu'une feinte qu'un mouvement secret m'a inspirée, et que je n'ai suivie qu'avec toutes les violences imaginables. Il fallait qu'elle cessât bientôt sans doute, et je m'étonne seulement qu'elle ait pu durer la moitié d'un jour: car enfin je mourais, je brûlais dans l'ame, quand je vous déguisais mes sentimens; et jamais cœur n'a souffert une contrainte égale à la mienne. Que si cette feinte, madame, a quelque chose qui vous offense, je suis tout prêt de mourir pour vous en venger; vous n'avez qu'à parler, et ma main sur le champ se fera gloire d'exécuter l'arrêt que vous prononcerez.

LA PRINCESSE.

Non, non, prince, je ne vous sais point mauvais gré de m'avoir abusée; et tout ce que vous m'avez dit, je l'aime bien mieux une feinte que non pas une vérité.

IPHITAS.

Si bien donc, ma fille, que tu veux bien accepter ce prince pour époux?

LA PRINCESSE.

Seigneur, je ne sais pas encore ce que je veux. Dennez-moi le temps d'y songer, je vous prie, et m'épargnez un peu la confusion où je suis.

IPHITAS.

Vous jugez, prince, ce que cela veut dire, et vous pouvez fonder là-dessus.

EURYALE.

Je l'attendrai tant qu'il vous plaira, madame, cet arrêt de ma destinée; et, s'il me condamne à la mort, je le suivrai sans murmure.

IPHITAS.

Viens, Moron. C'est ici un jour de paix, et je te remets en grace avec la princesse.

MORON.

Seigneur, je serai meilleur courtisan une autre fois, et je me garderai bien de dire ce que je pense.

SCÈNE III.

ARISTOMÈNE, THÉOCLE, IPHITAS, LA PRINCESSE, EURYALE, AGLANTE, CINTHIE, MORON.

IPHITAS, *aux princes de Messène et de Pyle.*

Je crains bien, princes, que le choix de ma fille ne soit pas en votre faveur; mais voilà deux princesses qui peuvent bien vous consoler de ce petit malheur.

ARISTOMÈNE.

Seigneur, nous savons prendre notre parti; et si ces aimables princesses n'ont point trop de mépris pour des cœurs qu'on a rebutés, nous pouvons revenir par elles à l'honneur de votre alliance.

SCÈNE IV.

IPHITAS, LA PRINCESSE, AGLANTE, CYNTHIE, PHILIS, EURYALE, ARISTOMÈNE, THÉOCLE, MORON.

PHILIS, *à Iphitas*

Seigneur, la déesse Vénus vient d'annoncer partout le changement du cœur de la princesse. Tous les pasteurs et toutes les bergères en témoignent leur joie par des danses et des chansons ; et si ce n'est point un spectacle que vous méprisiez, vous allez voir l'allégresse publique se répandre jusqu'ici.

FIN DU CINQUIÈME ACTE.

CINQUIÈME INTERMÈDE.

BERGERS ET BERGÈRES.

QUATRE BERGERS ET DEUX BERGÈRES,
alternativement avec le chœur.

Usez mieux, ô beautés fières,
Du pouvoir de tout charmer :
Aimez, aimables bergères ;
Nos cœurs sont faits pour aimer.
Quelque fort qu'on s'en défende,
Il y faut venir un jour ;
Il n'est rien qui ne se rende
Aux doux charmes de l'amour.

Songez de bonne heure à suivre
Le plaisir de s'enflammer :
Un cœur ne commence à vivre
Que du jour qu'il sait aimer.
Quelque fort qu'on s'en défende,
Il y faut venir un jour ;
Il n'est rien qui ne se rende
Aux doux charmes de l'amour.

ENTRÉE DE BALLET.

Quatre bergers et quatre bergères dansent sur le chant du chœur.

FIN DE LA PRINCESSE D'ÉLIDE.

LE
MARIAGE FORCÉ,

COMÉDIE EN UN ACTE,

Représentée à Paris, sur le théâtre du Palais-Royal, le 15 février 1664, et suivant d'autres, le 15 novembre.

Les 29 et 31 janvier elle avait été représentée au Louvre, en trois actes; le premier acte finissait à la scène quatrième, après laquelle venaient les deux premières entrées d'un ballet; le troisième acte commençait à la scène treizième.

Voyez, au reste, ci-après, page 369 et suiv.

PERSONNAGES.

SGANARELLE, amant de Dorimène.
GÉRONIMO, ami de Sganarelle.
DORIMÈNE, fille d'Alcantor.
ALCANTOR, père de Dorimène.
ALCIDAS, frère de Dorimène.
LYCASTE, amant de Dorimène.
PANCRACE, docteur aristotélicien.
MARPHURIUS, docteur pyrrhonien.
DEUX BOHÉMIENNES.

La scène est dans une place publique.

LE MARIAGE FORCÉ.

SCÈNE I.

SGANARELLE, *parlant à ceux qui sont dans sa maison.*

Je suis de retour dans un moment. Que l'on ait bien soin du logis, et que tout aille comme il faut. Si l'on m'apporte de l'argent, que l'on me vienne quérir vite chez le seigneur Géronimo; et si l'on vient m'en demander, qu'on dise que je suis sorti, et que je ne dois revenir de toute la journée.

SCÈNE II.
SGANARELLE, GÉRONIMO.

GÉRONIMO, *ayant entendu les dernières paroles de Sganarelle.*

Voilà un ordre fort prudent.

SGANARELLE.

Ah? seigneur Géronimo, je vous trouve à propos; et j'allais chez vous vous chercher.

GÉRONIMO.

Et pour quel sujet, s'il vous plaît?

SGANARELLE.

Pour vous communiquer une affaire que j'ai en tête, et vous prier de m'en dire votre avis.

GÉRONIMO.

Très-volontiers. Je suis bien aise de cette rencontre, et nous pouvons parler ici en toute liberté.

SGANARELLE

Mettez donc dessus, s'il vous plaît. Il s'agit d'une

chose de conséquence que l'on m'a proposée ; et il est bon de ne rien faire sans le conseil de ses amis.

GÉRONIMO.

Je vous suis obligé de m'avoir choisi pour cela. Vous n'avez qu'à me dire ce que c'est.

SGANARELLE.

Mais auparavant je vous conjure de ne me point flatter du tout, et de me dire nettement votre pensée.

GÉRONIMO.

Je le ferai, puisque vous le voulez.

SGANARELLE.

Je ne vois rien de plus condamnable qu'un ami qui ne nous parle point franchement.

GÉRONIMO.

Vous avez raison.

SGANARELLE.

Et dans ce siècle on trouve peu d'amis sincères.

GÉRONIMO.

Cela est vrai.

SGANARELLE.

Promettez-moi donc, seigneur Géronimo, de me parler avec toute sorte de franchise.

GÉRONIMO.

Je vous le promets.

SGANARELLE.

Jurez-en votre foi.

GÉRONIMO.

Oui, foi d'ami. Dites-moi seulement votre affaire.

SGANARELLE.

C'est que je veux savoir de vous si je ferai bien de me marier.

GÉRONIMO.

Qui ? vous ?

SGANARELLE.

Oui, moi-même, en propre personne. Quel est votre avis là-dessus ?

GÉRONIMO.

Je vous prie auparavant de me dire une chose.

SCÈNE II.

SGANARELLE.

Et quoi ?

GÉRONIMO.

Quel âge pouvez-vous bien avoir maintenant ?

SGANARELLE.

Moi ?

GÉRONIMO.

Oui.

SGANARELLE.

Ma foi, je ne sais, mais je me porte bien.

GÉRONIMO.

Quoi ! vous ne savez pas à peu près votre âge ?

SGANARELLE.

Non. Est-ce qu'on songe à cela ?

GÉRONIMO.

Hé ! dites-moi un peu, s'il vous plaît, combien aviez-vous d'années lorsque nous fîmes connaissance ?

SCANARELLE.

Ma foi, je n'avais que vingt ans alors.

GÉRONIMO.

Combien fûmes-nous ensemble à Rome ?

SGANARELLE.

Huit ans.

GÉRONIMO.

Quel temps avez-vous demeuré en Angleterre ?

SGANARELLE.

Sept ans.

GÉRONIMO.

Et en Hollande, où vous fûtes ensuite ?

SGANARELLE.

Cinq ans et demi.

GÉRONIMO.

Combien y a-t-il que vous êtes revenu ici ?

SGANARELLE.

Je revins en cinquante-deux.

GÉRONIMO.

De cinquante-deux à soixante-quatre il y a douze ans, ce me semble : cinq ans en Hollande font dix-sept, sept en Angleterre font vingt-quatre, huit dans notre séjour à Rome font trente-deux, et vingt que vous aviez lorsque nous nous connûmes, cela fait justement cinquante-deux, si bien, seigneur Sganarelle, que, sur votre propre confession, vous êtes environ à votre cinquante-deuxième ou cinquante-troisième année.

SGANARELLE.

Qui? moi? cela ne se peut pas.

GÉRONIMO.

Mon dieu, le calcul est juste ; et là-dessus je vous dirai franchement et en ami, comme vous m'avez fait promettre de vous parler, que le mariage n'est guère votre fait. C'est une chose à laquelle il faut que les jeunes gens pensent bien mûrement avant que de la faire : mais les gens de votre âge n'y doivent point penser du tout ; et si l'on dit que la plus grande de toutes les folies est celle de se marier, je ne vois rien de plus mal à propos que de la faire, cette folie, dans la saison où nous devons être plus sages. Enfin je vous en dis nettement ma pensée : je ne vous conseille point de songer au mariage et je vous trouverais le plus ridicule du monde, si, ayant été libre jusqu'à cette heure, vous alliez vous charger maintenant de la plus pesante des chaînes.

SGANARELLE.

Et moi, je vous dis que je suis résolu de me marier, et que je ne serai point ridicule en épousant la fille que je recherche.

GÉRONIMO.

Ah ! c'est une autre chose. Vous ne m'aviez pas dit cela.

SGANARELLE.

C'est une fille qui me plaît, et que j'aime de tout mon cœur.

GÉRONIMO.

Vous l'aimez de tout votre cœur ?

SGANARELLE.

Sans doute ; et je l'ai demandée à son père.

GÉRONIMO.

Vous l'avez demandée ?

SCÈNE II.

SGANARELLE.

Oui. C'est un mariage qui se doit conclure ce soir ; et j'ai donné ma parole.

GÉRONIMO.

Oh ! mariez-vous donc ; je ne dis plus mot.

SGANARELLE.

Je quitterais le dessein que j'ai fait ! Vous semble-t-il, seigneur Géronimo, que je ne sois plus propre à songer à une femme ? Ne parlons point de l'âge que je puis avoir : mais regardons seulement les choses. Y a-t-il homme de trente ans qui paraisse plus frais et plus vigoureux que vous me voyez ? N'ai-je pas tous les mouvemens de mon corps aussi bons que jamais ? et voit-on que j'aie besoin de carosse ou de chaise pour cheminer? N'ai-je pas encore toutes mes dents les meilleures du monde ? (*Il montre ses dents.*) Ne fais-je pas vigoureusement mes quatre repas par jour ? et peut-on voir un estomac qui ait plus de force que le mien? (*Il tousse*). Hem, hem, hem. Hé ! qu'en dites-vous ?

GÉRONIMO.

Vous avez raison, je m'étais trompé. Vous ferez bien de vous marier.

SGANARELLE.

J'y ai répugné autrefois ; mais j'ai maintenant de puissantes raisons pour cela. Outre la joie que j'aurai de posséder une belle femme qui me dorlotera, et me viendra frotter lorsque je serai las ; outre cette joie, dis-je, je considère qu'en demeurant comme je suis je laisse périr dans le monde la race des Sganarelles, et qu'en me mariant je pourrai me voir revivre en d'autres moi-même ; que j'aurai le plaisir de voir des créatures qui seront sorties de moi, de petites figures qui me ressembleront comme deux gouttes d'eau, qui se joueront continuellement dans la maison, qui m'appelleront leur papa quand je reviendrai de la ville, et me diront de petites folies les plus agréables du monde. Tenez, il me semble déjà que j'y suis, et que j'en vois une demi-douzaine autour de moi.

GERONIMO.

Il n'y a rien de plus agréable que cela ; et je vous conseille de vous marier le plus vite que vous pourrez.

SGANARELLE.

Tout de bon, vous me le conseillez ?

GERONIMO.

Assurément. Vous ne sauriez mieux faire.

SGANARELLE.

Vraiment, je suis ravi que vous me donniez ce conseil en véritable ami.

GERONIMO.

Hé ! quelle est la personne, s'il vous plaît, avec qui vous allez vous marier ?

SGANARELLE.

Dorimène.

GERONIMO.

Cette jeune Dorimène si galante et si bien parée ?

SGANARELLE.

Oui.

GERONIMO.

Fille du seigneur Alcantor ?

SGANARELLE.

Justement.

GERONIMO.

Et sœur d'un certain Alcidas qui se mêle de porter l'épée ?

SGANARELLE.

C'est cela.

GERONIMO.

Vertu de ma vie !

SGANARELLE.

Qu'en dites-vous ?

GERONIMO.

Bon parti ! mariez-vous promptement.

SGANARELLE.

N'ai-je pas raison d'avoir fait ce choix ?

SCÈNE III.
GÉRONIMO.
Sans doute. Ah! que vous serez bien marié! Dépêchez-vous de l'être.
SGANARELLE.
Vous me comblez de joie de me dire cela. Je vous remercie de votre conseil, et je vous invite ce soir à mes noces.
GÉRONIMO.
Je n'y manquerai pas; et je veux y aller en masque afin de les mieux honorer.
SGANARELLE.
Serviteur.
GÉRONIMO, *à part.*
La jeune Dorimène, fille du seigneur Alcantor, avec le seigneur Sganarelle, qui n'a que cinquante-trois ans! O le beau mariage! ô le beau mariage! (*ce qu'il répète plusieurs fois en s'en allant.*)

SCÈNE III.
SGANARELLE.
CE mariage doit être heureux; car il donne de la joie à tout le monde, et je fais rire tous ceux à qui j'en parle. Me voilà maintenant le plus content des hommes.

SCÈNE IV.
DORIMÈNE, SGANARELLE.
DORIMÈNE, *dans le fond du théâtre, à un petit laquais qui la suit.*

ALLONS, petit garçon, qu'on tienne bien ma queue, et qu'on ne s'amuse pas à badiner.

SGANARELLE, *à part, en apercevant Dorimène.*

Voici ma maîtresse qui vient. Ah! qu'elle est agréable! Quel air et quelle taille! Peut-il y avoir un homme qui n'ait, en la voyant, des démangeaisons de se marier? (*à Dorimène.*) Où allez-vous, belle mignonne, chère épouse future de votre époux futur?

DORIMÈNE.

Je vais faire quelques emplettes.

SGANARELLE.

Hé! bien! ma belle c'est maintenant que nous allons être heureux l'un et l'autre. Vous ne serez plus en droit de me rien refuser ; et je pourrai faire avec vous tout ce qu'il me plaira, sans que personne s'en scandalise. Vous allez être à moi depuis la tête, jusqu'aux pieds : et je serai maître de tout ; de vos petits yeux éveillés, de votre petit nez fripon, de vos lèvres appétissantes, de vos oreilles amoureuses, de votre petit menton joli, de vos petits tétons rondelets, de votre... enfin toute votre personne sera à ma discrétion, et je serai à même pour vous caresser comme je voudrai. N'êtes-vous pas bien aise de ce mariage, mon aimable pouponne ?

DORIMÈNE.

Tout à fait aise, je vous jure. Car enfin la sévérité de mon père m'a tenue jusques ici dans une sujétion la plus fâcheuse du monde. Il y a je ne sais combien que j'enrage du peu de liberté qu'il me donne ; et j'ai cent fois souhaité qu'il me mariât, pour sortir promptement de la contrainte où j'étais avec lui, et me voir en état de faire ce que je voudrai. Dieu merci, vous êtes venu heureusement pour cela; et je me prépare désormais à me donner du divertissement, et à réparer comme il faut le temps que j'ai perdu. Comme vous êtes un fort galant homme, et que vous savez comme il faut vivre, je crois que nous ferons le meilleur ménage du monde ensemble, et que vous ne serez point de ces maris incommodes qui veulent que leurs femmes vivent comme des loups-garous. Je vous avoue que je ne m'accommoderais pas de cela, et que la solitude me désespère. J'aime le jeu, les visites, les assemblées, les cadeaux et les promenades, en un mot toutes les choses de plaisir ; et vous devez être ravi d'avoir une femme de mon humeur. Nous n'aurons jamais aucun démêlé ensemble ; et je ne vous contraindrai point dans vos actions, comme j'espère que, de votre côté, vous ne me contraindrez point dans les miennes ; car, pour moi, je tiens qu'il faut avoir une complaisance mutuelle, et qu'on ne se doit point marier pour se faire enrager l'un l'autre. Enfin nous vivrons, étant mariés, comme deux personnes qui savent leur monde : aucun soupçon jaloux ne nous troublera la cervelle ; et c'est assez que vous serez assuré de ma fidélité, comme je serai persuadée de la vôtre. Mais qu'avez-vous? je vous vois tout changé de visage.

SGANARELLE.

Ce sont quelques vapeurs qui me viennent de monter à la tête.

DORIMÈNE.

C'est un mal aujourd'hui qui attaque beaucoup de gens ; mais notre mariage vous dissipera tout cela. Adieu : il me tarde déjà que je n'aie des habits raisonnables pour quitter vite ces guenilles. Je m'en vais de ce pas achever d'acheter toutes les choses qu'il me faut, et je vous enverrai les marchands.

SCÈNE V.
GÉRONIMO, SGANARELLE.

GERONIMO.

Ah! seigneur Sganarelle, je suis ravi de vous trouver encore ici ; et j'ai rencontré un orfèvre qui, sur le bruit que vous cherchiez quelque beau diamant en bague pour faire un présent à votre épouse, m'a fort prié de vous venir parler pour lui, et de vous dire qu'il en a un à vendre, le plus parfait du monde.

SGANARELLE.

Mon dieu! cela n'est pas pressé.

GERONIMO.

Comment! que veut dire cela? Où est l'ardeur que vous montriez tout à l'heure ?

SGANARELLE.

Il m'est venu, depuis un moment, de petits scrupules sur le mariage. Avant que de passer plus avant, je voudrais bien agiter à fond cette matière, et que l'on m'expliquât un songe que j'ai fait cette nuit, et qui vient tout à l'heure de me revenir dans l'esprit. Vous savez que les songes sont comme des miroirs où l'on découvre quelquefois tout ce qui nous doit arriver. Il me semblait que j'étais dans un vaisseau, sur une mer bien agitée, et que...

GÉRONIMO.

Seigneur Sganarelle, j'ai maintenant quelque petite affaire qui m'empêche de vous ouïr. Je n'entends rien du tout aux songes; et, quant au raisonnement du mariage, vous avez deux savans, deux philosophes vos voisins, qui sont gens à vous débiter tout ce qu'on peut dire sur ce sujet. Comme ils sont de sectes différentes, vous pouvez examiner leurs diverses opinions là-dessus. Pour moi, je me contente de ce que je vous ai dit tantôt, et demeure votre serviteur.

SGANARELLE, *seul*.

Il a raison : il faut que je consulte un peu ces gens-là sur l'incertitude où je suis.

SCÈNE VI.
PANCRACE, SGANARELLE.

PANCRACE, *se tournant du côté par où il est entré, et sans voir Sganarelle*.

ALLEZ, vous êtes un impertinent, mon ami, un homme ignare de toute bonne discipline, bannissable de la république des lettres.

SGANARELLE.

Ah ! bon. En voici un fort à propos.

PANCRACE, *de même, sans voir Sganarelle*.

Oui, je te soutiendrai par vives raisons, je te montrerai par Aristote, le philosophe des philosophes, que tu es un ignorant, un ignorantissime, ignorantifiant et ignorantifié, pour tous les cas et modes imaginables.

SCÈNE VI.

SGANARELLE, à part.

Il a pris querelle contre quelqu'un. (à *Pancrace*.) Seigneur...

PANCRACE, *de même, sans voir Sganarelle.*

Tu te veux mêler de raisonner, et tu ne sais pas seulement les élémens de la raison.

SGANARELLE, à part.

La colère l'empêche de me voir. (à *Pancrace*.) Seigneur...

PANCRACE, *de même, sans voir Sganarelle.*

C'est une proposition condamnable dans toutes les terres de la philosophie.

SGANARELLE, à part.

Il faut qu'on l'ait fort irrité. (à *Pancrace*.) Je...

PANCRACE, *de même, sans voir Sganarelle.*

Toto cœlo, totâ viâ aberras.

SGANARELLE.

Je baise les mains à monsieur le docteur.

PANCRACE.

Serviteur.

SGANARELLE.

Peut-on...?

PANCRACE, *se retournant vers l'endroit par où il est entré.*

Sais-tu bien ce que tu as fait ? un syllogisme *in balordo*.

SGANARELLE.

Je vous....

PANCRACE, *de même.*

La majeure en est inepte, la mineure impertinente, et la conclusion ridicule.

SGANARELLE.

Je...

PANCRACE, *de même.*

Je crèverais plutôt que d'avouer ce que tu dis ; et je

soutiendrai mon opinion jusqu'à la dernière goutte de mon encre.

SGANARELLE.

Puis-je....?

PANCRACE, *de même.*

Oui, je défendrai cette proposition, *pugnis et calcibus, unguibus et rostro.*

SGANARELLE.

Seigneur Aristote, peut-on savoir ce qui vous met si fort en colère ?

PANCRACE.

Un sujet le plus juste du monde.

SGANARELLE.

Et quoi encore ?

PANCRACE.

Un ignorant m'a voulu soutenir une proposition erronée, une proposition épouvantable, effroyable, exécrable.

SGANARELLE.

Puis-je demander ce que c'est.

PANCRACE.

Ah ! seigneur Sganarelle, tout est renversé aujourd'hui, et le monde est tombé dans une corruption générale : une licence épouvantable règne partout ; et, les magistrats qui sont établis pour maintenir l'ordre dans cet état devraient mourir de honte en souffrant un scandale aussi intolérable que celui dont je viens de parler.

SGANARELLE.

Quoi donc ?

PANCRACE.

N'est-ce pas une chose horrible, une chose qui crie vengeance au ciel, que d'endurer qu'on dise publiquement la forme d'un chapeau.

SGANARELLE.

Comment ?

PANCRACE.

Je soutiens qu'il faut dire la figure d'un chapeau,

SCÈNE VI.

et non pas la forme : d'autant qu'il y a cette différence entre la forme et la figure, que la forme est la disposition extérieure des corps qui sont animés : et la figure la disposition extérieure des corps qui sont inanimés : et puisque le chapeau est un corps inanimé, il faut dire la figure d'un chapeau, et non pas la forme.

(*se tournant encore du côté par où il est entré.*)

Oui, ignorant que vous êtes, c'est ainsi qu'il faut parler ; et ce sont les termes exprès d'Aristote dans le chapitre de la qualité.

SGANARELLE, *à part.*

Je pensais que tout fût perdu. (*à Pancrace.*) Seigneur docteur, ne songez plus à tout cela. Je....

PANCRACE.

Je suis dans une colère, que je ne me sens pas.

SGANARELLE.

Laissez la forme et le chapeau en paix. J'ai quelque chose à vous communiquer. Je....

PANCRACE.

Impertinent !

SGANARELLE.

De grace, remettez-vous. Je.....

PANCRACE.

Ignorant !

SGANARELLE.

Hé ! mon dieu ! Je....

PANCRACE.

Me vouloir soutenir une proposition de la sorte !

SGANARELLE.

Il a tort. Je....

PANCRACE.

Une proposition condamnée par Aristote ?

SGANARELLE.

Cela est vrai. je....

PANCRACE.

En termes exprès ?

SGANARELLE,

Vous avez raison. (*se tournant du côté par où Pancrace est entré.*) Oui, vous êtes un sot et un impudent de vouloir disputer contre un docteur qui sait lire et écrire. Voilà qui est fait : je vous prie de m'écouter. Je viens vous consulter sur une affaire qui m'embarrasse. J'ai dessein de prendre une femme pour me tenir compagnie dans mon ménage. La personne est belle et bien faite ; elle me plaît beaucoup, et est ravie de m'épouser ; son père me l'a accordée. Mais je crains un peu ce que vous savez, la disgrace dont on ne plaint personne, et je voudrais bien vous prier, comme philosophe, de me dire votre sentiment. Hé! quel est votre avis là-dessus ?

PANCRACE.

Plutôt que d'accorder qu'il faille dire la forme d'un chapeau, j'accorderais que *datur vacuum in rerum naturâ*, et que je ne suis qu'une bête.

SGANARELLE, *à part.*

La peste soit de l'homme ! (*à Pancrace.*) Hé! monsieur le docteur, écoutez un peu les gens. On vous parle une heure durant, et vous ne répondez point à ce qu'on vous dit,

PANCRACE.

Je vous demande pardon. Une juste colère m'occupe l'esprit.

SGANARELLE.

Hé! laissez tout cela, et prenez la peine de m'écouter.

PANCRACE.

Soit. Que voulez-vous me dire ?

SGANARELLE.

Je veux vous parler de quelque chose.

PANCRACE.

Et de quelle langue voulez-vous vous servir avec moi?

SGANARELLE.

De quelle langue ?

PANCRACE.

Oui.

SCÈNE VI.

SGANARELLE.

Parbleu ! de la langue que j'ai dans ma bouche. Je crois que je n'irai pas emprunter celle de mon voisin.

PANCRACE.

Je vous dis de quel idiome, de quel langage ?

SGANARELLE.

Ah ! c'est une autre affaire.

PANCRACE.

Voulez-vous me parler italien ?

SGANARELLE.

Non.

PANCRACE.

Espagnol ?

SGANARELLE.

Non.

PANCRACE.

Allemand ?

SGANARELLE.

Non.

PANCRACE.

Anglais ?

SGANARELLE.

Non.

PANCRACE.

Latin ?

SGANARELLE.

Non.

PANCRACE.

Grec ?

SGANARELLE.

Non.

PANCRACE.

Hébreu ?

SGANARELLE.

Non.

PANCRACE.

Syriaque ?

SGANARELLE.

Non.

PANCRACE.

Turc.

SGANARELLE.

Non.

PANCRACE.

Arabe ?

SGANARELLE.

Non, non ; français, français, français.

PANCRACE.

Ah ! français.

SGANARELLE.

Fort bien.

PANCRACE.

Passez donc de l'autre côté ; car cette oreille-ci est destinée pour les langues scientifiques et étrangères, et l'autre pour la vulgaire et la maternelle.

SGANARELLE, *à part.*

Il faut bien des cérémonies avec ses sortes de gens-ci.

PANCRACE.

Que voulez-vous ?

SGANARELLE.

Vous consulter sur une petite difficulté.

PANCRACE.

Ah ! ah ! sur une difficulté de philosophie, sans doute ?

SGANARELLE.

Pardonnez-moi. Je...

PANCRACE.

Vous voulez peut-être savoir si la substance et l'accident sont termes synonymes ou équivoques à l'égard de l'être ?

SGANARELLE.

Point du tout. Je...

PANCRACE.

Si la logique est un art ou une science ?

SCÈNE VI.

SGANARELLE.

Ce n'est pas cela. Je...

PANCRACE.

Si elle a pour objet les trois opérations de l'esprit ou la troisième seulement ?

SGANARELLE.

Non. Je...

PANCRACE.

S'il y a dix catégories, ou s'il n'y en a qu'une ?

SGANARELLE.

Point. Je...

PANCRACE.

Si la conclusion est de l'essence du syllogisme ?

SGANARELLE.

Nenni. Je...

PANCRACE.

Si l'essence du bien est mise dans l'appétibilité, ou dans la convenance ?

SGANARELLE.

Non. Je...

PANCRACE.

Si le bien se réciproque avec la fin ?

SGANARELLE.

Hé ! non. Je...

PANCRACE.

Si la fin nous peut émouvoir par son être réel, ou par son être intentionnel ?

SGANARELLE.

Non, non, non, non, non, de par tous les diables, non.

PANCRACE.

Expliquez-donc votre pensée, car je ne puis pas la deviner.

SGANARELLE.

Je vous la veux expliquer aussi ; mais il faut m'écouter. *(Pendant que Sganarelle dit :)* L'affaire que j'ai à vous dire, c'est que j'ai envie de me marier avec une fille qui est jeune et belle. Je l'aime fort et je l'ai demandée à son père ; mais comme j'appréhende...

PANCRACE *dit en même temps, sans écouter Sganarelle.*

La parole a été donnée à l'homme pour expliquer ses pensées ; et tout ainsi que les pensées sont les portraits des choses, de même nos paroles sont-elles les portraits de nos pensées.

(*Sganarelle impatienté ferme la bouche du docteur avec sa main à plusieurs reprises; et le docteur continue de parler d'abord que Sganarelle ôte sa main.*)

Mais ces portraits diffèrent des autres portraits en ce que les autres portraits sont distingués partout de leurs originaux, et que la parole enferme en soi son original, puisqu'elle n'est autre chose que la pensée expliquée par un signe extérieur ; d'où vient que ceux qui pensent bien sont aussi ceux qui parlent le mieux. Expliquez-moi donc votre pensée par la parole, qui est le plus intelligible de tous les signes.

SGANARELLE *pousse le docteur dans sa maison, et tire la porte pour l'empêcher de sortir.*

Peste de l'homme !

PANCRACE, *au-dedans de sa maison.*

Oui, la parole est *animi index et speculum.* C'est le truchement du cœur, c'est l'image de l'ame.

(*Il monte à la fenêtre et continue.*)

C'est un miroir qui nous présente naïvement les secrets les plus arcanes de nos individus ; et, puisque vous avez la faculté de ratiociner et de parler tout ensemble, à quoi tient-il, que vous ne vous serviez de la parole pour me faire entendre votre pensée ?

SGANARELLE.

C'est ce que je veux faire ; mais vous ne voulez pas m'écouter.

PANCRACE.

Je vous écoute, parlez.

SCÈNE VI.

SGANARELLE.

Je dis donc, monsieur le docteur, que...

PANCRACE.

Mais surtout soyez bref.

SGANARELLE.

Je le serai.

PANCRACE.

Evitez la prolixité.

SGANARELLE.

Hé! mensi....

PANCRACE.

Tranchez-moi votre discours d'un apophthegme à la laconienne.

SGANARELLE.

Je vous...

PANCRACE.

Point d'ambages, de circonlocution.

(*Sganarelle, de dépit de ne pouvoir parler, ramasse des pierres pour en casser la tête du docteur.*)

PANCRACE.

Hé quoi! vous vous emportez, au lieu de vous expliquer. Allez, vous êtes plus impertinent que celui qui m'a voulu soutenir qu'il faut dire la forme d'un chapeau; et je vous prouverai en toute rencontre, par raisons démonstratives et convaincantes, et par argumens *in barbara*, que vous n'êtes et ne serez jamais qu'une pécore, et que je suis et serai toujours *in utroque jure* le docteur Pancrace.

SGANARELLE.

Quel diable de babillard!

PANCRACE, *en rentrant sur le théâtre.*

Homme de lettres, homme d'érudition...

SGANARELLE.

Encore!

PANCRACE.

Homme de suffisance, homme de capacité; (*s'en allant*) homme consommé dans toutes les sciences, naturelles, morales et politiques; (*revenant*) homme savant, savantissime, *per omnes modos et casus*; (*s'en allant*) homme qui possède, *superlativè*, fable, mythologie et histoire; (*revenant*) grammaire, poésie, rhétorique, dialectique et sophistique; (*s'en allant*) mathématiques, arithmétique, optique, onirocritique, physique et métaphysique; (*revenant*) cosmométrie, géométrie, architecture, spéculoire et spéculatoire; (*s'en allant*) médecine, astronomie, astrologie, physionomie, métoposcopie, chiromancie, géomancie, etc.

SCÈNE VII.
SGANARELLE.

Au diable les savans qui ne veulent point écouter les gens ! On me l'avait bien dit que son maître Aristote n'était qu'un bavard. Il faut que j'aille trouver l'autre; peut-être qu'il sera plus posé et plus raisonnable. Holà !

SCÈNE VIII.
MARPHURIUS, SGANARELLE.
MARPHURIUS.

Que voulez-vous de moi, seigneur Sganarelle ?

SGANARELLE.

Seigneur docteur, j'aurais besoin de votre conseil sur une petite affaire dont il s'agit, et je suis venu ici pour cela. (*à part.*) Ah ! voilà qui va bien. Il écoute le monde celui-ci.

MARPHURIUS.

Seigneur Sganarelle, changez, s'il vous plaît, cette façon de parler. Notre philosophie ordonne de ne point énoncer de proposition décisive, de parler de tout avec incertitude, de suspendre toujours son jugement; et, par cette raison, vous ne devez pas dire: je suis venu, mais, Il me semble que je suis venu.

SGANARELLE.

Il me semble !

SCÈNE VIII.

MARPHURIUS.

Oui.

SGANARELLE.

Parbleu ! il faut bien qu'il me le semble, puisque cela est.

MARPHURIUS.

Ce n'est pas une conséquence ; et il peut vous le sembler, sans que la chose soit véritable.

SGANARELLE.

Comment ! il n'est pas vrai que je suis venu ?

MARPHURIUS.

Cela est incertain, et nous devons douter de tout.

SGANARELLE.

Quoi ! je ne suis pas ici, et vous ne me parlez pas ?

MARPHURIUS.

Il m'apparaît que vous êtes là, et il me semble que je vous parle : mais il n'est pas assuré que cela soit.

SGANARELLE.

Hé ! que diable ! vous vous mocquez. Me voilà, et vous voilà bien nettement, et il n'y a point de me semble à tout cela. Laissons ces subtilités, je vous prie, et parlons de mon affaire. Je viens vous dire que j'ai envie de me marier.

MARPHURIUS.

Je n'en sais rien.

SGANARELLE.

Je vous le dis.

MARPHURIUS.

Il se peut faire.

SGANARELLE.

La fille que je veux prendre est fort jeune et fort belle.

MARPHURIUS.

Il n'est pas impossible.

SGANARELLE.

Ferai-je bien ou mal de l'épouser ?

MARPHURIUS.

L'un ou l'autre.

SGANARELLE, *à part.*

Ah! ah! voici une autre musique. (*à Marphurius.*) Je vous demande si je ferai bien d'épouser la fille dont je vous parle.

MARPHURIUS.

Selon la rencontre.

SGANARELLE.

Ferai-je mal?

MARPHURIUS.

Par aventure.

SGANARELLE.

De grace, répondez-moi comme il faut.

MARPHURIUS.

C'est mon dessein.

SGANARELLE.

J'ai une grande inclination pour la fille.

MARPHURIUS.

Cela peut-être.

SGANARELLE.

Le père me l'a accordée.

MARPHURIUS.

Il se pourrait.

SGANARELLE.

Mais, en l'épousant je crains d'être cocu.

MARPHURIUS.

La chose est faisable.

SGANARELLE.

Qu'en pensez-vous?

MARPHURIUS.

Il n'y a pas d'impossibilité.

SGANARELLE.

Mais que feriez-vous si vous étiez à ma place?

MARPHURIUS.

Je ne sais.

SGANARELLE.

Que me conseillez-vous de faire?

MARPHURIUS.

Ce qu'il vous plaira.

SCÈNE VIII.

SGANARELLE.

J'enrage.

MARPHURIUS.

Je m'en lave les mains.

SGANARELLE.

Au diable soit le vieux rêveur !

MARPHURIUS.

Il en sera ce qu'il pourra.

SGANARELLE, *à part.*

La peste du bourreau ! Je te ferai changer de note, chien de philosophe enragé.

(*Il donne des coups de bâton à Marphurius.*)

MARPHURIUS.

Ah ! ah ! ah !

SGANARELLE.

Te voilà payé de ton galimatias, et me voilà content.

MARPHURIUS.

Comment ! Quelle insolence ! m'outrager de la sorte ! Avoir eu l'audace de battre un philosophe comme moi !

SGANARELLE.

Corrigez, s'il vous plaît, cette manière de parler. Il faut douter de toute chose ; et vous ne devez pas dire que je vous ai battu, mais qu'il vous semble que je vous ai battu.

MARPHURIUS.

Ah ! je m'en vais faire ma plainte au commissaire du quartier des coups que j'ai reçus.

SGANARELLE.

Je m'en lave les mains.

MARPHURIUS.

J'en ai les marques sur ma personne.

SGANARELLE.

Il se peut faire.

MARPHURIUS.

C'est toi qui m'as traité ainsi.

SGANARELLE.

Il n'y a pas d'impossibilité.

MARPHURIUS.

J'aurai un décret contre toi.

SGANARELLE.

Je n'en sais rien.

MARPHURIUS.

Tu seras condamné en justice.

SGANARELLE.

Il en sera ce qu'il pourra.

MARPHURIUS.

Laisse-moi faire.

SCÈNE IX.

SGANARELLE.

Comment ! on ne saurait tirer une parole positive de ce chien d'homme-là, et l'on est aussi savant à la fin qu'au commencement ! Que dois-je faire dans l'incertitude des suites de mon mariage ? Jamais homme ne fut plus embarrassé que je suis. Ah ! voici des Bohémiennes : il faut que je me fasse dire par elle ma bonne aventure.

SCÈNE X.

DEUX BOHÉMIENNES, SGANARELLE.

(Les deux Bohémiennes, avec leur tambour de basque, entrent en chantant et en dansant.)

SGANARELLE.

Elles sont gaillardes. Écoutez, vous autres : y a-t-il moyen de me dire ma bonne fortune ?

I. BOHEMIENNE.

Oui, mon bon monsieur, nous voici deux qui te la dirons.

II. BOHEMIENNE.

Tu n'as seulement qu'à nous donner ta main avec la croix dedans ; et nous te dirons quelque chose pour ton bon profit.

SCÈNE X.
SGANARELLE.
Tenez, les voilà toutes deux, avec ce que vous demandez.
I. BOHÉMIENNE.
Tu as une bonne physionomie, mon bon monsieur, une bonne physionomie.
II. BOHÉMIENNE.
Oui, une bonne physionomie : physionomie d'un homme qui sera un jour quelque chose.
I. BOHEMIENNE.
Tu seras marié avant qu'il soit peu, mon bon monsieur ; tu seras marié avant qu'il soit peu.
II. BOHEMIENNE.
Tu épouseras une femme gentille, une femme gentille.
I. BOHEMIENNE.
Oui, une femme qui sera chérie, aimée de tout le monde.
II. BOHEMIENNE.
Une femme qui te fera beaucoup d'amis, mon bon monsieur, qui te fera beaucoup d'amis.
I. BOHEMIENNE.
Une femme qui fera venir l'abondance chez toi.
II. BOHEMIENNE.
Une femme qui te donnera une grande réputation.
I. BOHEMIENNE.
Tu seras considéré par elle, mon bon monsieur ; tu seras considéré par elle.
SGANARELLE.
Voilà qui est bien. Mais dites-moi un peu, suis-je menacé d'être cocu ?
II. BOHEMIENNE.
Cocu ?
SGANARELLE.
Oui.
I. BOHEMIENNE.
Cocu ?

SGANARELLE.

Oui, si je suis menacé d'être cocu.
(*Les deux Bohémiennes dansent et chantent.*)
SGANARELLE.

Que diable! ce n'est pas là me répondre. Venez çà je vous demande à toutes deux si je serai cocu.

II. BOHEMIENNE.

Cocu? vous?

SGANARELLE.

Oui, si je serai cocu.

I. BOHÉMIENNE.

Vous? cocu?

SGANARELLE.

Oui, si je le serai, ou non.
(*Les deux Bohémiennes sortent en chantant et en dansant.*)

SCÈNE XI.

SGANARELLE.

Peste soit des carognes, qui me laissent dans l'inquiétude! Il faut absolument que je sache la destinée de mon mariage; et, pour cela, je veux aller trouver ce grand magicien dont tout le monde parle tant, et qui, par son art admirable, fait voir tout ce que l'on souhaite. Ma foi, je crois que je n'ai que faire d'aller au magicien, et voici qui me montre tout ce que je puis demander.

SCÈNE XII.

DORIMÈNE, LYCASTE, SGANARELLE,
retiré dans un coin du théâtre sans être vu.

LYCASTE.

Quoi! belle Dorimène, c'est sans raillerie que vous parlez?

DORIMÈNE.

Sans raillerie.

SCÈNE XII.

LYCASTE.

Vous vous mariez tout de bon ?

DORIMÈNE.

Tout de bon.

LYCASTE.

Et vos noces se feront dès ce soir ?

DORIMÈNE.

Dès ce soir.

LYCASTE.

Et vous pouvez, cruelle que vous êtes, oublier de la sorte l'amour que j'ai pour vous, et les obligeantes paroles que vous m'aviez données ?

DORIMÈNE.

Moi ! point du tout. Je vous considère toujours de même, et ce mariage ne doit point vous inquiéter. C'est un homme que je n'épouse point par amour, et sa seule richesse me fait résoudre à l'accepter. Je n'ai point de bien, vous n'en avez point aussi; et vous savez que sans cela on passe mal le temps au monde, et qu'à quelque prix que ce soit il faut tâcher d'en avoir. J'ai embrassé cette occasion-ci de me mettre à mon aise; et je l'ai fait sur l'espérance de me voir bientôt délivrée du barbon que je prends. C'est un homme qui mourra avant qu'il soit peu, et qui n'a tout au plus que six mois dans le ventre. Je vous le garantis défunt dans le temps que je dis; et je n'aurai pas longuement à demander pour moi au ciel l'heureux état de veuve.

(à *Sganarelle qu'elle aperçoit.*)

Ah ! nous parlions de vous, et nous en disions tout le bien qu'on en saurait dire.

LYCASTE.

Est-ce là monsieur ?

DORIMÈNE.

Oui, c'est monsieur qui me prend pour femme.

LYCASTE.

Agréez, monsieur, que je vous félicite de votre mariage, et vous présente en même temps mes très-humbles services : je vous assure que vous épousez là une très-honnête personne. Et vous, mademoiselle, je me réjouis avec vous aussi de l'heureux choix que vous avez fait : vous ne pouviez pas mieux trouver, et monsieur a toute la mine d'être un fort bon mari. Oui, monsieur, je veux faire amitié avec vous, et lier ensemble un petit commerce de visites et de divertissemens.

DORIMÈNE.

C'est trop d'honneur que vous nous faites à tous deux. Mais allons, le temps me presse, et nous aurons tout le loisir de nous entretenir ensemble.

SCÈNE XIII.
SGANARELLE.

Me voilà tout-à-fait dégoûté de mon mariage; et je crois que je ne ferai pas mal de m'aller dégager de ma parole. Il m'en a coûté quelque argent; mais il vaut mieux encore perdre cela que de m'exposer à quelque chose de pis. Tâchons adroitement de nous débarrasser de cette affaire. Holà !

(*Il frappe à la porte de la maison d'Alcantor.*)

SCÈNE XIV.
ALCANTOR, SGANARELLE.

ALCANTOR.

Ah ! mon gendre, soyez le bien venu.

SGANARELLE.

Monsieur, votre serviteur.

ALCANTOR.

Vous venez pour conclure le mariage ?

SGANARELLE.

Excusez-moi.

ALCANTOR.

Je vous promets que j'en ai autant d'impatience que vous.

SGANARELLE.

Je viens ci pour un autre sujet.

SCÈNE XIII.

ALCANTOR.

J'ai donné ordre à toutes les choses nécessaires pour cette fête.

SGANARELLE.

Il n'est pas question de cela.

ALCANTOR.

Les violons sont retenus, le festin est commandé, et ma fille est parée pour vous recevoir.

SGANARELLE.

Ce n'est pas ce qui m'amène.

ALCANTOR.

Enfin vous allez être satisfait ; et rien ne peut retarder votre contentement.

SGANARELLE.

Mon dieu ! c'est autre chose.

ALCANTOR.

Allons, entrez donc, mon gendre.

SGANARELLE.

J'ai un petit mot à vous dire.

ALCANTOR.

Ah ! mon dieu ! ne faisons point de cérémonie. Entrez vite, s'il vous plaît.

SGANARELLE.

Non, vous dis-je. Je veux vous parler auparavant.

ALCANTOR.

Vous voulez me dire quelque chose ?

SGANARELLE.

Oui.

ALCANTOR.

Et quoi ?

SGANARELLE.

Seigneur Alcantor, j'ai demandé votre fille en mariage, il est vrai, et vous me l'avez accordée ; mais je me trouve un peu avancé en âge pour elle, et je considère que je ne suis point du tout son fait.

ALCANTOR.

Pardonnez-moi, ma fille vous trouve bien comme

vous êtes ; et je suis sûr qu'elle vivra fort contente avec vous.

SGANARELLE.

Point. J'ai parfois des bizarreries épouvantables, et elle aurait trop à souffrir de ma mauvaise humeur.

ALCANTOR.

Ma fille a de la complaisance, et vous verrez qu'elle s'accommodera entièrement à vous.

SGANARELLE.

J'ai quelques infirmités sur mon corps qui pourraient la dégoûter.

ALCANTOR.

Cela n'est rien. Une honnête femme ne se dégoûte jamais de son mari.

SGANARELLE.

Enfin voulez-vous que je vous dise ? Je ne vous conseille point de me la donner.

ALCANTOR.

Vous moquez-vous ? J'aimerais mieux mourir que d'avoir manqué à ma parole.

SGANARELLE.

Mon dieu ! je vous en dispense ; et je...

ALCANTOR.

Point du tout. Je vous l'ai promise ; et vous l'aurez en dépit de tout ceux qui y prétendent.

SGANARELLE, *à part*.

Que diable !

ALCANTOR.

Voyez-vous ? j'ai une estime et une amitié pour vous toute particulière ; et je refuserais ma fille à un prince pour vous la donner.

SGANARELLE.

Seigneur Alcantor, je vous suis obligé de l'honneur que vous me faites ; mais je vous déclare que je ne veux point me marier.

ALCANTOR.

Qui ? vous ?

SCÈNE XV.

SGANARELLE.

Oui, moi.

ALCANTOR.

Et la raison?

SGANARELLE.

La raison? c'est que je ne me sens point propre pour le mariage, et que je veux imiter mon père et tous ceux de ma race, qui ne se sont jamais voulu marier.

ALCANTOR.

Écoutez. Les volontés sont libres; et je suis homme à ne contraindre jamais personne. Vous vous êtes engagé avec moi pour épouser ma fille, et tout est préparé pour cela : mais, puisque vous voulez retirer votre parole, je vais voir ce qu'il y a à faire; et vous aurez bientôt de mes nouvelles.

SCÈNE XV.

SGANARELLE.

Encore est-il plus raisonnable que je ne pensais, et je croyais avoir bien plus de peine à m'en dégager. Ma foi, quand j'y songe, j'ai fait fort sagement de me tirer de cette affaire; et j'allais faire un pas dont je me serais peut-être long-temps repenti. Mais voici le fils qui me vient rendre réponse.

SCÈNE XVI.

ALCIDAS, SGANARELLE.

ALCIDAS, *d'un ton doucereux.*

Monsieur, je suis votre serviteur très-humble.

SGANARELLE.

Monsieur, je suis le vôtre de tout mon cœur.

ALCIDAS, *toujours avec le même ton.*

Mon père m'a dit, monsieur, que vous vous étiez venu dégager de la parole que vous aviez donnée.

SGANARELLE.

Oui, monsieur. C'est avec regret; mais...

ALCIDAS.

Oh! monsieur, il n'y a pas de mal à cela.

SGANARELLE.

J'en suis fâché, je vous assure, et je souhaiterais...

ALCIDAS.

Cela n'est rien, vous dis-je.

(*Alcidas présente à Sganarelle deux épées.*)

Monsieur, prenez la peine de choisir de ces deux épées laquelle vous voulez.

SGANARELLE.

De ces deux épées?

ALCIDAS.

Oui, s'il vous plaît.

SGANARELLE.

A quoi bon?

ALCIDAS.

Monsieur, comme vous refusez d'épouser ma sœur après la parole donnée, je crois que vous ne trouverez pas mauvais le petit compliment que je viens vous faire.

SGANARELLE.

Comment?

ALCIDAS.

D'autres gens feraient plus de bruit, et s'emporteraient contre vous: mais nous sommes personnes à traiter les choses dans la douceur; et je viens vous dire civilement qu'il faut, si vous le trouvez bon, que nous nous coupions la gorge ensemble.

SGANARELLE.

Voilà un compliment fort mal tourné.

ALCIDAS.

Allons, monsieur, choisissez je vous prie.

SGANARELLE.

Je suis votre valet, je n'ai point de gorge à me couper. (*à part.*) La vilaine façon de parler que voilà!

ALCIDAS.

Monsieur, il faut que cela soit, s'il vous plaît.

SCÈNE XVI.

SGANARELLE.

Hé! monsieur, rengaînez ce compliment, je vous prie.

ALCIDAS.

Dépêchons vite, monsieur. J'ai une petite affaire qui m'attend.

SGANARELLE.

Je ne veux point de cela, vous dis-je.

ALCIDAS.

Vous ne voulez pas vous battre?

SGANARELLE.

Nenni, ma foi.

ALCIDAS.

Tout de bon?

SGANARELLE.

Tout de bon.

ALCIDAS, *après lui avoir donné des coups de bâton.*

Au moins, monsieur, vous n'avez pas lieu de vous plaindre; et vous voyez que je fais les choses dans l'ordre. Vous nous manquez de parole, je me veux battre contre vous; vous refusez de vous battre, je vous donne des coups de bâton: tout cela est dans les formes; et vous êtes trop honnête homme pour ne pas approuver mon procédé.

SGANARELLE, *à part.*

Quel diable d'homme est-ce ceci.

ALCIDAS *lui présente encore les deux épées.*

Allons, monsieur, faites les choses galamment, et sans vous faire tirer l'oreille.

SGANARELLE.

Encore?

ALCIDAS.

Monsieur, je ne contrains personne; mais il faut que vous vous battiez, ou que vous épousiez ma sœur.

SGANARELLE.

Monsieur, je ne puis faire ni l'un ni l'autre, je vous assure.

ALCIDAS.

Assurément?

SGANARELLE.

Assurément.

ALCIDAS.

Avec votre permission donc...

(*Alcidas lui donne encore des coups de bâton.*)

SGANARELLE.

Ah ! ah ! ah !

ALCIDAS.

Monsieur, j'ai tous les regrets du monde d'être obligé d'en user ainsi avec vous ; mais je ne cesserai point, s'il vous plaît, que vous n'ayez promis de vous battre ou d'épouser ma sœur.

(*Alcidas lève le bâton.*)

SGANARELLE.

Hé bien ! j'épouserai, j'épouserai.

ALCIDAS.

Ah ! monsieur, je suis ravi que vous vous mettiez à la raison, et que les choses se passent doucement : car enfin vous êtes l'homme du monde que j'estime le plus, je vous jure ; et j'aurais été au désespoir que vous m'eussiez contraint à vous maltraiter. Je vais appeler mon père pour lui dire que tout est d'accord.

(*Il va frapper à la porte d'Alcantor.*)

SCÈNE XVII.

ALCANTOR, DORIMÈNE, ALCIDAS, SGANARELLE.

ALCIDAS.

Mon père, voilà monsieur qui est tout-à-fait raisonnable. Il a voulu faire les choses de bonne grace, et vous pouvez lui donner ma sœur.

ALCANTOR.

Monsieur, voilà sa main, vous n'avez qu'à donner la vôtre. Loué soit le ciel ! m'en voilà déchargé ; et c'est vous désormais que regarde le soin de sa conduite. Allons nous réjouir et célébrer cet heureux mariage.

FIN DU MARIAGE FORCÉ.

AVERTISSEMENT

DE L'ÉDITION DE 1773.

La comédie du *Mariage forcé* parut pour la première fois au Louvre le 29 janvier 1664, en trois actes, avec des récits de musique et des entrées de ballet, sous le titre de *Ballet du Roi*. Le roi y dansait une entrée.

Quand l'auteur fit représenter cette comédie sur le théâtre du Palais-Royal au mois de novembre de la même année, il supprima les récits et les entrées de ballet, et réduisit sa pièce en un acte, en y faisant quelques changemens.

Le plus considérable est la scène entre Lycaste et Dorimène, scène ajoutée pour suppléer à celle du magicien chantant et à l'entrée des démons qui déterminaient Sganarelle à rompre son mariage. Dans le ballet qui fut imprimé dans le temps (*in-4°* par Robert Ballard), il ne nous reste des demandes de Sganarelle au magicien que ce qu'on appelle, en termes de théâtres, *les répliques*; on a ajouté deux ou trois mots pour y donner un sens.

AVERTISSEMENT.

En faisant imprimer les récits, les entrées de ballet, et la distribution des scènes de la comédie du *Mariage forcé* en trois actes, on a supprimé les argumens de la comédie, comme étant inutiles, peu exacts, et assez mal faits.

LE MARIAGE FORCÉ,

BALLET DU ROI,

DANSÉ PAR SA MAJESTÉ LE 29 JANVIER 1664.

―――

ACTE PREMIER.

SCÈNE I.
SGANARELLE, *seul.*

SCÈNE II.
SGANARELLE, GÉRONIMO.

SCÈNE III.
SGANARELLE, *seul.*

SCÈNE IV.
DORIMÈNE, SGANARELLE.

SCÈNE V.
SGANARELLE, *seul.*
(Il se plaignait d'une pesanteur de tête insupportable, et se mettait dans un coin du théâtre pour dormir. Pendant son sommeil, il voyait en songe ce qui forme les deux premières entrées du ballet.)

LA BEAUTÉ, *chante.*
Si l'amour vous soumet à ses lois inhumaines,
Choisissez, en aimant, un objet plein d'appas :

Portez au moins de belles chaînes ;
Et, puisqu'il faut mourir, mourez d'un beau trépas.
Si l'objet de vos feux ne mérite vos peines,
Sous l'empire d'amour ne vous engagez pas :
Portez au moins d'aimables chaînes ;
Et puisqu'il faut mourir, mourez d'un beau trépas.

PREMIÈRE ENTRÉE.
LA JALOUSIE, LES CHAGRINS, LES SOUPÇONS.

DEUXIÈME ENTRÉE.
QUATRE PLAISANS OU GOGUENARDS.

ACTE SECOND.

Au commencement de cet acte, Géronimo venait éveiller Sganarelle.

SCÈNE I.
SGANARELLE, GÉRONIMO.

SCÈNE II.
SGANARELLE, *seul.*

SCÈNE III.
SGANARELLE, PANCRACE.

SCÈNE IV.
SGANARELLE, *seul.*

SCÈNE V.
SGANARELLE, MARPHURIUS.

SCÈNE VI.
SGANARELLE, *seul.*

SCÈNE VII.
SGANARELLE, DEUX BOHÉMIENNES.

TROISIÈME ENTRÉE.

EGYPTIENS ET EGYPTIENNES, *dansans.*

SCÈNE VIII.
SGANARELLE, *seul.*
(*Il allait frapper à la porte du magicien.*)

LE MARIAGE FORCÉ.
SCÈNE IX.
SGANARELLE, UN MAGICIEN.

LE MAGICIEN, *chante.*

HOLA !
Qui va là ?
Dis-moi vite quel souci
Te peut amener ici.

SGANARELLE.

(*Il consultait le magicien sur son mariage.*)

LE MAGICIEN.

Ce sont de grands mystères
Que ces sortes d'affaires.

SGANARELLE.

(*Il demandait quelle serait sa destinée.*)

LE MAGICIEN.

Je te vais, pour cela, par mes charmes profonds,
Faire venir quatre démons.

SGANARELLE.

(*Il marquait la peur qu'il aurait de voir des démons.*)

LE MAGICIEN.

Non, non, n'ayez aucune peur ;
Je leur ôterai la laideur.

SGANARELLE.

(*Il consentait à les voir.*)

LE MAGICIEN.

Des puissances invincibles
Rendent depuis long-temps tous les démons muets ;
Mais, par signes intelligibles,
Ils répondront à tes souhaits.

SCÈNE X.
SGANARELLE, LE MAGICIEN.
QUATRIÈME ENTRÉE.
MAGICIENS ET DEMONS.

Sganarelle interroge les démons : ils répondent par signes, et sortent en lui faisant les cornes.

ACTE TROISIÈME.

SCÈNE I.
SGANARELLE, *seul.*

SCÈNE II.
SGANARELLE, ALCANTOR.

SCÈNE III.
SGANARELLE, *seul.*

SCÈNE IV.
SGANARELLE, ALCIDAS.

SCÈNE V.
SGANARELLE, ALCANTOR, DORIMENE, ALCIDAS.

SCÈNE VI.
CINQUIÈME ENTRÉE.

UN MAITRE A DANSER *venait enseigner une courante à Sganarelle.*

SCÈNE VII.
SGANARELLE, GÉRONIMO.

Géronimo venait se réjouir avec Sganarelle, et lui disait que les jeunes gens de la ville avaient préparé une mascarade pour honorer ses noces.

CONCERT ESPAGNOL.

Ciego me tienes, Belisa,
Mas bien tus rigores veo;
Porque és tu desden tan claro,
Que pueden verlo los ciegos.

BALLET DU ROI.

Aunque mi amor és tan grande ;
Como mi dolor no és menos,
Si calla el uno dormido,
Sé que ya és el otro despierto.

Favores tuyos, Belisa,
Tuvieralos yo secretos ;
Mas ya de dolores mios
No puedo hazer lo que quiero.

SIXIÈME ENTRÉE.
DEUX ESPAGNOLS.
DEUX ESPAGNOLES.
SEPTIÈME ENTRÉE.
UN CHARIVARI GROTESQUE.
HUITIÈME ENTRÉE.
QUATRE GALANTS *cajolant la femme de Sganarelle.*

FIN DU BALLET.

TABLE

DES PIÈCES CONTENUES DANS CE VOLUME.

	Pages
L'École des Maris....................	5
Les Facheux........................	59
L'École des Femmes..................	105
La Critique de l'École des Femmes......	189
L'Impromptu de Versailles............	231
La Princesse d'Élide.................	271
Le Mariage forcé....................	371

Fin de la Table du tome second.

www.ingramcontent.com/pod-product-compliance
Lightning Source LLC
Chambersburg PA
CBHW060611170426
43201CB00009B/975